全国财政职业教育教学指导委员会审定
全国高职高专院校连锁经营管理专业规划教材

连锁经营管理概论

（第二版）

黄小彪　　　　　　　　主　编
雷中平　潘渝棱　李世红　副主编

中国财政经济出版社

图书在版编目（CIP）数据

连锁经营管理概论/黄小彪主编．—2版．—北京：中国财政经济出版社，2011.6
全国高职高专院校连锁经营管理专业规划教材
ISBN 978－7－5095－2919－5

Ⅰ．①连…　Ⅱ．①黄…　Ⅲ．①连锁商店－商业经营－高等职业教育－教材
Ⅳ．①F717.6

中国版本图书馆CIP数据核字(2011)第100645号

中国财政经济出版社出版
URL：http：//www.cfeph.cn
E－mail：cfeph@cfeph.cn

社址：北京市海淀区阜成路甲28号　邮政编码：100142
发行处电话：88190406　财经书店电话：64033436
涿州市新华印刷有限公司 印刷　各地新华书店经销
787×1092毫米　16开　15印张　353 000字
2011年7月第2版　2011年7月涿州第1次印刷
定价：29.00元
ISBN 978－7－5095－2919－5/F·2474
（图书出现印装问题，本社负责调换）
本社质量投诉电话：010－88190744

编委会名单

总 序

150多年前，连锁经营作为一种新的营销方式在北美洲悄然兴起。随后，连锁经营在很短的时间内以其独特的魅力风靡全球，掀起了第三次营销革命，并以其规模化、统一化、规范化、现代化、高效化而为其他营销方式所望尘莫及，成为有史以来最成功的经营概念之一，是现代世界商业领域中最流行的经营形态。

连锁经营在20世纪80年代传入中国，随即迅速席卷大江南北，从大城市到中小城市、到农村，到处闪动着连锁经营的身影。时至今日，中国连锁企业无论是在规模上还是数量上都已经有了长足的发展，连锁经营在中国显示出强大的生命力和发展潜力。可以预期，中国巨大的市场潜力还将为连锁经营发展提供更广阔的天地，会有新的发展。

连锁经营迅猛发展推动了我国高等职业技术教育连锁经营管理专业的建设。为适应我国高等职业教育连锁经营管理专业迅速发展的形势以及对教材建设的迫切需要，中国财政经济出版社统一规划、部署和组织编写了系列连锁经营管理教材。本套教材包括《连锁经营管理概论》、《连锁企业门店开发与营运管理》、《连锁企业商品采购管理》、《连锁特许经营理论与实务》和《连锁企业物流配送管理》五本书。本套教材以教育部《关于全面提高高等职业教育教学质量的若干意见》（教高［2006］16号文件）精神为指导，着眼于培养高技能应用型人才的目标，突出以就业为导向、以能力为本位的高职教育宗旨，强调应用性、实践性、操作性、创新性的高职教育特点。在教材内容处理上，坚持基础理论知识"必需、够用"的原则，内容尽可能程序化，通过案例导入、相关资料及实例的链接、章后复习思考与练习等安排，融"教、学、做"为一体，全面提高学生的实战应用能力。

本套教材的主要特色如下：

1. 以就业为导向，充分体现课程内容的基础性和系统性。依据高职高专教育人才培养宗旨和人才培养模式的基本特征，以培养学生综合能力特别是创新能力和实践能力为主线，兼顾学生后续发展需要，确立各门课程的内容以"必需、够用"为度，体现知识完整准确、重点概念突出。

2. 在体例安排上改变了传统教材的结构体系，每一章都由一系列的学习目标和案例导读开始，向读者简要概括和提示本章的结构及关键知识，由案例及思考导入新课。每一章都插有图表、资料，尽量引入最新的案例和相关知识，结合连锁企业实际运作，注重教学内容的实用性、可操作性，便于老师由浅入深地引入教学内容，也易于激发学生的学习兴趣。

3. 零距离的编写理论。在教材的编写过程中，强调"三同步"：教学理念与企业经营理念同步；培养目标与企业对人才的需求同步；训练技术与企业的经营管理技术同步。

4. 为了便于授课老师运用多媒体进行教学，每门课程均精心制作了电子教案。

本套教材适于作为高等职业技术学院、普通高等专科学校、本科院校的二级学院、成人高校商业贸易类专业的教学用书，也可作为继续教育、自学考试、专业技能考试和国家相关证书考试的教学和参考用书。本套教材也适用于连锁企业的员工岗位培训。

由于水平所限，书中难免有疏漏之处，敬请广大读者批评指正。

连锁经营管理专业教材

编审委员会

2011 年 5 月

再版前言

150多年前，连锁经营作为一种新的营销方式在北美洲悄然兴起。随后，在很短的时间内以其独特的魅力风靡全球，掀起了第三次营销革命。迄今为止，连锁经营以其规模化、统一化、规范化、现代化、高效化而为其他营销方式所望尘莫及，成为有史以来最成功的经营理念之一，是现代商业领域中最流行的经营形态。

连锁经营自20世纪80年代传入中国后，便迅速席卷大江南北，从大城市到中小城市，从城市到农村，连锁经营遍及各地。时至今日，中国连锁企业无论是规模还是数量都已经有了长足的发展，连锁经营在中国显示出强大的生命力和发展潜力。可以预期，中国巨大的市场潜力还将为连锁经营发展提供更广阔的天地。

连锁经营的迅猛发展推动了我国高等职业技术教育连锁经营管理专业的建设。为适应我国高等职业教育连锁经营管理专业迅速发展的形势以及对教材建设的迫切需要，中国财政经济出版社统一规划、部署，组织编写了系列连锁经营管理教材，本教材是其中之一。

本教材全面介绍连锁经营管理的基本体系及基础理论，涉及连锁经营理论的最新发展和应用，将引领读者剥开连锁经营的层层面纱，走进连锁经营，去探求连锁经营的深刻内涵。教材以教育部《关于全面提高高等职业教育教学质量的若干意见》（教高［2006］16号文件）精神为指导，着眼于培养高技能应用型人才的目标，突出以就业为导向、以能力为本位的高职教育宗旨，强调应用性、实践性、操作性、创新性的高职教育特点。在教材内容处理上，坚持基础理论知识“必需、够用”的原则，内容尽可能程序化，通过案例导入、相关资料及实例、复习思考与练习等安排，融“教、学、做”为一体，全面提高学生的实际应用能力。

本教材可用于高等职业技术学院、普通高等专科学校、本科院校的二级学院、成人高校商业贸易类专业的教学用书，也可作为继续教育、自学考试、专业技能考试和国家相关证书考试的教学和参考用书。

本教材由黄小彪教授担任主编，雷中平副教授、潘渝棱副教授担任副主编。编写工作的具体分工为：黄小彪编写第一、十章，李世红教授编写第二、三章，雷中平编写第五、七、九章，潘渝棱编写第四、六、八章。本教材编写大纲设计和统稿工作由黄小彪负责。

本教材在编写过程中参考了大量的文献资料，借鉴和吸收了国内外众多学者的研究成果，在此一并对他们的辛勤工作深表谢意。限于编者水平，错漏在所难免，恳请广大读者批评指正。

编　者

2011年5月

目录

第一章

导　论

连锁经营经过一百多年的发展，以其独特的魅力风靡全球，成为现代商业领域最流行的经营形态。本章将引领读者剥开连锁经营的层层面纱，走进连锁经营，去探求连锁经营的深刻内涵。

案例导读

连锁经营管理：靠标准化赢天下

连锁经营管理的基本原则是三化，即标准化、简单化、专业化。三化之中最主要的就是标准化。标准化在一定程度上是专业化与简单化的体现，因为连锁的最大特征之一就是具备可复制性，而标准化是复制的必备前提。中式餐饮连锁最大的障碍就是难以标准化，但深圳面点王却做到了。

深圳面点王公司成立于1996年11月，以经营中国传统的面食为主，以白领阶层和家庭消费群体为市场定位目标，现已发展成为年销售额超亿元、拥有50多家直营连锁分店的现代大型中式快餐连锁企业，并荣获“中华餐饮名店”、“最具影响力深圳知名品牌”等多项荣誉称号。面点王的成功主要取决于其突破了中式连锁快餐的发展“瓶颈”——标准化问题。那么，面点王是如何解决中式快餐标准化的问题呢？

第一，店面形象管理。面点王所有的店面都是简单、明快、统一的装修风格。以传统的样式和简洁的八仙桌、木椅为主，突出了国人喜欢团圆、围坐的心理特征。

第二，商品供应链管理。首先是食品的原材料都有专门的厂家提供，而且所有原料都有仓库、调度室和生产人员三方共同验货，并保持一致的验货标准及流程；生产过程中，一斤面做多少个水饺，一斤米煮多少碗粥等都有严格规定；分店的食品都要在指定售卖时间出售，过期必须倒掉。在这方面公司有一个“十不准”条例，专门来规定食品的使用期限。

第三，营运系统管理。面点王对整个营运系统制订了相对完善的流程与标准，更主要的是一直贯彻执行到位。比如，对人的管理方面，新员工几乎都是从内地招进的大中专生，上岗前要进行半个月的专门培训，上岗后实施老员工带新人。在面点王，员工统一着装、统一发式、统一用语。

资料来源：李天、廖润飞：“连锁经营管理：靠标准化赢天下”，中国连锁经营实战网，2007年10月19日。

【问题】

1. 你心目中的连锁经营是什么样子？
2. 连锁经营为什么会产生更高的效益？
3. 你了解连锁经营的发展历程吗？

这一切问题将在本章解决。通过本章的学习，你将会实现以下学习目标：

总目标

□对连锁经营管理有初步认识
□理解连锁经营的内涵、特点、经营形态

知识目标	技能目标	能力目标
□掌握连锁经营内涵 □掌握连锁经营三种形态	□能分析连锁经营的优劣	□能判断某一企业是否适合采取连锁经营形式

第一节　连锁经营的含义

一、连锁经营的含义

建于1859年的“大美国茶叶公司”被认为是世界上第一家连锁商店。当时的老板哈特福德发现直接从远东进口茶叶可节省几道中间商费用，从而可以更便宜的价格销售茶叶。由此，哈特福德的茶叶售价每磅仅30美分，远远低于其他茶叶店每磅1美元的价格。他的商店很快获得了成功。于是，哈特福德在纽约、波士顿、费城和芝加哥几个大城市相继开设了若干家茶叶店。从此，一种崭新的经营模式——连锁经营出现了。经过一百多年的发展，连锁经营以其独特的魅力风靡全球，成为现代商业领域最流行的经营形态。那么，到底什么是连锁经营呢？下面，让我们剥开连锁经营的层层面纱，走进连锁经营，去探求连锁经营的深刻内涵。

所谓连锁经营，是指经营同类商品使用统一商号的若干门店，在同一总部的管理下，采取统一采购或授予经营权等方式，实现规模经济效益的一种经营组织形式。表1－1列出了连锁经营与传统商业经营模式的区别，可以让我们更好地认识连锁经营的特点。

表1－1　连锁经营与传统商业经营模式的区别

	连锁经营	传统商业经营
特点	分店必须有统一的经营风格，经营同类商品和服务；实行集中采购和分散销售有机结合；分店不独立，与总部具有协作关系，特别强调总部与分店的互动关系	分店都独立经营运作，没有形成统一的经营风格，偏重于差异化经营
运作方式	需足够的资金和合适的业态类型，同时需要受总部约束	一般总部掌握分店的所有权，分店经营决策有较强的独立性
法律关系	依各种连锁模式而定	分店属总部所有
发展方式	扩大规模只需有市场、有资金，总部必须有成熟的运行模式和专有技术	取决于企业集团的决策

对于连锁经营的内涵，可以通过以下三个方面来加以掌握：

（一）连锁经营是一种企业组织形式和经营制度

连锁总部将自己开发的商品、服务系统（包括商标、商号、企业标识以及相关配套服务技术）以合同的形式，授予加盟店在约定区域的经营权。总部确定经营模式（商品、价格、销售方法、运作、管理、广告等），加盟店按总部确定的方式经营。连锁经营通过明确的企业内部分工或企业之间的分工，形成一个具有密切联系的组织形式和经营体系，改变了单个商店单兵作战，在经营、管理、组织上“小而全”的低水平分工、低效率营运的局面，实现了多个网点的合成作战，形成了经营、管理、组织上的高水平分工和高效营运。连锁经营目前已成为国际上普遍采取的一种企业经营制度，被广泛地应用于制造业、零售业和其他服务业。

重要提示： 国际上规定连锁店一般应有10家以上分店，如美国的贸易法规定连锁店至少要由在一家总店控制下的10家以上的经营相同业务的分店构成。国际连锁店协会则规定连锁经营至少应有11家店铺，英国则规定为10家。

（二）连锁店是连锁经营制度的组织形式和存在形式

连锁店可以分为两类，即具有法人资格的特许店、自愿店和不具备法人资格的直营店。连锁店是连锁经营的载体，其中的核心企业称为总部、总店或本部，各分散经营的企业称为分店、分支店或成员店等。

（三）连锁经营必须是“四维”连锁

连锁经营并不是把每个商店简单地连在一起，真正的连锁经营必须是以下四维的连锁：

1. 经营理念连锁。连锁企业总部及各门店对为什么要连锁、连锁企业生存要素、连锁企业及消费者定位以及连锁企业经营宗旨等连锁企业的经营理念必须达成共识。

2. 企业识别连锁。看得到、感受得到的物体和行为在每个连锁店都要一致，包括招牌、装潢、标准色彩、外观、商品陈列、布置、包装材料、手提购物袋、制服、旗帜、收银台、名片、标识卡、意见箱、垃圾箱等物体以及礼节、口号、招呼等行为语言。

3. 商品服务连锁。消费者在连锁企业的每一门店都能享受到相同的商品和服务。

4. 经营管理连锁。从总部到每一门店都遵从总部所颁布的规章、规定、办法，形成管理标准化、统一化、一元化、一贯化、系统化。

二、连锁经营的发展历程

纵观连锁经营的发展，大致经过以下三个发展时期：

（一）19世纪60年代到20世纪40年代：传统连锁时期

19世纪60年代到20世纪40年代是连锁经营的产生和成长期，也被称为传统连锁时期。这一时期又可分为两个阶段，从19世纪中叶到20世纪初是连锁经营的萌芽阶段，连锁经营在商业领域尚未占据一定地位，规模较小，连锁店主要是传统的杂货店。从20世纪初到20世纪中叶可称为连锁经营的成长期，这一阶段连锁经营在美国占据了主导地位，出现了一些大型的百货连锁店和超市连锁店。同时，连锁经营也于20世纪初传入其他的西方国家，并得到迅速发展。

连锁经营产生之后就在发展进程中不断演化，先后出现直营连锁、自由连锁和特许连锁三种不同的经营形态（见表1－2）。1859年创办的“大美国茶叶公司”在扩大经营规模过程中，逐步形成世界上第一家由同一资本构成的统一经营、统一管理的连锁企业。这一时期的连锁经营方式属于直营连锁，即由同一资本构成的统一经营、统一管理的连锁经营模式。

直营连锁经营经过几十年的发展，控制了大部分的零售公司，形成了零售商店最初的垄断组织，它将众多分散的中小零售企业从商业中排挤出去，使其陷入经营困境。为了对付直营连锁企业的排挤，部分中小型零售企业开始联合，寻求自救。1887年，130家食品零售商共同投资兴办了一家联合批发公司，为出资的成员企业服务，实行联购分销，统一管理，各成员企业仍保持各自的独立性。由此，第二种连锁经营模式——自由连锁出现了。

20世纪初，伴随着美国汽车产业、加油站和罐装饮料的迅速发展，一种通过合同有偿转让经营特许权，并按规定进行经营的特许经营方式——特许连锁开始出现，之后又逐步扩展到其他零售、饮食、服务等领域，成为连锁经营的第三种形式。

表1－2　连锁经营的三种不同经营形态

形　态	特　征
直营连锁	由同一资本构成的统一经营、统一管理的连锁经营模式
自由连锁	为了对付正规连锁企业的排挤，部分中小型零售企业开始联合，实行联购分销，统一管理，各成员企业仍保持各自的独立性
特许连锁	通过合同有偿转让经营特许权，并按规定进行经营的特许经营方式

20世纪20—30年代，伴随着城市郊区化的出现和发展，连锁经营由于非常适应这种社会变化而得到迅速发展并获得巨大成功，整个连锁企业的销售额已占零售总额的22%左右。

20世纪30—40年代，由于受到经济危机和第二次世界大战的影响，连锁经营的发展受挫。然而在这一时期，随着1930年美国纽约长岛开设了世界上第一家超级市场，连锁经营很快就形成一种与超级市场相结合共同发展的新模式，连锁超级市场、连锁大型综合超市、连锁仓储式商场很快遍布美国各地、各行业。连锁经营与超级市场的结合，如同一对孪生兄弟携手并进共同发展，成为这一时期连锁经营发展的最显著特征。

（二）20世纪50年代到70年代：连锁经营的现代化时期

20世纪50年代，随着战后经济的重建和恢复，人口的增长以及城市人口向郊区的迁移，给连锁经营的发展带来了新的契机。而战后交通运输系统的飞速发展以及电子计算机技术的广泛应用，则为连锁经营的发展提供了坚实的物质基础。50年代后西方国家高速公路的大规模建设以及汽车运输的迅猛发展使连锁经营企业的统一采购和统一配送成为可能，先进的电子计算机技术在销售活动和商业管理上的广泛应用，也为连锁经营企业实施高效、统一的管理提供技术保障。70 年代后，计算机互联网技术的应用，使连锁经营企业得以实现统一的电子系统管理，提高管理效率，连锁经营管理逐步走上规范化、统一化、标准化，经营规模得到迅速扩张。这一时期连锁经营快速发展，连锁企业在各种类型的零售业中均占据了主要位置。以美国为例，1975 年美国已拥有连锁企业 29.1 万家，比 1954 年增加了 74.3%。这一时期也是特许经营大发展时期，如美国 1960 年有特许经营商店 6200 个，到 1971 年就增加到 4.1 万个，1982 年更是激增到 10.8 万个。

(三) 20 世纪 80 年代后：连锁经营的国际化时期

20 世纪 80 年代后连锁经营在西方发达国家已经达到相当成熟的程度，管理上规范化、统一化、标准化使连锁经营焕发出新的活力，连锁业迈入了新的“连锁加盟时期”，连锁经营已不再局限于食品零售、快餐等传统行业，而是迅速扩充到非食品零售、家电、汽车、酒店、不动产、健身美容、休闲旅游、教育等各个行业，经营范围极为广泛，几乎所有的行业都可以用连锁店的方式来经营。

与此同时，伴随着科技和通讯技术的迅猛发展以及经济的全球化，连锁经营也进入了一个全面国际化时期。很多连锁经营企业不再局限于本国的发展，开始走出国界，将连锁经营模式推广到世界各国，形成国际性的连锁集团。如 1962 年在美国阿肯色州第一家折扣商店沃尔玛创立，1971 年时仅有 18 家店铺，销售额 0.4 亿美元，1980 年其销售额达到 17 亿美元，1990 年达到 330 亿美元。1991 年沃尔玛开始从国内市场向海外市场扩展，大举兼并收购。1991 年进入墨西哥，1992 年通过收购加拿大 122 家店铺进入加拿大零售市场，1997 年和 1998 年收购德国 95 家店铺，成功进入欧洲市场，1999 年收购英国 229 家店铺。2006 年，沃尔玛在《财富》杂志公布的世界 500 强企业中排名第二，年销售额达到 3100 亿美元，成为美国最成功的连锁经营企业，也是世界最大的连锁集团。再比如，麦当劳快餐公司在全世界已拥有 1.3 万多个分店，遍布世界 70 多个国家和地区。法国的家乐福也在欧、亚、美洲的 31 个国家和地区开设了 3280 家超级市场，加上其他大大小小的折扣店、便利店等，共拥有 9000 余家分店。到目前，排名前 200 名的连锁贸易公司都是国际性的跨国连锁集团。

三、连锁经营系统的组成

连锁经营系统由以下九个部分组成：

(一) 批量商品经营系统

批量商品经营系统是支撑连锁企业规模化经营的商品经营制度和技术，是连锁经营最主要的经营技术之一。它是连锁企业在商品经营方面所开发的适用于本企业的系统化的经营技术体系，包括从商品设计开发到最终提供给消费者的所有商品经营活动。批量商品经营体系包括商品开发过程和经营技术开发过程。商品开发过程主要包括三部分：采购体系开发和巩固、企业自有商标品种体系开发、商品委托加工生产体系开发等。经营技术开发过程包括经营商品结构开发、售价、分类、组合、仓储、运输、售货现场设计、布局、商品陈列、店内广告、促销、支付方法、服务等经营过程的各环节。

相关链接

实现批量商品经营，需要掌握零售业经营的基本技术、消费者需求分析技术、将需求转化为商品的技术、对生产技术的充分了解、能够运营和管理多家分店的经营管理技术、标准化技术。

（二）标准化分店组合系统

标准化分店组合系统是指对分店的选址、设计、经营及与总部的法律关系进行标准化操作，以形成的一个可操作、可复制的体系。标准化分店组合系统是连锁企业拓展分店的经营战略体系。标准化分店组合系统主要包括三个方面：

一是新设店铺所需基础条件。主要包括商圈人口、收入水平、需求特点、交通条件、地价、体制、人文环境等企业经营的外部环境条件。

二是分店设计、布局、陈列等技术设施。包括建筑设计外观、形状、形象特征、店铺布局、货架货柜、通道、冷藏保鲜设备、照明设备、商品陈列安排等与购物环境、商品展示相关的技术设施和安排，是连锁经营成败的重要条件。

三是投资、利益分配、契约等财产关系。这是对特许连锁而言，具体包括：新开设店铺初期投资的额度和权责分担；利益分割方面的协议安排；契约相关内容等。

（三）物流配送系统

物流配送系统是负责安排日常经营过程中商品保管、加工、分类、配货、送货等方面的业务技术体系。物流配送系统的职能是保证按照各分店销售需求，按时、保质、保量、低费用、高效率地配送商品。

阅读材料

沃尔玛独特的配送体系

沃尔玛的三大竞争法宝是：天天低价、以顾客为导向和激励员工。这些均是以其配送体系所创造的低成本为基础的，其独特的配送体系是其成功的一个重要方面。沃尔顿为沃尔玛确定的目标也是公司的出发点，即集中满足顾客需要，为顾客提供可得到的品质优良的商品，让这些商品满足顾客在一定的时间、地点内的需要；开发一种降低成本的结构，以便能以竞争性价格提供商品；创建并维持一个绝对值得信任的名声。达到这一目标的关键是：制订补充存货的策略。公司成功地开发了一套补充存货的方法，即交叉装卸法，从而大大降低了成本，加速了存货周转。这也是其成功的关键。交叉装卸要求公司的配送中心、供应商和各家分店之间每时每刻均需保持联系，以确保从订单开出到订货完成仅需几小时。为此，公司配备了一个私人卫星通信系统，以便每天直接把销售情况传送给5000家供应商。

资料来源：王吉方：《连锁经营管理教程》，中国经济出版社2006年版。

（四）组织管理系统

广地域、多店铺的经营方式使连锁企业的组织管理具有与单店企业不同的特点。既要分散营业，又要做到标准化、科学化地经营管理，因此，连锁企业需要开发独立的组织管理系统，以保障战略设想最终实现。连锁经营的组织管理系统包括：组织结构，科学化、标准化业务操作系统，考核、职务晋升、薪酬系统，财务系统，企业文化系统。

（五）人才培养教育系统

人才培养教育系统是企业最主要的战略保障系统。人才培养教育系统包括人才的引进、录用、挖掘、吸收，人才教育、训练、培养，人才使用、考核、评估、提高等多方面内容。由于连锁经营创新性强，需要的人员素质、知识、能力都会有所不同，所以大型连锁企业都独立构造自己的教育培训体制，以适应企业发展的需要。

（六）连锁信息系统

连锁企业日常经营活动中获得的丰富的信息资源，既是企业经营活动的组成部分，又是企业经营管理的决策依据。信息的不断流动形成了信息流，它和商流、物流、资金流等密切相关且不断扩大，使连锁企业各方面管理和决策的难度加大，为此必须利用信息技术进行管理，以达到信息管理的制度化、规范化、科学化。因此，有必要建立一套快速、灵敏、准确、高效甚至智能化的信息系统。

（七）连锁经营技术系统

连锁经营技术系统主要是指连锁企业为保证经营的成功而建立或开发的相互联系和作用的技术综合应用系统。以连锁总部建立的技术平台为支撑，以各个分店设立的各种服务或信息反馈为技术系统末梢，以信息资源共享的总部相关职能部门技术对接为内部系统，以原料供应商、生产商、物流中心、中间服务商为主体的外部系统，共同形成了技术系统的架构。

（八）连锁店经营管理系统

连锁店是连锁经营战略与策略的落脚点，只有把具体的门店经营好，才能实现规模经济。连锁店经营管理系统是一个门店经营策略与经营技术的综合体。该系统主要包括：门店的组织结构、岗位设置及岗位职责、岗位的操作规范和标准、店员考评系统、店铺安全及事故处理系统、店铺的客户关系处理系统、店员考勤系统等。

（九）连锁营销系统

营销是企业经营的根本，任何企业的经营都是以营销为中心展开的。连锁营销系统是连锁企业开发新技术、生产新产品、提供服务、制定价格、建立销售渠道、实行产品与服务促销，并将消费者的需求、企业的成本、沟通、价值等方面都考虑进来的行销系统。连锁企业品牌营销、连锁店开发与设计、连锁商店形象策划与广告宣传、连锁企业文化与公共关系等都是连锁营销体系的内容。

第二节　连锁经营的形态

一、连锁经营的形态

根据联结纽带和联结运作方式的不同，可以将连锁经营的模式分为直营连锁、特许连锁和自由连锁三种形式。

（一）直营连锁

直营连锁又叫正规连锁，是处于同一流通阶段，经营同类商品和服务，并由同一个资本及同一总部集权性管理机构统一领导下，进行共同经营活动的连锁经营模式。直营连锁企业的所有门店都在总部的直接领导下统一经营，总部对各门店实施人、财、物及商流、物流、信息流等方面的统一管理，即所有权属于同一公司或同一老板，由总部直接经营所有的门店。世界著名的"西尔斯"零售公司、日本大荣集团的"大荣"株式会社、西友集团的"西友"株式会社等都是直营连锁商店。

直营连锁作为大资本运作，利用连锁组织集中管理、分散销售的特点，充分发挥了规模效应，在提高销售效率等方面显示了很大的优越性。

相关链接

直营连锁的主要特征

特征一： 同一资本开设门店。这是直营连锁与特许连锁、自由连锁之间最大的区别。直营连锁各成员店之间是以资本为主要联结纽带的，资本又必须属于同一个所有者，归一个企业、一个联合组织或一个人，由同一个投资主体投资开办门店，各门店不具备独立的法人资格。

特征二： 管理经营高度集中统一。直营连锁的所有权、经营权、监督权完全集中在总部，由总部根据统一的事业规划方针，负责连锁企业的人事、财务、投资、分配、采购、促销、物流、商流、信息等方面的高度集中统一管理与经营，门店的业务必须按总部的指令行事。

特征三： 统一的核算制度。在人事关系上，直营连锁各门店的店长是连锁企业的雇员而不是所有者，不是老板。所有门店的店长均由总部委派，店长无权决定门店的利润分配，因为整个连锁企业实行统一的核算制度，各个门店的工资奖金由总部依据连锁企业制定的标准来决定。

（二）特许连锁

特许连锁又称合同连锁或特许加盟连锁，是总部与加盟店之间依靠契约结合起来的一种形式。世界上成功的连锁经营企业，如麦当劳、肯德基等都是采取特许经营方式，它们的特许加盟店开遍了世界各地。

一般来说，特许连锁比较适合于那些名气大、经营管理方面有独到经验的企业，通常以商品或服务等作为联结的纽带。如一些具备相当实力的大型零售店，可以通过与厂家联合研制、开发新品，用零售店的名称命名或注册同零售店相关的商标，利用零售店的自由连锁网络销售，创出名牌店，再发展特许连锁门店。在快餐业，特许连锁发展较多，通过把自已独特的产品生产工艺、统一的企业形象以及标准化的管理制度授权给加盟店，严格设定加盟店可以开业和不能开业的条件，并定期进行检查监督，按合同规定收取必要的管理费。在饭店业，特许连锁为许多饭店管理公司所采用，业主把饭店的经营管理全权委托给饭店管理公司，管理公司则同意饭店使用自己的商标及企业形象（包括饭店的风格、区域设置、色调等），并分享其独有的预订及销售网络、采购网络、信息网络及公关宣传网络等，管理公司按销售额和毛利收取管理费。此外，在其他行业，如洗染、理发、美容、搬家、照相、扩印、电器维修、清扫用具出租乃至汽车加油站、出租汽车公司、房屋维修业等领域，都可以大力发展特许连锁。

相关链接

特许连锁的基本特征

特征一：所有权的分散与经营权的集中。各加盟店具有独立的企业法人资格和企业的人事、财务权，但是经营权高度集中于总部，加盟者必须按特许合同的规定严格执行生产经营任务，没有独立的生产经营权。

特征二：核心是特许权的转让。总部除了向加盟者提供完成事业所必须的信息、知识、技术等一整套经营系统之外，还要授予加盟者店名、商标、商号、服务标记等在一定地区的垄断使用权，并在开店过程中不断给予经营指导。

特征三：总部与加盟店的关系是纵向关系。特许经营是通过总部与加盟店签订一对一特许合同而形成，总部与加盟店的关系是纵向关系，而各加盟店之间不存在横向联系。

（三）自由连锁

自由连锁是指通过签订连锁经营合同，总部与具有独立法人资格的门店合作，各门店在总部的指导下集中采购、统一经销的经营模式。自由连锁最早形成的原因是众多中小企业在与一些规模庞大、实力雄厚的大型连锁企业的竞争中，由于势单力薄，竞争力不断下降。为摆脱困境，若干中小企业共同投资设立机构，负责共同进货，开展共同促销和广告宣传等活动，以降低成本，提高利润。自由连锁的最大特点，在于各门店在所有权和财务上是独立的，与总部没有所属关系，只是保持在经营活动上的协商和服务关系，如统一订货和送货，统一使用信息及广告宣传，统一制订销售战略等。根据自由原则，自由连锁体系中的各门店可以自由地加入连锁体系，也可自由退出。自由连锁在日本比较普遍，最大的自由连锁店是食品零售业的 CGC 集团，年营业额在 3000 亿日元；加入门店最多的是寝具零售业的“全国日之友会”和食品零售业的“全日食连锁店”，均有 1500 家左右的门店。

相关链接

自由连锁的基本特征

特征一：拥有一个或几个核心企业作为总部组织。自由连锁的总部组织拥有一个或几个核心企业，有的总部组织是单独设置，有的是由核心主导企业兼行总部职能。

特征二：核心是共同进货。共同进货是中小企业成为自由连锁店的最大诱因，这样可以使中小企业获得低廉的商品进货价格。而对总部而言，自由连锁门店是总部强有力的分销渠道，因而形成了自由连锁重要的“联购分销”机制。

特征三：加盟店拥有独立的所有权、经营权和财务核算权。总部与各加盟的成员店，是通过合同作为纽带联结在一起的，其合同的约束力比较松散，加盟店可以随意退出自由连锁组织。各加盟店不仅独立核算、自负盈亏、人事安排自主，而且在经营品种、经营方式、经营策略上也有很大的自主权。

二、三种连锁经营形态的特征比较

无论是直营连锁、特许连锁还是自由连锁，在组织结构上均由多门店组成，都有一个总部作为统一的组织机构。同时每种连锁形态均在产品与服务方面采取标准化、规范化营运。在商品的采购、储备、门店结构及管理系统方面均要求标准化与规范化操作。总部作为统一组织机构，其功能主要在于商品的采购、储存、运输、定价和促销，而各个门店的功能在于进行商品的实际销售。

当然，如表 1－3 所示，连锁经营三种形态在特征上也有很多差异。

表 1－3　　三种连锁形态的比较

项　目	直营连锁	特许连锁	自由连锁
外观形象	完全一致	完全一致	基本一致
所有权	同一所有者	门店经营者	门店经营者
经营权	总公司统一控制	经营自主	经营自主
资金	总部出资	加盟店出资	加盟店出资
决策	总部作出	以总部为主，加盟店为辅	参考总部意旨，门店有较大自主权
商品供应来源	总部供应	总部供应	大部分由总部供应，部分自己进货
价格管理	总部规定	原则上总部规定	自由制定
促销	总部统一实施	总部统一实施	自由加入
教育培训	全套训练	全套训练	自由利用
总部对门店的指导	按照运营手册实施	按照运营手册实施	仅要点式地指导
总部与门店的关系	按照运营手册实施	按照运营手册实施	仅要点式地指导
合同约束力	总部规定	强硬	松散
合同规定加盟时间	无	多为五年	多为一年

三、三种连锁经营形态的优劣势分析

（一）直营连锁的优势与劣势

直营连锁由于采取中央集权的管理方式，其主要优势是：能够通过大批量采购，大幅度降低经营成本和商品价格，可以统一调配资金、设备、商品及人员，有利于充分利用企业资源，提高经营效率；因为实行销售的分权管理，使得各连锁门店可以将主要精力用在商品销售管理和改善服务上。另外，由于各连锁门店不是独立主体，其关闭、调整和新店的开设基本上属于连锁企业内部的事务，受外界制约相对较少，因此，总部对门店的布局和新店的开发具有较大的自由度。

直营连锁的主要劣势是：同一资本开设门店，要求总部必须具有较强的经济实力；同时由于权力高度集中于总部，可能导致门店人员的积极性、创造性和主动性等方面受到制约。

（二）特许连锁的优势与劣势

特许连锁对连锁企业总部、加盟店乃至整个社会都具有明显的优势。成功的特许经营应该是双赢模式，只有让加盟者获得比单体经营更多的利益，特许经营关系才能有效维持。对特许经营企业的总部来说，能以较少的资金和有限的人员，迅速发展事业、占领市场、扩大经营，实际上具有一种融资的功能。同时，通过经营权的转让也能为连锁企业积累大量的资本，使连锁企业的无形资产变为有形的资产，从而增加连锁企业的实力和发展能力。因此，特许连锁是利用自己的专有技术与他人的资本相结合来扩张经营规模的一种经营模式，可以说特许经营是技术和品牌价值的扩张而不是资本的扩张。对于加盟者来说，尤其是那些具有一定资本，希望从事商业活动但又苦于没有经营技术和经验的企业和个人，通过加盟就是一个很好的发展机会。一旦加盟，既可以利用总部的技术、品牌和商誉开展经营，又享有总部全方位的服务，享受连锁系统的广泛信息，所以成功机会大、经营风险较小、利润比较稳定。另外，由于加盟店是独立的经营实体，有内在的激励和发展机制，因而不需要总部在调动其经营积极性方面花费精力。对社会而言，通过特许连锁方式来发展商业网点，不仅能提高商业的组织化程度，而且也有利于中小企业的稳定发展。

特许连锁的主要劣势是：在总部与加盟店组织关系上，特许连锁不如直营连锁明确和清晰，一旦出现商品或服务的质量事故，总部与加盟店在承担责任上可能相互推诿。同时，如果总部片面追求品牌授权金，大量发展加盟店而又缺乏有效的管理和强有力的服务能力，不仅会使连锁企业形象受到严重损害，而且也会使加盟者的权益受到侵犯，最终很有可能导致整个特许连锁系统的崩溃。

（三）自由连锁的优势与劣势

自由连锁的优势是：其门店独立性强、自主权大、利益直接，有利于调动积极性和创造性；连锁系统的集中管理指导，有利于提高门店的经营水平；统一进货、统一促销，有利于各门店降低成本，享受到规模效益和总体组织化的好处；总部投资少、布点快。因此，自由连锁具有较好的灵活性、转换性和发展潜力，它既具有连锁经营的规模优势，同时又能保持独立小商店的某些经营特色。

自由连锁的主要劣势是：其联结纽带不紧，凝聚力相对较弱；各门店的独立性大，总部集中统一运作的作用受到限制，因而组织不够稳定，发展规模和地域有一定的局限性；由于过于民主，决策迟缓，相对来说竞争力受到影响。

第三节　连锁经营的优势

一、连锁经营的优势

连锁经营作为一种现代的组织形式和经营方式，自诞生之日起便以惊人的速度成长起来，其经营范围迅速普及各个领域，在全世界范围取得了巨大的成功，成为21世纪世界市场中最先进、最有效的经营方式，与传统的商业经营模式相比显示出巨大的优势。

（一）成本优势

连锁经营企业所拥有的庞大的多店铺体系使其具有突出的成本优势。

1. 有利于降低采购成本。在采购货品或各种设施方面，连锁经营企业将分店的采购权集中到总部，巨大的购买规模使大型连锁企业一方面可以从厂家直接进货，减少流通环节，降低经营成本；另一方面也使连锁经营企业在与生产厂家进行交易时有很强的议价能力，可以从生产厂家获得价格折扣、优质商品、延期付款、及时送货等多种好处。此外，连锁企业的集中采购，比传统经营形式中的单店独立采购要大大减少采购人力及采购次数，也使企业采购成本大为降低。

2. 有利于节约仓储、配送成本。连锁企业在集中采购的基础上实现统一仓储及配送，与单店相比，更能节省仓储面积、节约运输工具及人力，更能实现最合理有效的库存及商品的及时运送，以较低的缺货和脱销成本、较快的资金周转速度、较低的存储和运输费用以及较高的运输效率节约大量流通费用。

3. 有利于大幅度降低广告成本。在商品广告宣传方面，连锁经营企业由总部进行统一的广告宣传，广告费用由各门店分担，广告宣传效果比分店各自进行会更好，使连锁企业在扩大广告效益的同时大大降低了各门店在商品广告宣传方面的资本负担。

4. 有利于节约新产品、新技术的研发以及人力资源的培训等方面的成本。连锁经营企业由总部统一建立研发部门和专职培训部门，尽管费用是由各门店承担，但由于规模优势，各店所负担的费用会大大减少。随着研发和培训的成果在企业内部更大范围内推广，每个店铺所负担的平均费用会更低，而研发与培训的成果却能够在连锁体系更大范围内产生巨大效益。

5. 有利于降低学习成本。在学习方面，传统的单店要想通过向其他商业企业学习而获得成功经验是十分困难的，而连锁经营企业却可以把各分店的成功经验在整个体系内推广，通过复制成功的经验模式，促进连锁经营企业的迅速发展。

（二）速度优势

连锁经营企业明显的速度优势是其成为世界市场中最先进、最有效的经营模式的重要原因之一。

1. 专业化带来速度优势。连锁经营的专业化首先表现在职能分工上，总部的职能是采购和管理，各分店的职能是销售。总部借助于现代化的技术设备和管理手段，可以及时了解各分店的销售情况，并通过配送中心及时组织商品供应，从而获得了比各店分散进货更快的速度和效率，实现了商品的高速度周转；而分店只承担销售任务，功能确定，职能单一，有助于提高商品的销售速度。

2. 规范化带来速度优势。连锁经营企业的工作流程已经尽可能地规范化，它将庞大而复杂的多店铺群体的财务、货源供求、物流、信息管理等各项工作简明化，去掉不必要的环节和内容，从而大大提高了工作的速度和效率。高速度和高效率的商品周转以及简约、规范的工作流程使连锁经营企业的资金周转速度大大提高，从而提高了企业的效益。

3. 集中化强化速度优势。连锁经营企业集中化的经营管理主要体现集中制订决策、规划、营销计划以及企业的发展战略，集中进行商流、物流、货币流、促销流以及信息流的管理，集中进行人力资源的开发与管理等诸多方面。连锁企业经营管理上的集中化大大提高了企业的管理效率，使其获得了明显的速度优势。

4. 技术装备的现代化保障了速度优势。现代连锁经营企业通过电话、传真、电脑网络系统、电子收银系统和电视监控系统等现代化设备，识别货物品种、检索商品价格、计算金额、汇总销售数量、反映存货水平，并在连锁总部、配送中心和连锁店铺之间建立高效灵敏的信息传输系统，确保进货、销货、计价、结算工作迅速、自动、准确地完成，使分布在全国乃至全球的连锁商店切实地实现高速度、高效率的运转，有力地保障了连锁经营企业的速度优势。

（三）竞争优势

连锁经营之所以能够在竞争激烈的现代市场中占据重要位置，与其所具有的强大的竞争优势密切相关。

1. 资本集中与积累效应确保其经营优势。连锁经营一方面以加盟连锁的形式联合众多的单个资本，将大量的社会资金集聚在一起，为企业经营规模的扩大奠定雄厚的资金基础；另一方面通过自身的盈利累积资本，提升资本实力。同时，规模大、效益好的连锁经营企业也更容易获得银行的信任而得到大量贷款，有助于连锁经营企业资本的扩大，确保其强大的竞争优势。

2. 高度发达的网络化组织增强其竞争优势。连锁经营企业由同类企业组成一个多层次的大系统，其内部各子系统又联结成众多网络承担着明确的功能，这种网络化的组织形式极大地增强了它的市场竞争力：（1）连锁企业运营网络各组成部分分工明确，能更有效地实现各自的功能。（2）连锁经营企业所建立的庞大而广泛的销售网络使其大大扩展了自身的市场占有率。（3）连锁经营企业高度发达的信息网络使企业能够迅速准确地了解和掌握市场供求、顾客需要、企业库存、分店销售等信息，从而以较强的应变能力抓住稍纵即逝的商机。（4）连锁经营高标准的商品质量和服务使其具有强大的市场竞争能力。（5）连锁经营企业发展自有品牌商品的垄断经营，有助于其市场竞争能力的提高。

3. 企业形象塑造的优势。在塑造企业形象方面，连锁经营企业大规模的分店体系有助于在消费者心目中塑造鲜明的企业形象。这是因为连锁经营企业规模化的连锁店铺无论设立在什么地方，都被要求采用与连锁总部一致的名称和标识，都要按照总部的要求进行统一的规划、设计以及装修，店面的装饰、装潢、色彩以及店内的经营设计、货架布局、商品陈列、橱窗布置、货品标签、员工服饰等细节也都完全统一。这样，大量完全相同的店面及标识所形成的独特而统一的企业形象就会在不同地方不断加强对消费者的刺激，从而在消费者心目中留下深刻印象。

（四）稳健优势

连锁经营形式有利于减少商业投资风险。这是因为连锁经营企业由为数众多的分店构成，各个分店加盟连锁企业的时候，是在其他店铺成功经营的基础之上开始新的经营活动，成功的经营经验有助于减少新店的投资风险。尤其是特许连锁经营模式，加盟特许连锁经营企业便可获得已经取得成功的商品、技术或经营诀窍等特许权，特许权使新加盟企业能够迅速掌握经营技能获得成功。在国外，特许连锁有进入商界的“安全通道”的说法。由此可见，连锁经营形式可以将商业投资的风险降至最低。据统计，单店经营失败率为50%，而连锁经营企业的失败率只有5%，这充分表明连锁经营企业具有其他经营形式所无法匹敌的稳健优势。

二、连锁经营的劣势

1. 灵活性不强。连锁店一旦建立，灵活性就受到限制，所有分店必须奉行统一的战略——定价、促销和产品组合策略必须相似。

2. 投资成本高。连锁经营需要相对高标准的硬件和软件设施建设，需要开设多家分店，相对于传统商业经营模式其投资成本会高些。

3. 管理控制难。特别是对于分店分散的连锁企业，高层管理者对各分店的控制会相对困难。

4. 独立性有限。连锁店的员工工作独立性有限。

连锁经营的优势和劣势比较如图1－1所示。

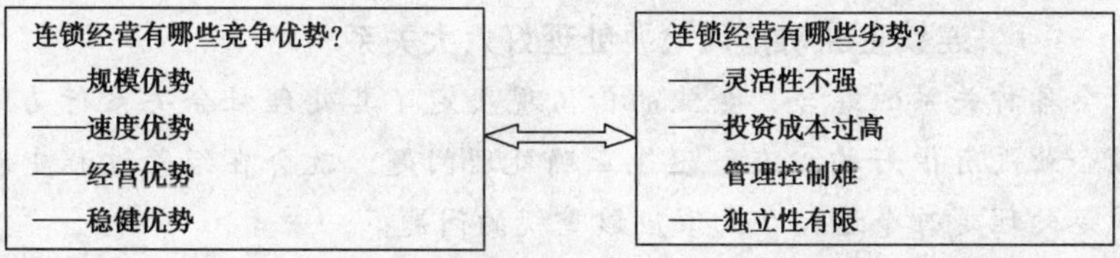

图1－1　连锁经营的优势和劣势

三、必须重视连锁经营的风险及风险规避

（一）连锁经营不是一用就灵

连锁经营不是一用就灵，它只不过是一种经营组织方式，连锁总部提供给各分店的经营诀窍和经营模式也不过是一个基本的业务工具，只有和经营者的能

力、资金以及市场环境等各方面因素相结合才能发挥优势。从这个意义上讲，连锁经营也有风险：一是由经营者带来的风险，即由于各分店经营者的经营能力不足而导致经营失败的风险；二是由市场带来的风险，即由于市场变化莫测、市场竞争激烈所带来的经营风险；三是由总部指导不力及信息传递、广告宣传出现偏差等带来的风险。

（二）连锁经营风险规避

进行风险规避的前提就是全面评估市场，只有准确把握市场状况，才能采取相应对策。各项评估包括：

1. 自我评估。主要是评估以下两方面内容：

（1）企业是否要开展连锁经营？应考虑：企业品牌实力如何？是否有独特的技术、专利技术或管理技术？是否有开展连锁经营的人才储备？是否有足够的资金实力？

（2）企业是否要加盟特许连锁经营？应考虑：是否适合成为加盟者？一定要明确地认识本企业的需求及发展方向，确认本企业能否融入某个连锁体系。因为加盟是一种事业而非一份工作，加盟给予的是经营传承而非成功的保证。

2. 行业评估。必须认真研究所选行业的发展前景，应考虑：是否属于流行性行业？有发展后劲的潜力行业？还是如餐饮业和日常生活用品的零售业一样的平稳性行业？

3. 连锁集团的评估。应考虑：盟主的经验、开店时间、店铺数量、专业化程度、企业文化、人才实力、资金实力、服务状况、社会口碑、经济效益、产品生命周期、费用情况、店铺成活率等。

4. 消费者评估。

（1）对当地消费者的评估。应考虑：消费者人数、年龄、收入水平、消费欲望、生活方式、家庭结构、文化层次、社会地位、消费结构、消费倾向等。

（2）消费者比较评估。要进行比较研究，发现不同市场的差异，或扬长避短，或对症下药，采取相对应的目标策略。

阅读材料

连锁企业防范风险要处理好六大关系

连锁企业是社会各种关系的综合，企业的价值观决定了其处理社会关系行为的模式和结果，如果连锁企业没有很好的心态，不能正确处理问题，就会在经营过程中积累很多的风险，如何防范处理是每个连锁企业家应该重视的问题。

1. 短期利益和长期发展的关系。连锁企业长期业务和短期风险之间要有一个合理的比例，长期业务的比例要达到70%以上，要拿出30%的资金进行风险性的尝试，如果这个比例搞错了，企业就很难持续发展。连锁企业发展的速度要有科学的控制，环境好的时候要快一点，环境差的时候要慢一点。作为连锁企业的负责人，要明白自己的家底、负债能力、人才状况等，如果在这些方面都没有清晰的了解，只是想不断地加快发展的速度，就很可能会撞车。连锁企业80%的问题，不是发展太慢而是发展太快所造成的。解决了快和慢的问题，就解决了生和死的问题。在进和退之间，进比较容易，退比较困难。

2. 多元化和专业化的关系。不少企业都在实行多元化经营，这本身没有错，问题在于企业是否善于进行多元的经营？是否有能力经营多元的公司？作为一个多元的公司关键是要做得比别人强。企业如果要做多元化的投资，就要具备多元化的结构和多元化企业的文化能力，需要做得非常专业。

3. 内涵增长和外因发展的关系。企业要发展，就要在跑马圈地的同时将地种好。如果连锁企业长期停留在跑马圈地的阶段，不具备将地种好的能力，那么，这块地迟早要交出来。所以，我们要培养精耕细作每一块已有土地的能力，而不是简单地将资源堆积在一起。

4. 摆正企业与政府之间的关系。企业利益和政府利益的角度不同，企业关心的是如何赢利，政府考虑的是企业发展是否符合社会的要求。企业与政府的关系不能太软也不能太硬，既要与政府保持良好的沟通，也不能用非法的手段，保持过分密切的关系。没有政府的支持，企业不可能有很好的发展，但是，如果使用非法的手段换取与政府的特殊关系，企业会很脆弱，怎么经营起来的就会怎么倒下去。

5. 处理好和金融市场之间的关系。企业得到第一笔银行贷款的时候就要有原则，可以公开任何资料，做到透明。企业要立足于自己的现金流，要做有利润的现金流和有现金流的利润，这是生存之本。同时，还要多渠道地发展资金来源，一味地依靠银行也存在风险。如何加大资本的融资和股权的融资，这对于企业来说存在价值观的问题，因为涉及利益分享，只有乐于与别人分享，才可以得到更多的帮助。

6. 恰当监督职业经理人，善待员工。企业的根本价值，除了为股东、社会创造价值外，还要为客户创造价值、为员工创造价值。企业很多风险是因为没有处理好职业经理人的问题而产生的。企业发展到一定规模，一定会聘用职业经理人，在充分信任职业经理人的同时，也要建立相应的监督机制，两者少了任何一项，都要出问题。企业应该善待员工，让员工在付出劳动的同时得到满意的报酬。不要希望通过开除员工来增加效率，作为企业家，要承担起育人的责任，处理好与员工之间的关系，让他们的价值充分发挥出来。

资料来源：中国连锁经营实战网，2006年8月9日。

第四节　连锁经营产生和发展的条件

一、连锁经营产生与发展需要哪些条件

连锁经营作为社会化大生产的产物，其成功得益于社会化大生产的发展、市场制度的变化、消费水平的提高、各种技术的进步，这是推动连锁经营产生与发展的客观条件。

（一）社会化大生产

流通是联结生产和消费的桥梁和纽带，在不同社会经济发展阶段，必然会产

生与这个阶段的生产和消费相适应的流通组织形式和经营方式。连锁经营的产生是生产力发展到一定水平时，社会化大生产对社会化大流通提出的客观要求。欧美主要国家产业革命的完成和经济高速发展，对流通领域的变革提出了迫切的要求，同时也提供了重要的物质技术条件。其主要表现为消费品的生产方式发生变化，由原来的工场手工业转变为机器大工业，产品的数量猛增，品种增多，质量提高。市场的扩大以及贸易量的增加对流通业提出了新的要求。从规模上讲，大规模生产要求商业的规模也相应地扩大；从商业组织形式来说，工厂制度的建立和市场的急速扩大，迫切要求建立专业的营销队伍，并通过专业化管理来获得更高的经济效益。连锁店的产生与发展正是顺应了这种生产能力不断提高、产品不断丰富的趋势。

（二）买方市场的出现

随着生产效率的提高，产品的供给能力不断扩大，人类社会从物质短缺的时代发展到物质充足时代，于是，逐渐出现了产品供过于求的局面。买方市场的出现呼唤流通企业以更为便捷有效的方式为消费者服务，以促进消费。连锁经营正是适应了这一要求。

（三）社会稳定，市场有序

第二次世界大战后，各发达国家经济发展较快，社会稳定，基本上未出现大的动荡，因而为连锁经营提供了一个统一有序的市场，连锁店跨区域扩张遇到的阻力很小，世界各国的连锁经营在这一时期得到迅速扩展。

（四）消费水平的提高

19 世纪下半叶，欧美主要国家产生了以新生资产阶级为代表的中等收入阶层，同时也带来了新的消费方式和消费观念。人们消费观念与消费习惯的转变，促进了连锁经营的成功与发展。

农业革命使农村人口流入城市，推动了城市化进程。第二次世界大战后，美、德、英、法等国都产生了一批百万人口以上的大都市，购买力向城市集中，城市市场迅速扩大。工业化、城市化进程导致人口增加且集中于城市，这同时为连锁企业的网点扩张提供了方便。

人们生活水平的改善和收入水平的提高对销售企业的商品和服务提出了更高要求。具有一定收入水平的人口是连锁店的市场保证。随着人们工作节奏的加快以及收入水平的提高，消费者希望购物更方便、廉价和可靠。连锁经营正是适应这种变化而得到发展。

（五）各种技术的进步

1. 交通运输技术的发展。最早的连锁店大西洋和太平洋茶叶公司把它们的网点沿着 1869 年美国第一条横贯北美大陆的铁路进行布局。到第二次世界大战前夕，各发达国家都已形成铁路交通网，运输效率不断提高；1950 年后，汽车公路运输（尤其是高速公路运输）成为客运和货运的主要方式，各国均建成了大于铁路里程十几倍的公路网；水路运输方面，船的吨位不断增大，船速加快；1903 年美国莱特兄弟发明了飞机，空运开始出现，运输的速度大大提高。交通技术的进步为连锁店在广阔地域内的货物运输、人员往来提供了可靠保证，大大推动了连锁店的发展。

2. 通讯技术的迅速发展。通讯技术迅速发展为连锁店传递信息、实行远距离控制、决策提供了保证。报纸成为重要的传媒，广告在招揽顾客、传播供求信息、扩大商品交易方面作用巨大，电话、电报的发明与使用也对连锁店的沟通起到一定的作用，尤其是对20世纪50年代的连锁店的发展，电话起着相当重要的作用。20世纪60年代以后，传真机、计算机开始逐步进入商业领域。信息技术的进步对信息的搜集、传递、分析提供了有效保障，不断地推动着连锁店的发展。

相关链接

从国际经验看，一国或地区人均GDP达到600美元的水平时，连锁超市业态就可以开始导入，一国或地区人均GDP达到1000美元的水平时，连锁超市业态就可以开始快速发展；一国或地区人均GDP达到1500美元的水平时，连锁便利店业态就可以开始导入，一国或地区人均GDP达到3000美元的水平时，连锁便利店业态就可以开始快速发展。当然，由于世界上不同国家以及同一国家不同地区在经济上的巨大差异，某种连锁业态的出现，在不同国家或地区会有几年、十几年，甚至几十年的时间差。

但是，不同国家和地区各异的资源禀赋和社会文化基础，会深刻影响连锁经营企业的发展，影响连锁企业的经营规模、形式和特点。因此，连锁经营的同一种业态表现在各国的实体形式也不完全相同，即使处于成熟的连锁经营市场环境条件下，对于他国成功业态模式的移用，也必定是不完全的和有条件的，必须有一个结合本国社会和市场环境特点、寻找本土化的过程。

二、适合采取连锁经营的行业

到底哪些行业适合连锁经营？从连锁经营的发展过程可以看出，其间没有行业的限制。但是否适合连锁经营还是有一定的边界条件，具备以下六个条件的企业当是适合连锁经营的企业。

（一）经营管理可以工程化

工程化是指把一个复杂的系统或产品分解成许多相对简单的子系统，每个子系统能够被具有简单技能的初级技术人员或工人进行处理或加工。一个杰出的工程师的能力在于能够经济地进行这种划分并且能够制定出系统组合的方法或标准。所有这些划分与组合还必须顾及经济的、技术的、管理的、成本的、质量的、市场的、社会的、过去的以及将来的种种考虑。

比如，西餐讲究科学和营养，做西餐可以工程化。各种原料的分量和标准、调料的种类和多少都是严格按照标准来执行。就像麦当劳、肯德基，其炸薯条的油温、炸的时间长短都有严格的控制标准，这些定量的标准和步骤就可以工程化，所以连锁经营也具备了先天条件。

（二）核心禀赋

实践证明，同质化产品竞争和传统的连锁经营模式，既不能留住老顾客，也吸引不了新顾客。连锁经营企业一定要有独特的东西，如果不能提供特色服务，用户的流失就无法避免。所以欲加入连锁经营队伍的企业应该有自己的核心禀赋，能在激烈的市场竞争中，表现个性，同中求异，实现特色魅力。例如，国内很成功的一家餐饮连锁“小肥羊”，汤料采用当归、枸杞、党参、桂圆、白蔻等60多种中药材精心配制，羊肉采用纯天然、无污染、高纤维、低脂肪的3个月的羔羊肉，这样的羊肉滑嫩爽口、无腥膻气，其汤料美味鲜香，羊肉在入汤后不仅口味鲜香，也避免了蘸小料后失去草原羊肉鲜嫩的缺点。民族“羊文化”也是小肥羊的一大特色，辽阔的内蒙古草原有蓝天、绿草、骏马、高亢的长调民歌，盅碗舞、筷子舞等民俗风情，小肥羊在做餐饮的同时也打出了文化牌，在倡导绿色餐饮的同时倡导“文化餐饮”。

（三）人力资源的开发与储备

人才是企业的根本，更是连锁企业的制胜源泉。连锁企业要实现连锁扩张，要实现成功经营，必须建立一支强有力的特别是服务方面的人才队伍。连锁企业战略的拟订与战术的实施无不需要员工真正的理解和切实执行到位，庞大的连锁系统也绝不允许出现执行断层和扭曲。一旦执行走样，将危及整个连锁系统的生存安全。

（四）价值链瓶颈下移

这个条件其实是指行业的瓶颈。也就是说，我们应该分析行业状况，如果当前欲进入的行业正处于买方市场而不是卖方市场，就可以做连锁经营。否则根本无此必要。

（五）销售渠道的成熟度

连锁经营的优势之一就是使流通领域顺畅，这也是它存在并迅速发展的主要原因。如果某一行业的销售渠道已经很成熟，也就是说它根本不需要连锁经营企业的介入已经能够达到很好的流通，那么想靠做连锁经营分一杯羹的企业就要有打败仗的心理准备了。销售渠道越是成熟，对于连锁经营的开展越是很大的障碍。

6. 关系资源。各个国家对连锁经营都有一些政策和法律法规上不同的限制。而我国由于各省的行政区划问题，每个省市的法律法规政策都还不尽相同，所以最好应该有政府关系的协调，特别是跨地区、跨省市时，对于分店的申请、设立、选址、采购、税收等事项都会事半功倍。

复习思考与练习

一、思考题

1. 什么是连锁经营？如何把握连锁经营的内涵？
2. 连锁经营的发展经过了哪些阶段？
3. 简述连锁经营系统的构成。
4. 连锁经营分别有哪些优势和劣势？
5. 连锁经营的三种形态是什么？试比较这三种形态的特点和优劣势。
6. 连锁经营产生和发展需要哪些条件？企业进行连锁经营需要具备哪些条件？

二、案例分析题

沃尔玛的经营之道

（一）正确的立地战略

和大多数零售商一样，沃尔玛非常重视开店区位的选择，将其视为制胜的首要因素。按美国零售业经营常识，在人口不到5万的小城镇开办折扣店是行不通的。沃尔玛打破了这个惯例，在人口5万以下的小城镇开设连锁店，然后一城接着一城，一州接着一州，向邻近地区系统地扩张。沃尔玛的基本原则是：垄断当地市场之后，再向下一个邻近的地区进攻。

（二）高昂的团队精神

沃尔玛每年举行股东年会，参加者有各个分店的员工代表、杰出分店经理及股东。股东年会一般在阿肯色州的公司总部所在地召开。除召开会议之外还举行各种丰富的游戏活动，旨在形成一股高昂的团队精神，以带动整个公司的发展。最令沃尔玛员工骄傲的是沃尔玛的利润分享和购买股票方案。沃尔玛以员工为合伙人，坚持让员工从公司的成长中获得好处，使公司与员工的利益紧密相连，尽其所能地使员工有归属感。沃尔玛雇用当地人，给予训练后上岗。为了鼓舞员工士气，沃尔玛设有一连串的奖励办法，如地区明星奖、销售竞赛奖、百货销售荣誉奖、控制损失奖等，得奖人的姓名和照片都刊登在公司刊物《沃尔玛世界》上。沃尔玛的团队活动很有特点，公司千方百计创造出了一个畅所欲言、面对面沟通的文化环境。通过团队活动，员工们可以共享信息，每位员工均可采纳最好的建议运用于工作中。

（三）良好的合作关系

沃尔玛与供应商有着良好、稳定的合作关系。沃尔玛要求其所有供应商采用有利于环境保护的装置。公司在《华尔街日报》刊登广告，要求供应商采用可重复使用的包装，并给予一定的回报。这种做法对其形象的改善大有裨益。供应商对此作出了积极响应。交叉装卸法的顺利实施也离不开供应商的协作。

长期以来，沃尔玛旨在建设良好、稳定、长期的供应关系。一般而言，供应商和零售商之间的关系是对立的，但沃尔玛以公平谈判为始点，以共同服务于顾客和增加销售额为目标，实现了双方的平等合作。在包装、展示、新产品开发等各方面，供应商均与沃尔玛高度合作，这种合作是建立在双方充分沟通的基础之上的。沃尔玛对供应商的货款支付一般在发货后半个月，而绝大多数美国供应商要在发货后一个月才得到货款，这也是供应商与沃尔玛合作的一个重要原因。

折扣店行业的竞争日趋激烈，沃尔玛一方面积极实行国际化战略，开拓新市场；另一方面，从20世纪80年代中期开始，它又先后开发出批发式俱乐部、巨型购物中心、超级购物中心等新型店。此外，沃尔玛所采取的一项最重要的策略就是千方百计从竞争者手中夺取市场份额，这就使折扣店行业之间的竞争进一步加剧。

资料来源：王吉方：《连锁经营管理教程》，中国经济出版社 2006 年版。

问题：

1. 沃尔玛的经营之道对你有何启示？

2. 你还知道哪些著名连锁企业？其经营有何特色？

第二章

连锁经营企业发展蓝图的规划

连锁企业发展蓝图的规划，是为企业设定长期的发展方向和活动范围，通过资源整合在不断变化的环境中满足顾客需要并实现投资者的期望，从而形成持久的竞争优势的一系列管理活动。连锁企业发展蓝图的规划包括连锁企业经营战略、连锁企业发展战略和连锁企业竞争战略三部分。

案例导读 **联华超市的六大拓展战略**

21 世纪的中国超市，面临买方市场、全球经济一体化、知识经济的三大挑战。面对挑战，联华超市已初步形成了以下发展战略：

1. 规模优先的拓展战略。通过规模优先的拓展战略，进一步巩固和扩大规模优势，实施战略联盟策略。在资金稀缺和地方保护主义的制约下，要实现快速超常规的发展目标，必须联合各地企业，充分发挥优势互补的组合效应，克服公司单独闯市场、抢市场时势单力薄、力不从心的缺陷，迅速抢占市场。在未来几年里，联华寻求和海内外的大型超市公司建立战略联盟关系，共同开发市场。加强对合资公司的支持体系建设，实施低毛利争份额的营销策略，通过扩大的市场份额，获得充分的规模效应。

2. 差异化竞争战略。通过差异化竞争战略，塑造鲜明的个性化企业形象。主要体现在：(1)“服务的个性化”，全面提高顾客满意度，不断开发新品种，适应多层次顾客的消费需求；(2)“经销产品的差异化”，生鲜产品必须是全市最有竞争力，品种更丰富，新鲜度更高，营养结构更合理，口味更好；(3)“定牌产品的差异化”，加大科技投入，使自己生产的定牌产品具有“同样的品质，不同的价格；一样的价格，更高的品质”。

3. 技术领先的提升战略。通过技术领先的提升战略，降低企业经营成本，提高企业营运效率。在广泛应用信息技术、自动化技术、保鲜技术，以及安全防范技术等现代科学技术的同时，大大提高其效率，降低流通成本，满足消费者需求。

4. 多渠道的增利战略。通过多渠道的增利战略，发挥资源优势，创造新的利润来源。拟采取两大策略：一是全国采购的建网策略，要力争形成一个全国采购网络，提高采购技术和采购能力，变坐商为行商。二是合理配置的物流增值策略，设计和建立成本导向的物流中心、生鲜加工配送中心。

5. 双赢战略。通过工商联手的双赢战略，优势互补，共同开拓市场。在未来几年里，准备发展多个战略合作伙伴关系的生产厂家，使之成为联华生产定牌产品的生产基地、生产车间。

6. 多元资本运作战略。充分利用自己的品牌和信誉优势，拓展新的投融资渠道，通过多元化资本运作战略，确保企业稳步快速发展。

资料来源：中国连锁经营实战网。

【问题】

1. 你如何评价联华超市制订的发展战略？
2. 制订连锁企业发展战略的依据是什么？如何制订发展战略？

这些问题在本章的学习后将更加清晰。通过本章的学习，你将会实现以下学习目标：

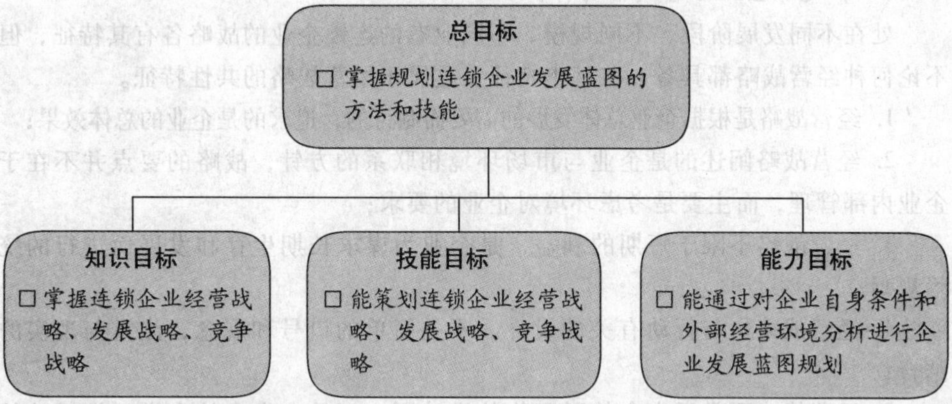

第一节　连锁企业的经营战略

连锁企业经营战略问题要解决的是连锁企业与销售市场之间的结合问题，是企业环境管理的核心问题。它是企业组织活动长期性质的基本设计图，有了正确的战略选择，其他经营活动才有现实意义，战略上的失败是企业最根本性质的失败。

一、连锁企业经营战略目标及特征

所谓经营战略是企业为实现经营目标，通过对外部环境和内部条件的分析而制订的较长期的全局性的重大决策。

（一）如何设定连锁企业经营战略的目标

连锁企业经营战略的目标是在分析企业外部环境和内部条件的基础上确定的企业各项经济活动的发展方向和奋斗目标，是企业经营思想的具体化。

企业经营目标不仅是一个单纯的目标，而是一个综合的体系。一般而言，企业的基本目标由经济收益和企业组织发展方面的内容构成。经济收益或利润是企业生存发展的基本条件，是衡量企业经营活动效果的基本尺度，也是企业满足各方面要求，实现其他目标的前提。企业组织的价值及社会的价值，在于激励组织人员为此努力拼搏。通常表现为销售量、总资产、规模等。对于管理者，它是事业成功的标志；对于职工，它能带来工作机会的增加和报酬的提高；对于所有者，则意味着原有资产的增值。企业组织的发展，特别是连锁企业总部组织职能逐步完善，加盟店日益增多，社会影响逐步扩大，既反映了企业完成基本职能的水平，又有利于国民经济发展，也提高了企业本身的地位。

除了基本目标外，企业还必须满足所有者、经营管理者和职工三个基本方面的目标或要求。这些目标必须与基本目标相一致，要与基本目标结合起来，形成一个具有内在一致性的目标体系。

（二）连锁企业经营战略的特征

处在不同发展阶段、不同规模、不同业态的连锁企业的战略各有其特征，但不论何种经营战略都具备一些基本特征，这属于经营战略的共性特征。

1. 经营战略是根据企业总体发展的需要而制订的，追求的是企业的总体效果；

2. 经营战略阐述的是企业与市场环境相联系的方针，战略的要点并不在于企业内部管理，而主要是考虑环境对企业的要求；

3. 经营战略不限于短期的利益，是企业为谋求长期生存和发展而进行的统筹规划；

4. 经营战略是与行动有关的设计，不是简单的口号和观念，注重与现实的结合；

5. 经营战略不是无生命的财和物的设计图，而是有生命的人类组织活动的设计图。战略设计最重要的内容就是人。

二、如何进行连锁企业经营战略的选择

虽然连锁企业的业态不同，规模不同，所选择的经营战略各有特色，但有一点是一致的，连锁企业必须根据自身的发展选择适合本企业的经营战略。任何形式的连锁企业的经营战略选择都围绕以下几个方面展开：

（一）顾客满意战略

顾客满意战略就是必须站在消费者使用立场上，而不是站在生产者、销售者的立场上考虑和处理问题，而且这种“顾客第一，顾客至上”的理念必须始终贯穿于连锁企业从商品采购到最终销售的全过程。

1. 顾客的价值。顾客的价值不在于他一次购买的金额而是他一生能带来的总额，其中包括他自己和对亲朋好友的口碑效应。顾客的价值，可先用某位顾客一定时间段的购买总额除以交易频率，得到顾客平均购买的价值，然后估计顾客在10年或终生购买的次数，计算其购买总量，加上该顾客的口碑效应，即该顾客宣传后有几个人成为公司顾客，又需用顾客个人购买量乘以放大乘数，所得结果就是一个顾客的价值。这种计算方法科学与否并不重要，重要的是它给企业一个启示，留住一个顾客会产生乘数效应，失掉一个顾客也会使损失扩大。

2. 顾客满意的价值。顾客满意与企业利润存在着线性因果关系，而且忠诚顾客与企业利润之间存在正向相关关系。实践表明，有90%以上的利润来源，1/10由一般顾客带来，3/10由满意顾客带来，6/10由忠诚顾客带来。

相关链接

顾客才是真正的老板

沃尔玛创始人山姆·沃尔顿说过：“所有同事都是在为购买我们商品的顾客工作。事实上，顾客能够解雇我们公司的每一个人，他们只需到其他地方去花钱就可做到这一点。衡量我们成功与否的重要标准就是看我们让顾客——我们的老板——满意的程度。让我们都来支持盛情服务的方式，每天都让我们的顾客百分之百地满意而归。”

3. 获取顾客满意的价值的方法。

（1）走进客户的心，探求顾客的期望。

相关链接

沃尔玛的“日落原则”

这条规则要求所有沃尔玛的员工应该在收到顾客、供应商或其他员工电话的当天日落之前对这些电话作出答复。这正是沃尔玛对顾客作出友好服务承诺的一个例子。迅速回应您表明我们关心您。我们不一定要在日落之前解决每一个问题或者完成每一项任务，但我们应与您保持联络，这体现了我们公司的一条基本原则，即我们关心顾客。

（2）重视“关键时刻”。“关键时刻”是一个重要的服务管理学术语，就是当顾客光顾公司任何一个部门时发生的那一瞬间，经过这样的短暂接触，顾客对服务质量，甚至潜在地对产品质量有所了解。

（二）商业化运作战略

连锁经营必须以商业为主导，完全按市场规则来运作，这对把顾客满意作为自身经营宗旨的连锁企业来说就显得更为重要。商业化的标准包括：（1）明晰的产权，连锁企业内部权责利必须明确；（2）按市场运作规律运作，讲求实用和效率；(3) 市场为主导，即一切跟着市场走，紧紧把握市场的脉搏才能使企业立于不败之地；(4) 追求利润，努力扩大销售，降低成本。

（三）规模经营战略

虽然同一资本拥有 11 个分店以上就算做是连锁经营了，但要达到规模经营，11 个分店是远远不够的。在美国，要实现规模经营，起码要达到 200 个分店以上。达到规模经营的手段是多地区、多分店方式，通过不断扩张来实现一定的规模，以降低经营成本，同时增强连锁企业自身实力以便在竞争中处于优势。

（四）标准化战略

连锁商店标准化的经营是连锁企业适应市场需要而采用的新的形式，随着市场竞争的加剧、顾客需求的多样化，顾客从对商品的认可转移到对商店的认可，所以标准化的经营可以树立商店的形象进而赢得更多的消费者。连锁经营中的标准化，主要表现在商品服务的标准化和企业整体形象的标准化。

（五）专业化战略

专业化是指连锁经营的各个环节根据不同的生产经营过程分成几个业务部门，并使其固定下来，在连锁经营中，所有的商业活动都有详细而具体的分工，以保证连锁经营的良好运作。

第二节 连锁企业的发展战略

连锁经营作为商业零售领域一种集团化、规模化生存和发展的经营组合形式，发展和扩张是其生存的动力，连锁经营技术和战略体系的很多方面都体现了发展。

一、连锁企业发展战略的本质

企业发展战略是企业战略的种类之一，是对企业发展的谋略，是对企业发展中整体性、长期性、基本性问题的计谋。

企业发展战略有五个特征，在这五个特征中，一个是企业发展战略的本质特征，四个是企业发展战略的一般特征。企业发展战略的一般特征是任何企业战略都具备的特征。

1. 企业发展战略的本质特征是发展性，是着眼于企业发展。虽然有些企业战略也是为企业发展服务的，如企业竞争战略与营销战略，但是它们着眼点与发展战略是不同的，竞争战略着眼于竞争，营销战略着眼于营销。

2. 企业发展战略的一般特征有四个：（1）整体性。整体性是相对于局部性而言的。任何企业发展战略谋划的都是整体性问题，而不是局部性问题。（2）长期性。长期性是相对于短期性而言的。任何企业发展战略谋划的都是长期性问题，而不是短期性问题。（3）基本性。基本性是相对于具体性而言的。任何企业发展战略谋划的都是基本性问题，而不是具体性问题。（4）计谋性。计谋性是相对于常规性而言的，任何企业发展战略都是关于企业问题的计谋而不是常规思路。

提示：

企业发展战略必须同时具备五个特征，缺少其中一个特征也就不是典型的企业发展战略了。

二、如何选择连锁经营发展战略

（一）发展战略的资本支持选择

连锁店要扩张，首先必须解决扩张的资本来源。扩张的第一步，连锁店可以用自己创业经营的积累作为资金来源。但仅靠自身积累，扩张步子是难以迈大的。因此，企业必须想办法通过外部资本来实现扩张：一是通过扩股集资；二是举债。

（二）发展战略的方向选择

方向选择即业态的选择和区域的选择，如果创业业态市场已高度饱和，成长已无潜力，则可以考虑向其他领域扩张。向什么区域扩张取决于两个因素：一是所要扩张区域的市场情况与竞争水平；二是连锁总部分店的分布与其扩张区域联系是否紧密。

（三）发展战略的方式选择

有三种扩张方式可供选择：第一种扩张方式是自身不断开出分店；第二种是兼并，通过对小型连锁商店或独立零售商店实施兼并以扩大连锁规模；第三种是特许加盟。

（四）发展战略的速度选择

连锁扩张速度不宜过快，否则会出现资金供应紧张，债务负担过重，新开店质量下降，而且规模的迅速扩大会引起企业一系列不良反应，所以最好选择稳扎稳打、开一家成功一家的策略。

相关链接

北京全聚德集团的发展战略

根据对全聚德品牌内涵结构及其特征的认识，全聚德集团发展的战略目标应该是：以全聚德烤鸭为龙头、以精品餐饮为基业，通过有效的资本运营，积极审慎地向相关产业领域延伸，创造具有中国文化底蕴、实力雄厚、品质超凡、市场表现卓越、享誉全球的餐饮业世界级名牌。

为了实现上述目标，部分专家认为全聚德品牌的主要物质载体是全聚德烤鸭正餐，充分挖掘其特色和优势，强化社会认知度，继续发展正餐全聚德烤鸭店，在北京、全国以至国际上仍有较大的发展空间和市场潜力。全聚德独有的个性和魅力，是“顺峰”、“烧鹅仔”等后起之秀所不及的。但是，单一的全聚德烤鸭正餐，对于一个追求世界级名牌的企业来讲，其事业领域显得过于窄小，因此必须谋求品牌的合理延伸。即全聚德应该选择全面的事业发展战略——“正餐精品战略”、“快餐战略”和“食品加工业战略”。在三项事业发展战略中，“正餐精品战略”是全聚德集团产业发展战略的中心环节，采取各种必要对策，形成产业优势、经营服务特色和文化壁垒是全聚德人面临的最紧迫的任务。实施“快餐战略”是全聚德扩大产业规模和市场占有率的必由之路，具有可能性和广阔的市场前景。在研究出符合工薪阶层消费者需求的品种、价格、营销方式、就餐环境的同时，保持全聚德烤鸭及相关食品的独特口味和磁力，并解决了标准化产品、工厂化生产、连锁化经营、个性化服务等技术、管理难题时，快餐有可能成为全聚德未来的主导产业。“食品加工业战略”可以使集团的事业领域由单纯的餐饮业扩展到食品加工业。小包装熟食品可以直接进入家庭消费，中国有12亿人口，家庭熟食品是一个巨大的市场。全聚德激活食品加工业，只要市场营销到位，会给老字号带来新的经济增长点。三大产业发展战略相互补充、相互渗透，将共同推动全聚德品牌的升华。

三大产业发展战略如下图所示。

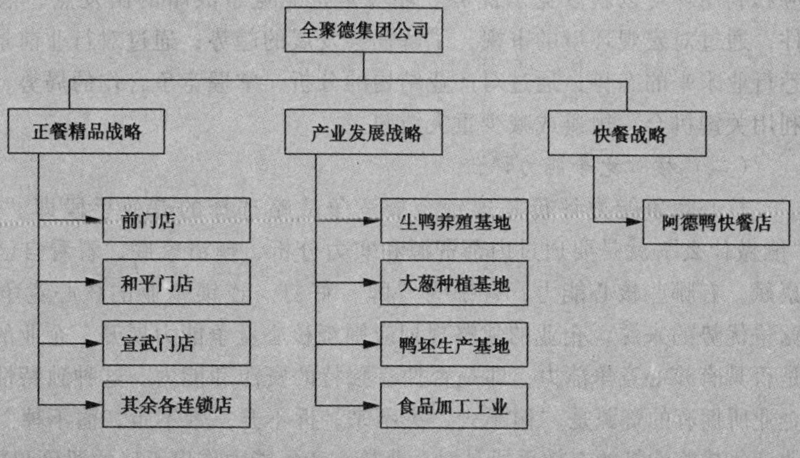

资料来源：中国连锁经营实战网。

第三节 连锁企业的竞争战略

竞争战略是企业与竞争对手竞争的基本方针。它的目标是使企业的经营活动能在所有竞争对手中技高一筹，使企业在竞争中占据有利的位置。

竞争战略就是要制造差异，也就是说，要故意选择不同的一套经营活动以创造一种独特的价值组合。思考运营有效性就如同一个人思考如何做好自己的本职工作，涉及怎样才能使自己达到最佳和每项业务应该做什么、怎么做；而思考战略则是一个人去思考什么应该是自己的本职工作，这个思考建立在成本和差异性的基础上，事关通过精心选择而达到与众不同。或者说，运营有效性告诉你该怎么做你的事，而战略则是告诉你做什么事对于你更有价值。

一、确定连锁企业竞争战略要考虑的因素

竞争战略的中心内容是寻找在某一特定产业或市场中建立竞争优势。战略是为了创造未来而设置的成长路径，它是在现状的基础上描述未来方向的总体构想。连锁企业为制订企业竞争战略，必须对环境变化的趋势进行分析，必须对自身的核心竞争力进行评估，必须明确企业在产业中的定位。这三个必须分别对应“可做什么”、“能做什么”和“想做什么”。弄清楚这三个问题，“该做什么”（即竞争战略）也就清晰了。

（一）环境变化趋势分析

环境变化趋势分析是现代连锁企业竞争战略选择的必要前提即“可做什么”。“可做什么”就是要通过外部环境分析，明确客观条件允许做什么。制订和实施竞争战略，需要充分了解和研判企业生存的商业生态环境，然后，才能适应和利用环境以获取竞争优势。环境是企业竞争战略的出发点、依据和限制条件，通过对宏观环境的审视，了解社会发展的趋势；通过对行业前景的考察，洞悉行业未来的态势；通过对产业结构的分析，掌握竞争合作的局势，从而揭示或利用关键机会，规避或减少重大威胁。

（二）核心竞争能力评价

核心竞争能力评价是连锁企业竞争战略选择的有效手段即“能做什么”。“能做什么”就是要通过内部资源和实力分析，摸清家底，看看自己有哪些资源禀赋，有哪些核心能力，有哪些“牌”好打。连锁企业的核心竞争能力是持久竞争优势的来源，企业的战略规划应围绕核心竞争能力展开。企业的存亡取决于是否具有核心竞争能力，即是否拥有独特的资源和能力，这种独特性具体表现为企业所拥有的资源是“偷不去，买不来，拆不开，带不走，溜不掉”的。现代企业竞争战略选择的有效手段是对企业核心竞争能力作出正确的评价和判断，即企业要找出有价值的核心能力，因为无价值的能力在市场竞争中是形不成优势的。

1. 为用户创造价值。企业核心竞争能力富有战略价值，它能为用户带来长

期的关键性利益，能为用户带来核心的、独特的价值；同时它能为企业创造长期性的竞争主动权，为企业创造超过同业平均利润水平的超值利润。如日本本田公司发动机方面的领先技能可以称为核心竞争能力，而本田的销售网络并不能成为其核心竞争能力。尽管优秀的销售网络对于本田公司有重要作用，但客户最终并不会因为销售网络完备而购买本田汽车。相反，本田客户购买本田汽车更看重的是本田发动机可以提供诸如省油、低噪声、易加速等对用户特别有意义的价值。

2. 难以模仿。能力是可以被竞争对手模仿的，只有那些不易模仿的能力和技能才是有价值的核心竞争能力，这种能力为企业独立拥有。同业中几乎不存在两个企业都拥有准确意义上相同或相似的核心竞争能力，这是因为一个企业的核心竞争能力是在企业演进过程中长期培育和积淀而成的，它孕育于企业文化，深深融合于企业内质之中，因而不为企业中的个别人所拥有，更不为其他企业所能模仿，也不是其他能力可以替代的。

3. 能力延伸。企业的核心竞争能力是一种基础性的能力，它为企业其他各种能力的发挥提供了一个坚实的平台；它又是一种核心性的能力，处于企业其他各种能力的统领地位。因此，核心竞争能力不仅可能超越任何产品或服务，而且可能超越公司内任何业务部门。核心竞争能力是打开未来市场之门的钥匙，而且核心竞争能力不是一把钥匙，而是一串钥匙。它不是局限于个别产品，而是通过核心竞争能力的发散作用，把能量不断扩散到一系列的产品上。

（三）准确定位

准确定位是连锁企业竞争战略选择的关键所在，即“想做什么”。“想做什么”就是要解决企业定位问题。战略定位是竞争战略的重要组成部分，涉及企业的发展方向、组织架构、资源调配、团队建设以及为构筑企业未来所作的前期准备。战略定位是指企业依据产业目前所处的生命周期阶段以及对应于各个阶段的市场特征，依据企业不同的经营规模以及资金实力等多方面情况，对企业竞争战略作出的根本性调整和选择。

1. 不同产业演化阶段企业的竞争战略。根据产业生命周期各阶段的市场特征，结合企业的内部条件，处于不同产业演化阶段的企业可采取不同的竞争战略：

（1）形成期企业的竞争战略。产业形成期往往是产品的开发期。正因为如此，必须加强研究和开发力量，不断改进产品设计，提高产品性能；注重运用法律和经济手段，加强对专利、商标、技术诀窍等自主知识产权的保护，是处于产业形成期企业必须具备的竞争能力。

（2）扩张期企业的竞争战略。在生产和产品研发策略上，扩大生产规模，从事标准化生产和管理，提高生产效率，形成规模经济优势，降低生产成本，同时加强研究开发，满足市场需求，根据用户看重的价值而不断改进产品的质量和性能。在市场营销策略上，重点在于开拓和建立新的销售渠道和网络，提高售后服务水平；实施品牌战略，营造品牌文化。在定价策略上，由于大规模标准化生产大大降低了生产成本，为了达到扩大市场份额和阻止新企业进入的目的，可采取基于成本领先优势的从低定价策略。

（3）成熟期企业的竞争战略。以不断挖掘市场新需求、开发新产品为支撑，实施产品差异化战略，避免盲目扩大规模，提高生产效率，降低生产成本。

（4）衰退期企业的竞争战略。采取收缩战略，即缩减生产能力，逐步回收投资，积极做好向新产业、新领域进军的准备。

2. 不同规模企业的竞争战略。根据企业的资产总额、销售收入以及股票市值的大小，企业规模有大、中、小之分。不同规模企业所采用的竞争战略也是不同的。

（1）大企业的竞争战略。由于大企业拥有规模、研发、市场等方面的优势，同时也或多或少地具有管理复杂、灵活性差、效率不高等方面的不足，大企业的竞争战略定位一般包括市场控制战略、成本领先战略、技术独占战略等。其中市场控制战略是大企业利用其特有的市场优势对市场的价格、数量和份额进行控制，降低市场竞争强度，确保企业在市场上的主导地位。成本领先战略是企业通过加强内部成本控制，努力寻找和挖掘可能的途径以降低成本，在研发、生产、销售等多领域环节上将成本降低到最低限度，使企业保持行业内的领先地位。技术独占战略是大企业利用其研发创新方面的优势，掌握先进的技术，并通过各种手段达到独占技术或垄断技术的目的，维护在技术上的领先地位，并以此击败竞争对手的战略。

（2）中小型企业竞争战略。由于中小企业具有经营灵活、形式多样、企业资本金不充裕、研发能力不足、竞争力较弱、受外界的影响较大等特点，中小企业的竞争战略定位主要是需求战略定位和进入式战略定位。其中需求战略定位就是要为特殊消费群体的大部分需求或全部需求服务，这要求企业首先进行市场细分，并从中选择出自己的目标顾客群。进入式战略定位要求企业为小规模的顾客服务，要求以最好的方式安排营销、后勤及售后服务，以满足突出顾客群的相似需求。

二、如何选择连锁企业的市场竞争战略

鉴于连锁企业所面临的日趋激烈的市场竞争态势，作为微观经济组织的连锁企业必须从自身的实际情况出发，选择有效的竞争战略，努力创造和保持竞争优势，避免低水平的过度竞争。

（一）成本领先战略

该战略的核心是较低的经营成本或费用。如果一个企业能够以规模经济或成本优势的形式筑起壁垒，成为连锁业中的成本领先者，它就能够应付现有或潜在竞争力量的攻击。

从目前的情况看，连锁企业创造成本优势的主要途径有：第一，进行成本分析，找出对企业经营成本影响最大的几个因素。实施成本领先战略的连锁企业，首先要了解本企业的成本现状，看自己有没有成本优势，是否可能创造出成本优势，以及创造成本优势的关键环节是什么，找出那些对企业经营成本影响最大或企业降低成本潜力最大的因素。第二，进行系统的成本控制。制订成本控制目标和成本控制计划，动员全体员工实施系统的成本控制。第三，努力创造规模经济效益。连锁企业必须努力扩大连锁经营规模，发展多店铺的联合经营，提高组织化程

度，依靠大规模的购销活动提高市场占有率，实现规模效益。第四，利用连锁经营优势，与供应商建立合作关系，努力降低采购成本。第五，建立自有品牌。

（二）标新立异战略

该战略的核心是特色。即连锁企业通过特色化经营使自己的商品或服务成为行业内独有的，使消费者愿意支付较高的价格。如果一个连锁企业通过标新立异为自己在行业内建立起一个独具特色的市场地位，那么它也可以有效地保护自己不受或少受竞争者的攻击。连锁企业实施标新立异战略应从事的主要工作是：

1. 开展深入细致的市场调研，为企业准确定位。连锁企业提供的产品是服务，它是无形的，本身很难说有什么独特的地方，因此连锁企业的标新立异战略很难体现在它所经营的产品上，其标新立异的主要途径是市场定位，即为企业确定一个不同于其他连锁企业的市场地位或形象。为此，选择标新立异战略的连锁企业首先要开展深入细致的市场调研，以便为企业选择一个独特的市场位置：(1) 能使自己与竞争对手有明显区别；(2) 构成一定的进入壁垒；(3) 能为自己提供超过竞争者的相对优势。

2. 进行CI设计，宣传企业形象。连锁企业的市场地位和形象是消费者认可的，是消费者对连锁企业所有活动进行综合评价的结果。连锁企业的CI设计和广告宣传，在很大程度上影响着消费者对企业的主观评价。因此连锁企业一旦选择了标新立异战略，就一定要根据自己所欲树立的形象，一方面在经营活动中体现这一形象，一方面通过CI设计和广告活动宣传这一形象，使之深入人心，求得共识，使自己的连锁店给消费者形成一个统一的形象。

3. 坚持不懈，持之以恒。连锁企业一旦为自己确立了一个独特的形象，就应该坚持不懈地抓下去，切忌朝三暮四，模糊了自己的形象。

相关链接

一个具有典型意义的创新故事

在美国伊利诺伊州的哈佛镇，有群孩子经常利用课余时间到火车上卖爆米花。一个10岁的小男孩也加入了这一行列。他除了在火车上叫卖外，还往爆米花里掺入奶油和盐，使其味道更加可口。结果，他的爆米花比其他任何小孩都卖得好。当一场大雪封住了几列满载乘客的火车时，这个小男孩便赶制了许多三明治拿到火车上去卖。结果，虽然他的三明治做得不怎么样，但还是被饥饿的乘客抢购一空。夏季来临，小男孩又设计出了一个能挎在肩上的半月形的箱子，在边上刻出一些小洞，刚好能堆放蛋卷，并在中部的小空间里放上冰淇淋。结果，他这种新鲜的蛋卷冰淇淋备受乘客欢迎，使他的生意火爆一时。当车站上的生意红火一阵后，参与的孩子越来越多，这个小男孩意识到好景不长了，便在赚了一笔钱后果断地退出了竞争。结果，其他孩子的生意越来越难做，不久，车站又对这些小生意进行了清理整顿，他因及早退出没有受到任何损失。

一个比别人做得更好、做得更早、做得更新、做得更清醒的人，一个懂得如何创优创新、抢占先机、及时抽身的人，怎么可能不拥有成功的人生呢？后来，这个小男孩果然成了一个不同凡响的人，他就是摩托罗拉公司的创始人保罗·高尔文。

资料来源：中商网。

（三）目标集聚战略

该战略的核心是细分市场，即连锁企业通过集中其全部力量满足某个特定的顾客群、某产品系列的一个细分区隔或某一地区市场的方式，为自己建立起一个良好的竞争战略体系。这一战略的前提是：连锁企业能够以更高的效率、更好的效果为某一特定消费者群（细分市场）服务，从而超过在更广阔范围内的竞争对手。结果是，连锁企业或者是通过较好地满足特定顾客的需要实现了标新立异，或者是在为这一特定顾客群服务时实现了低成本，或者二者兼而有之。此外，目标集聚战略还能够通过目标市场的选择，帮助连锁企业寻找现有竞争者的最薄弱环节切入，避免与势力强大的竞争者正面冲突，因此特别适合于那些势力相对较弱的连锁企业。连锁企业如果选择此种战略，则需要做好下述几方面的工作：

1. 在市场调查的基础上对市场进行有效细分。对市场进行细分，实际上就是根据消费者需求的差异性，对消费者进行分类或分组。一般一个市场可分出许多不同的细分市场，每个细分市场由需求大体相同的消费者组成，由于消费者需求大体相同，所以企业可以更有效、更周到地集中满足他们的需求。对市场进行细分，有许多不同的标准，如地理、人口特性、行为方式、消费心理等。连锁企业在进行市场细分时，不宜分得过细，一般可采用 1 ~3 个标准为宜。为了保证其有效性，市场细分一定要在市场调查的基础上进行。

2. 选择有潜力的市场作为自己的目标市场。并不是所有的细分市场对企业都有同等的价值，这就要求连锁企业选择较有潜力的细分市场作为自己的目标市场。所谓有潜力的细分市场要同时达到下述三个条件：（1）有足够的、尚未满足的现实需求或潜在需求；（2）连锁企业有能力提供商品或服务满足这些需求，且有利可图；（3）连锁企业在这个细分市场上可以取得一定的竞争优势。

3. 根据目标市场的特点，制订连锁企业的经营策略。目标市场一旦选定，连锁企业就要根据目标市场的特点制订经营策略，包括确定连锁网点的位置、选择进货渠道、选择商品经营范围、进行 CI 设计和广告宣传、确定商品价格策略，等等。

复习思考与练习

一、思考题

1. 连锁企业经营战略有几种选择？
2. 处于不同产业演化阶段的企业分别采用哪些不同的竞争战略？
3. 不同规模企业所采用的竞争战略有什么不同？
4. 什么是核心竞争力？连锁经营的核心竞争力应该体现在哪几个方面？

二、案例分析题

“超市发”连锁经营的核心竞争力

（一）生鲜经营能力

核心竞争力首先应体现在主力商品的经营能力上，在超市发所经营的主力商品中，一项最为主要的品类就是生鲜。生鲜是聚客商品，生鲜也是盈利商品。生鲜不同于其他商品，其经营难度较大，诸如难以寻找稳定可靠的货源，运输配送和销售过程中对保鲜要求较高，损耗大，清理加工工序繁杂，需要大量懂得生鲜技术的人员等，这些问题不妥善解决，一定会使经营成本过高，无法与传统菜市场竞争，使生鲜食品经营不仅不能成为我们的利润点，反而容易成为亏损点。所以，下大力气研究生鲜经营，培养生鲜经营人才非常必要。

（二）畅销商品开发、采购能力

超市发门店经营面积极其有限，面对市场上几十甚至上千万种商品，不可能也不必要全部经营，寸土寸金决定着其只能选择赢利水平高、周转快的畅销商品进行经营。开发畅销商品能力强，就意味着以有限的资金和卖场面积实现更多的销售和盈利，因此，畅销商品的开发、采购是其采购部必须要解决好的问题。畅销商品的开发、采购能力，这是超市核心竞争力的体现，是关乎超市发生死存亡的大问题。

（三）成本控制能力

经营的商品主要是食品和日用品，消费者对这些商品的价格十分敏感。这就决定了其必须采取“低成本、低毛利、低价格”的经营方针，因此在经营商品大同小异的情况下，成本控制能力便成为吸引消费者赢得竞争优势的核心能力。成本控制就是要对经营全过程有效控制，包括超市采购过程的成本控制、物流配送过程的成本控制和销售过程中的费用控制等。

（四）培养专业人才的能力

市场竞争是人才的竞争。专业人才匮乏，后备干部的缺乏，已经制约了发展，降低了开店速度。超市发员工平均年龄过大，文化程度偏低，个人能力提升的空间越来越小，种种不可比因素，使其与外资超市企业根本就不在一个起跑线上。所以一定要从体制、机制和人员的思想观念和能力上与真正意义上的市场人接轨。

资料来源：中国连锁经营实战网。

问题：如何培养连锁企业核心竞争力？连锁经营的核心竞争力应该体现在哪几个方面？

第三章

连锁组织结构的设置

连锁企业的组织结构是其开展经营活动的重要保证，其结构和职能的确立是连锁企业发展的重要环节。不同类型的连锁企业要根据自身的发展确定和适时调整企业的组织结构，才能保证企业的稳定发展。连锁企业合理的组织结构设置在经营管理中的作用，已经被百年世界连锁企业成功的实践所证明。

案例导读　**苏宁电器连锁公司的机构设计**

苏宁电器连锁公司的内部组织体系划分为品牌营销、市场策划、连锁管理、物流配送、售后服务、行政后勤、人力资源、财务管理、信息系统九大专业职能领域，包括集团总部决策层、地区管理中心经营层、终端作业层三个管理层级，并且在全国连锁网络中实现了岗位设置与职能的统一化、标准化，所有的苏宁公司都遵循相同的组织体系运作。

资料来源：何森：《连锁为王——解读连锁企业经典案例》，中国经济出版社 2005 年版。

【问题】

1. 苏宁的组织结构有什么特点？
2. 你知道连锁企业的组织结构是如何设置的吗？
3. 你知道连锁企业各机构的职责吗？

这些问题通过本章的学习将更加明确。通过本章的学习，你将会实现以下学习目标：

总目标

- □ 掌握连锁企业的组织结构及设置程序和内容
- □ 掌握连锁企业主要部门的工作职责

知识目标

- □ 掌握不同规模连锁企业组织机构设置的特点
- □ 总部与分店的基本职能

技能目标

- □ 能为企业设计组织机构
- □ 能熟悉各部门职能

能力目标

- □ 能策划设计连锁企业的组织结构
- □ 能发现连锁企业组织结构存在的问题

第一节　连锁企业组织结构设置的原则

所谓组织结构，是指一个组织内各构成要素以及它们之间的相互关系，主要涉及企业部门构成、基本岗位设置、权责关系、业务流程、管理流程及企业内部协调与控制机制。连锁经营的组织则是各门店为了达到共同目的而使所有员工通力协作的具体形式。

组织结构是实现连锁企业战略目标的必要条件，不同的组织结构有着不同的功能和效率，连锁企业在设计组织结构时要详细分析企业的内外环境、战略、规模、经营技术等因素，围绕核心业务建立起强有力的组织管理体系。

实践中不同业态的连锁企业的经营活动非常复杂，企业每天都要进行采购、进货、仓储、配送、销售以及企业内部的人事、财务、信息等管理活动。为了保证连锁企业的正常运转，促进各项管理工作的顺利进行，实现企业的经营目标和任务，连锁企业必须根据各自企业的运作需要，设置管理职能机构和业务经营机构，如果说企业的组织结构是个整体，那管理职能机构和业务经营机构就是这个有机整体的两个部分。组织结构的设计不仅是描绘一张正式的企业结构图，或根据企业的人员配备和职能管理需要增设或减少几个职能部门，其目的是帮助企业围绕其核心业务建立起强有力的组织管理体系。当一个连锁企业确定了其经营宗旨和战略目标之后，就要为实现战略目标设计相匹配的组织结构。

一、洞悉连锁企业组织结构设置的原则

连锁经营是一种商业模式，而这一模式的运作靠的是连锁企业组织。从组织职能上看连锁企业有总部职能和分店职能。从具体营运程序看连锁企业必须做市场调查、订货、采购、加工、配送、验货、陈列、销售、客服、防损等一系列工作。确定部门设置的原则，明确各部门的职能，对做好连锁经营至关重要。

1. 坚持统一指挥的原则。统一指挥的原则是指每个环节有人负责，每个人知道对谁负责，只对一个上级负责，每个上级知道多少人对他负责，上下级线条明晰、统一。

2. 坚持以工作为中心的原则。这里的工作是指工作量、工作环节、工作分配的综合。以工作为中心进行组织设计时，应有三条标准：一是没有多余的管理环节，每个岗位必须有明确的工作任务；二是部门划分粗细适当；三是每个部门的人员配备要与工作任务相适应，既不要人浮于事，又要有一定的人手，确保任务完成。

3. 坚持适当的原则。即连锁店的组织层次和管理幅度要适当。管理层次应采取适当的扁平化管理，层次太多会导致沟通困难，层次太少管理力度可能跟不上。从国外的情况看，管理幅度是 1～24 人，但一般情况下，7～8 人为宜。在确定管理幅度时，视不同职位有所不同。一般讲，层次越高，管理幅度越窄；层次越低，管理幅度越宽。

4. 坚持对称原则。即权力与责任、才能与职位相对称。

5. 坚持专业化进行的原则。专业化设置最主要的是按专业功能设计。比如，总部董事会承担决策功能；总部各职能部门承担执行功能；连锁分店承担销售功能。总部各职能部门应按工作性质进行设置。如果地域太广还可按区域划分为二级区域组织，一是区域管理部，二是区域代理商。

二、连锁企业组织结构设计的要求

良好的组织结构是连锁企业竞争力的重要表现，也是企业获得市场成功的必

备条件之一。连锁企业组织结构设计的要求是：

（一）目标任务到位

按照企业战略目标要求，建立合理的组织架构，包括各个管理层次和职能部门的建立。一般来说，连锁企业的主要任务包括以下几个方面：对经营商品的管理，包括采购、运输、仓储、配送、标价和陈列；对公司内部的管理，包括主要财务记录和收据处理、人员去留和提升；对门店的管理，包括维护、清洁和安全保卫；对顾客的管理，包括通过顾客调查了解真实需求、通过处理顾客投诉提高顾客满意度；对售后服务的管理，包括商品维修、调换、退货等。

（二）工作分类清楚

工作分类的标准可以是产品、功能、地理或三者综合。按产品可划分为商品和服务，前者提供的是有形商品，后者提供的是无形服务；按功能将工作在不同业务领域进行分类，包括采购、促销、门店营运等；按地理划分就是按不同性质的商圈进行划分。工作的分类对连锁企业非常重要，大型连锁企业可以运用综合指标进行分类。

（三）任务分工确定

按照业务性质进行分工，确定各个部门的职责范围。主要确定是连锁企业独自完成企业任务和工作，还是由供应商、物流公司、顾客共同完成，或是由价值链上各家分担任务。此外还要考虑连锁企业内部的专业化分工，明确具体工作人员所从事的具体工作内容。

（四）组织定型系统

企业各个岗位的工作都是整个连锁企业整体工作的一个组成部分，企业组织必须采取整合的协调的方式，将不同的工作进行区分并描述出来，同时明确各工作之间的关系，明确上下级之间、个人之间的领导和协作关系，建立畅通的信息沟通渠道。设计企业的业务流程、管理流程和相应的组织文化，保证所建立的组织结构有效地运转。

（五）组织结构完善

任何组织结构都不是一劳永逸的，连锁企业要根据企业内外部环境因素的变化，适时地调整组织结构，以适应企业的发展壮大。

第二节　连锁企业的组织结构

不管哪种形式的连锁企业，其基本的组织结构一般包括三大部分：总部、门店和配送中心。其中，总部是连锁企业的最高层组织，担负领导指挥和经营决策的任务；门店是连锁经营的基础，承担具体实施的执行功能，主要任务是终端销售和门店管理；配送中心是连锁企业的物流机构，是连锁企业经营取得成功的重要保证。连锁企业总部是连锁体系的核心和枢纽，连锁分店则是连锁体系的分支和触角。

实例

苏果超市有限公司组织结构见图3－1。

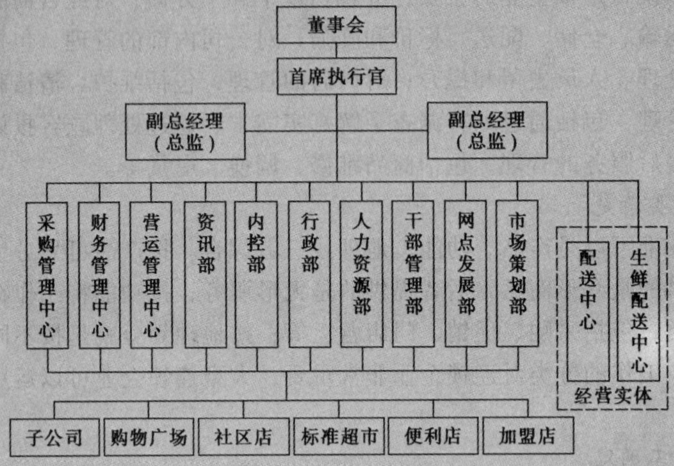

图3－1　苏果超市有限公司组织结构

资料来源：苏果超市有限公司网站。

连锁总部的组织机构设置会受到连锁体系类型的影响，也会受到连锁体系规模大小的影响，还会受到连锁体系的创建人、合伙人的影响。以下按照连锁体系规模大小来划分连锁组织结构形态。

一、小型连锁企业的组织结构

小型连锁企业一般可以采用直线型组织（见图3－2），这种组织结构适用于门店数目不多（约10～20家左右）、门店面积不大、经营商品较少、经营区域集中的连锁企业。由于连锁企业规模较小，管理并不复杂，可以由总经理一人负责所有总部业务，各分店经营对总经理负责。

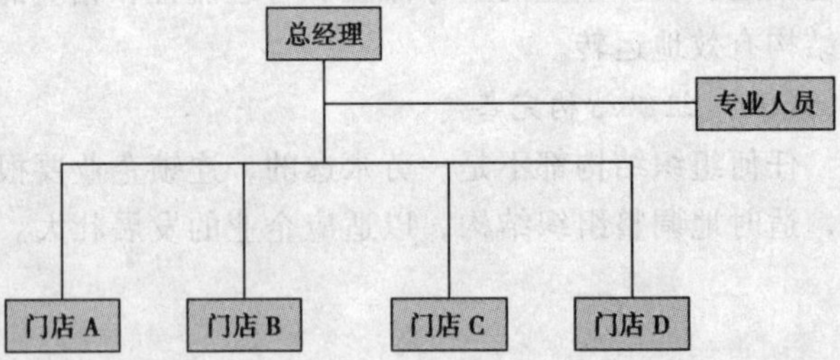

图3－2　小型连锁企业的组织结构

二、中型连锁企业的组织结构

当连锁企业进一步发展，规模不断扩大，商品品种不断增加，经营区域也不断扩大，直线型组织形式将无法适应，需要增加相应的职能部门，此时的连锁经营组织将过渡到直线职能型组织（见图3－3）。大体上，中型连锁企业在组织体系上一般分为两层：上层是总部管理整体事业的组织系统，下层是门店。

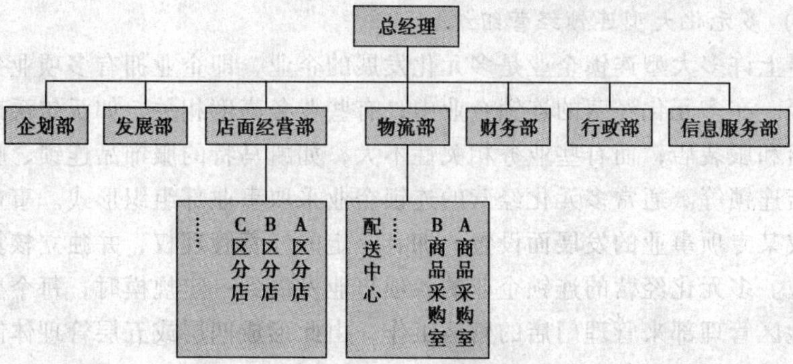

图 3－3 中型连锁企业的组织机构

三、大型连锁企业的组织结构

（一）跨区域大型连锁经营组织

对于跨区域连锁企业，宜采用三级组织模式（见图 3－4），即总部、地区管理部和门店。在三级管理中，连锁总部主要承担对企业政策和发展规划的制定，监督执行、协调各区域管理部同一职能活动。地区管理部拥有自己的经营管理组织，在总部指导下负责本地区经营发展规划，处理本地区门店日常的经营管理。地区管理部实际上是总部派出的管理机构，不具备法人资格，仅有管理与执行能力，在许多重大问题上的决策仍由总部作出。

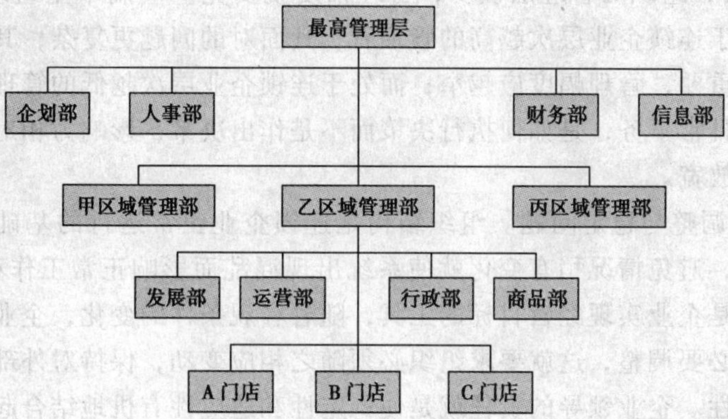

图 3－4 跨区域大型连锁企业组织机构

如果连锁企业的发展跨出了国界，那么其组织结构也要有相应的变化，一般是在总部设立国际事业部负责海外连锁事业发展，在相应海外发展地区设立合资或独资公司，实现法人当地化来具体执行连锁业务。而当连锁事业进一步扩大，跨国经营逐渐成为企业主要利润来源时，以国际事业部来管理海外连锁业务不利于资源与优势整合，因此组织结构又会出现新的变化，国内业务和国际业务不再被严格区分开来，而是并行设立亚洲事业部、欧洲事业部、北美事业部、非洲事业部等来一视同仁地管理各大区域的连锁事业，而此时的连锁企业就真正成长为国际性连锁组织了。

（二）多元化大型连锁经营组织

世界上许多大型连锁企业是多元化发展的企业，即企业拥有多项业务单元并独立发展。在多元化经营的连锁企业中，有些业务高度相关，如沃尔沃斯公司的连锁鞋店和服装店；而有些业务相关性不大，如凯马特的服饰品连锁、咖啡店连锁和药店连锁等。通常多元化经营的连锁企业采取事业部组织形式。事业部是总部为促成某专项事业的发展而设置，拥有一定的经营管理权，并独立核算，具有法人地位。多元化经营的连锁企业的各项事业发展到一定规模时，每个事业部下面再设地区管理部来管理门店的营运工作，由此形成四层或五层管理体制。

（三）大型连锁组织设计应注意的问题

1. 管理层级的问题。管理层级数越多，各个层级的沟通就越困难，产生的协调问题就越多，而且决策所经的路径就越长，组织将无法适应变化，这种组织形态也十分不符合经济效益。层级数过少，也不可避免地会出现另一些问题，如每位管理者直接管辖的人数过多，以致无法有效发挥协调功能。因此，连锁组织的管理层级要适当。尽管连锁企业由于业务不同、规模不同、连锁形态不同而采取不同层级的组织结构，但从管理的角度讲，应该由金字塔式的结构尽量向扁平式的组织结构转化，也就是要尽量借助现代化的信息沟通手段，减少中间层次，扩大管理幅度，提高管理效率。

2. 管理幅度问题。管理幅度是指每位管理人员直接管辖的下属人数，和组织管理层级有密不可分的关系。组织的管理层次多，管理幅度就要窄些（瘦长型组织结构）；组织的管理层次少，管理幅度就要宽些（扁平型组织结构）。一般而言，处于连锁企业层次越高的管理者，其面对的问题更复杂，其决策对企业发展影响更重要，管理幅度应越窄；而处于连锁企业层次越低的管理者，面对的问题主要是日常事务，是如何执行决策而不是作出决策，影响力相对较小，管理幅度可适当放宽。

3. 组织调整与稳定问题。组织结构是连锁企业正常运行的基础，应保持相对的稳定性，避免情况稍有变化就使系统出现混乱而影响正常工作秩序。同时，组织结构又是企业实现经营目标的工具，随着客观条件的变化，企业的目标和战略必定会作必要调整，这就要求组织必须随之相应变动，保持对外部环境和组织目标的适应性。企业领导的责任就是使稳定性和适应性有机地结合起来，一个一成不变的组织，是一个僵化的组织；一个经常变化的组织，则是一个创造不出成绩的组织。

第三节 连锁企业总部与门店的职能

一、连锁企业总部有哪些职能

连锁运作是否成功，总部当然责无旁贷，而总部是否坚强得足以担负应有的功能，却与规模大小及人数无直接关系，而主要取决于总部各组织机能是否有效并能适当地发挥作用。总部最主要的功能，总括说来就是“让门店能顺利运作的幕后支援系统”。

连锁总部是连锁企业的管理核心，其自身除具有决策和监督职能外，在整个体系中还承担经营的设计功能。

（一）连锁店总部应具备的职能

1. 提供开店拓展职能。连锁经营的关键是什么？第一是选址，第二是选址，第三还是选址。古语说“一步差三市”，一个门店的赢利能力，就像一个人的身体，虽然跟后天培养不无关系，可是最关键的生长上限，却是在一出生的那一刻就决定了。所以，总部需要做的，就是建立一套完善而又符合自己企业特色的店址评估体系，在选址时做好市场潜力分析、商圈调查与分析等，为门店地址的确认提供科学理性的数据支持。在选址确定后又能为门店提供相应的开店计划、执行标准与流程，为一个新门店的建立提供最佳的服务。

2. 提供理念服务职能。企业文化是企业的灵魂，是推动企业发展的不竭动力。它包含着非常丰富的内容，其核心是企业的精神和价值观。这里的价值观不是泛指企业管理中的各种文化现象，而是企业或企业中的员工在从事商品生产与经营中所持有的价值观念。连锁门店要开出最美丽的花朵，最关键的要素有两个：一个是商品，一个是员工。员工对企业的归属感是一个组织长盛不衰的内在动力，当个体认为自己是组织中不容忽视、不能分割的一份子时，才会将组织的生命视若自己的生命，愿意努力增强组织的力量，甚至以自己的生命力量延续组织的生命。著名管理学家彼得·德鲁克也说过：“让全体员工都站在上司的立场考虑问题，关键要让他们感到自己是企业的主人。”此时，总部所需要向门店提供的服务支持，就应该包括两方面，一是建立起具有企业特色的快乐的工作氛围，二是为每一个员工提供一套完善的激励机制，使得每位员工都能树立起企业主人翁的精神。

3. 提供营销服务职能。营销服务在此主要特指两个方面的内容，一是帮助门店 SI 形象的塑造与提升，二是进行企业品牌形象的塑造与提升。一个是可视的，一个是非可视的。一个是个体的，一个是整体的。这两个部分相辅相成，缺一不可。营销服务的意义，就在于首先能向门店提供一套完整的 SI 体系，其中包括店内布局与店外布局，店内布局又包括基本布局和美化布局，为门店营造出最美丽的形象来招揽顾客。同时，通过广告媒体的运用，塑造起整个企业的品牌形象，为顾客进入门店消除顾虑。

名词解释：

SI 是 Store Identity 的缩写，即连锁店识别。

4. 提供培训服务职能。连锁运营成败的关键在于如何在最短的时间内开出最多的门店，这其中固然涉及资金的运作、货品的调配，但是最重要的还在于是否能有如此多的连锁经营人才来保障连锁扩张的速度与效率。社会永远不缺人，缺的只是人才。那如何让人变为人才，为门店的正常运作提供人力资源保障，这就需要总部为连锁扩张提供的培训服务。总部对门店的培训服务主要有两个方面：一个是基础培训，也就是新入员工正式上岗前的培训，通过培训为门店复制大批量的执行人员，保证门店扩张的人力需求；二是提升培训，结合每个员工的成长潜力和企业的发展需求，制订详细的培训计划，为企业发展培养出独具特色，在企业运营各领域能独当一面的专业人才。

5. 提供商品服务职能。一个企业的利润最终是通过商品的销售来实现的。销售什么样的商品，门店只有建议权，却不会有决定权，所以，如何真正做好这项服务，就是体现一个连锁企业经营水准的关键要素。门店商品销售是否能实现盈利，一个是门店商品结构是否契合商业圈内顾客的消费需求，一个是顾客需求的商品是否总是能充足供应。这也就是对总部的商品服务提出了两个要求：一是商品研发的速度是否够快，研发的商品结构是否适合市场；二是门店的配送能力是否能跟上商品销售的速度。同时，总部对门店的实时销售数据能否做到了然于心，能否在二次配送的时候根据门店的实际需求进行对口的商品配送。

6. 提供督导服务职能。督导就是监督和指导。门店一旦运作，许多问题将接踵而至，如果仅靠培训部门定时定量的培训课程，势将缓不济急且可能会应接不暇，因此总部以指导人员辅导门店的机能将是必要的，一则可以作为总部与门店之间的桥梁，传达总部的最新思想，吸纳门店反馈的信息，避免其有所断层；二则指导人员可以快速地提供最好、最新的经营技术给门店，帮助门店达到总部规定的运营标准，协助门店运作更有绩效。能够承担这一重任的部门就是市场监督部。随着行业的不断发展，督导这一名词也被赋予了越来越多的含义。但是有一点却一直未变，那就是督导的实质是服务——为门店的盈利竭尽全力地服务。

7. 提供信息服务职能。信息服务功能更多的是一家连锁企业长期发展的关键要素。明晰自身的优势，找准对手的劣势，建立专门的信息部门，搜集如经营环境的变化、经营相关资讯的整合、行业内国际发展趋势、新观念新技术及内部营运资讯整合、竞争对手发展趋势等相关市场信息，结合门店运营成功案例，由个性推演出共性，制订可推广的运作模式，随时随地向自身企业门店提供最强有力的信息支持，才能保证门店在市场竞争中克敌制胜。

8. 打造企业文化职能。要做好总部的服务工作，最关键的一点也是最容易被企业忽视的一点，就是在整个企业内部牢牢树立起服务意识，在企业领导的推动下，在所有员工的努力下，打造起以“服务门店”为宗旨的企业文化。将来市场竞争的胜利者，不会再是传统方式的胜利，而是商业模式的胜利，是意识形态的胜利。只有拥有新型的商业模式，拥有先锋的思维方式的连锁企业，才可能是未来市场战争中的胜利者。

9. 提供财务服务职能。财务机能是发展连锁的关键，所谓财务的机能包含了正确的账务及会计系统、税务处理、防弊与稽核、善用并调度资金等，通常财务扮演着较为被动的角色，但若能充分发挥其职能，则也可能因此而避免发生营运危机，甚至也会因其灵活调度而增加了非营业方面的收入。

（二）连锁总部各部门职责

总部各部门的设置应坚持专业化，按职能划分，总部的业务活动主要包括以下几种职能：设计、经营、支援、管理等。为了充分行使以上基本职能，总部一般应设立以下部门：企划部、开发部、营运部、采购部、财务部、行政部、信息服务部、设备工程部等。各部门的职责如下：

1. 企划部的职责。包括：（1）商品配置、陈列设计，商品销售分析，利润分析与改进措施；（2）促销策略的制订，促销活动计划的制订与执行；（3）企业广告、竞争状况调查分析；（4）店铺形象的设计；（5）店铺广告计划的制订与执行。

2. 开发部的职责。包括：（1）新开分店或加盟店的商圈调查；（2）新开分店投资效益评估，加盟分店销售能力评估；（3）新开分店自行建设、投资购买或租赁场地的投资预算；（4）建设新店工程设计审核、工程招标、监督、验收；（5）新开分店开店流程与进度控制；（6）开分店所需设备的采购及各分店设备的维修保养。

开发部工作流程是：制订选址标准、设备标准、投资标准→商圈分析→建店、买店、租店→分店建造、改建或装修→施工监督与验收→新店开业。

3. 营运部的职责。包括：（1）制订连锁店总的营业目标和各分店的营业目标，推动营业目标的实现；（2）分店经营的 Know－how 指导；（3）编写连锁店营业手册，并检查与监督营业手册执行情况；（4）指导分店改善现场作业，派出指导人员对不同连锁店指导并考查其工作情况。

4. 采购部的职责。包括：（1）采购方式的制订；（2）商品货源的开发；（3）新商品开发；（4）滞留品淘汰；（5）商品采购谈判；（6）销售价格制定；（7）商品储存、加工、配送制度制定及运作；（8）商品组合和定位。

5. 财务部的职责。包括：（1）财务管理，即企业融资、用资、资金调度及企业财务状况、投资风险分析；（2）财务报表、会计报表工作；（3）审核进货凭证，处理进货财务，与供应商对账；（4）统计每日营业额；（5）发票管理、支票管理；（6）税金报纳；（7）会计电算化作业与管理；（8）各店铺财务工作的统一管理，把握各店铺考核的经济指标（营业收入、毛利率、费用、利润等）。

6. 行政部的职责。包括：（1）人力资源制度的制定与执行；（2）企业行政管理制度的制定与执行；（3）员工福利制度的制定与执行；（4）企业合同管理、企业保安制度的制定与执行；（5）企业办公用品的采购与管理；（6）法律事务专员、公安事务专员的管理。

相关链接

连锁企业人事管理的基本内容及权限划分

连锁经营人事管理是对整个企业人员的招聘、培训、考核、奖励、福利待遇等进行计划、组织、指挥、监督和协调的一系列活动的总称。其管理的内容主要包括：

1. 制定有关人事的规章制度、考评标准和原则。如劳动和服务纪律，员工工资、福利待遇、保险及奖惩制度、员工聘用、考评标准及原则等，并汇编成员工手册。

2. 进行人力资源规划，组织人员招聘、培训、考评等活动。

3. 负责人员任免，促进企业内外人才的合理流动。即采取切实可行的办法，吸引优秀人才，淘汰不合格人员，提高人才利用效果。

4. 做好人际关系协调工作。即协调好总部管理人员同门店人员、上级与下级、员工与员工之间的关系，从而提高企业凝聚力。

从职能的角度来看，人事管理是连锁总部的一项重要管理职能。但从权限划分来看，除总部掌握绝大部分人事管理权外，门店店长手中也掌握着一定的人事管理权。比较而言，总部的人事管理强调全局性和统一贯彻性，门店店长负责的人事管理则注重局部性和配合实施。

资料来源：连锁经营实战网。

7. 信息服务部的职责。信息服务部是连锁企业信息处理、搜集的总后方、总枢纽，是连锁运作系统软件的支撑平台。企业的所有软件系统都必须在企业总的系统平台上运行才能发挥作用。连锁企业的各部门、各店铺的所有数据处理均需通过网络传到计算机中心，并由计算机中心汇总处理。信息服务部的职能有以下几点：（1）连锁企业信息搜集、处理的总平台；（2）连锁计算机网络系统的维修养护；（3）商品代码、企业代码、条形码的打印处理；（4）各种数据、影像资料的存储、保管；（5）数据资料的加密、解密功能。

8. 设备工程部职责。负责门店的设计与装潢，设备的采购、安装、调试。

（三）地区分部的职能

地区分部一般是由总部派出的机构或人员组成，其功能在于协调资源在各门店之间的分配，处理好各门店间的关系，同时监督各门店的经营管理状况并提供某些具体的服务。地区分部应代表总部履行职、责、权，其行为必须在总部的统一指挥下展开，当然也可以在总部的授权范围内针对一些特殊情况采取相应的措施。地区分部不具备法人资格，仅有管理与执行功能，在大多数问题上决策仍由总部作出。

二、连锁门店有哪些职能

门店是总部政策的执行单位，是连锁企业直接向顾客提供商品及服务的单位。其基本职能是：商品销售、进货及存货管理、绩效评估。

商品销售是向顾客展示、供应商品并提供服务的活动，是门店的核心职能。进货是指向总部要货或自行向由总部统一规定的供货商要货的活动，门店的存货包括卖场的存货（即陈列在货架上的商品存量）和内仓的存货。经营绩效评估包括对影响经营业绩的各项因素的观察、调查与分析，也包括对各项经营指标完成情况的评估以及改善业绩的对策。

（一）门店的基本职能

1. 店面环境管理。主要包括门店的外观管理以及气氛营造、卫生管理、经营设施管理等店内的环境管理。

2. 人员管理。主要包括员工管理、顾客管理以及供应商管理。

3. 商品管理。主要包括商品质量、商品缺货、商品陈列、商品盘点、商品损耗以及商品销售活动的实施等方面的管理。

4. 现金管理。包括收银管理和进货票据管理等。

5. 信息管理。主要包括门店经营信息管理，顾客投诉与建议管理，竞争者信息管理等。

（二）门店组织结构

按照门店的职能，其组织结构可按图3－5设置。

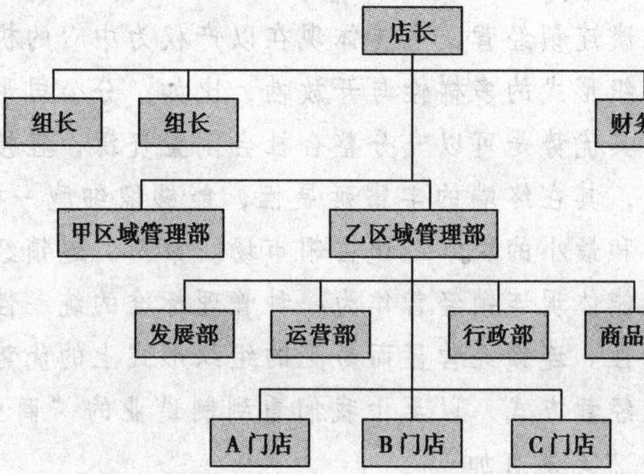

图3－5　连锁企业门店的组织机构

（三）门店岗位的设置及职责

门店常见岗位如下：店长、店长助理、收银员、理货员、财务人员、导购员、仓储人员。一些主要岗位的职责如下：

1. 店长。店长是门店的：

（1）代表者。店长代表整个店铺的形象，是连锁企业管理门店的代理人，对外处理与主管部门、顾客等之间的关系，对内又是店员的代言人。

（2）经营者。指挥店员高效运作，对店铺经营进行分析，在满足顾客需求的同时创造一定的利润，并对各项工作作出正确决策。

（3）管理者。控制和运用店铺的相关资源，管理店内营业活动并实现营业目标。

（4）协调者。协调解决店铺出现的各种问题，使工作保持顺畅。

（5）培训者。培训店员的各种技能，提升员工整体素质，激励店员不断为店铺创造效益。

2. 导购员。负责顾客接待、礼送，推荐门店商品，解答顾客疑问，整理维护商品，保持店面清洁等工作，是门店顾客服务的具体执行者。

3. 收银员。负责收银、现金管理、账目管理工作及顾客咨询等服务工作。

复习思考与练习

一、思考题

1. 连锁企业组织结构设计的内容是什么？需要考虑哪些因素？

2. 大型连锁企业与中小型连锁企业有什么区别？

3. 连锁总部一般设立哪些机构，其职能是什么？

4. 连锁门店的基本职能是什么？门店一般设立哪些岗位？

二、案例分析题

连锁企业组织结构设计需要与企业战略匹配

从企业组织形式上来谈连锁经营，主要体现在以产权为中心的机制运营，其特点表现为：第一，其组织形式的多样性与开放性，比如：分公司形式、合作公司形式、加盟商形式等，其优势是可以充分整合社会闲置资源，直接转化为生产力，创造巨额利润。第二，其在终端的丰富延展性，能够像细胞一样快速繁衍、自我生长，以最短的时间和最小的成本迅速占领市场。第三，连锁经营把集中决策、分散经营相结合，既能体现连锁经营作为一种管理标准的统一性，又能因时因地制宜，保持创新与个性。连锁经营显而易见的组织形式上的优势，使得其深刻影响到传统产业与传统经营方式，以至于我们看到制造业的“商业连锁冲动”和资本市场对连锁经营的“宠爱有加”。

现在国内很多企业已经深刻地意识到连锁经营作为一种经营模式给传统经营模式带来的巨大冲击与影响。但连锁经营作为更深一层次的企业组织形式，其到底该如何设计，怎样才能设计好是摆在中国企业界面前的理论困惑与实践困惑。

根据现代组织理论，所谓组织就是两人或多人有意识协调的活动系统。组织结构则界定了对工作任务进行正式分解、组合和协调的方式。它规定着组织内部各个组成单位的任务、职责、权利和相互关系。结构和战略之间存在紧密关系。按照钱德勒的研究：组织结构服从于战略，公司战略的改变会导致组织结构的改变。比如，某公司要改变其战略，以更好地服务客户，就必须采用以服务客户为重点的结构。将公司所有技能用于满足客户的特殊需求。吉尔布斯和卡赞佳认为，采用适宜的组织结构可具有竞争优势。蒂斯发现，由于战略而引起的组织结构重组通常对企业的资产利润贡献 1.2 个百分点。

一个企业要有效地运营必须将战略与组织结构相联系。在战略管理中，有效地实施战略的另一个方面是：建立适宜的组织结构，以使其与战略相匹配。它们之间匹配的程度如何，将最终影响企业的绩效。

确定战略所需要的组织，从方法论上来说，一般需要考虑六个因素：工作的专门化、部门化、命令链、控制跨度、集权与分权和正规化。在连锁经营企业里，总部与门店之间是偏重集权式还是偏重分权式？在连锁经营企业里，给终端门店管理者的授权范围多少往往是考察这个问题的可衡量的指标。终端授权越大，决策的反应能力就越迅速准确，适应市场能力也就越强。然而，权力来源于规则与资源，终端授权越大，也势必会影响到连锁经营企业最为核心的部分——统一的管理模式与标准，企业必须根据所处行业和企业产品的不同特点因人而异，以至于可能每个终端门店的授权都不尽相同。其二在终端门店里是等级化设置还是职能化设置组织机结构，都必须由企业结合自身的实际情况考虑。

我们知道分工创造了效率，对工作单元进行合并创立了部门化。总部的运营体系按照专门化与部门化的要求建构，即是职能化的过程。其大体应该包括一般企业所应具备的计划控制职能部门和资源支持职能目标，其在设计的过程中基本思路应该如下：首先确定战略实施关键活动，弄清各种企业活动之间关系，确定总部的运营体系；其次对各职能单元进行授权，明确这些单元之间相互依赖关系，再次协调好组织各单元活动之间相互关系。

资料来源：中国连锁经营实战网，2007 年 9 月 19 日。

问题：如何使连锁企业组织结构与企业战略相匹配？

第四章

连锁企业的运作管理

连锁企业的运作活动是连锁企业向社会提供有用产品的过程。为使连锁企业能够有效地提供有用的产品，就必须构造出一个高效率、适应能力强的运作系统，并对运作活动及其过程进行有效的管理，使之能够在需要的时候，以适当的价格向消费者提供具有适当质量的产品和服务。连锁经营的一个重要特征是其组织结构与传统的经营方式不同，通常来说一个完整的连锁系统由总部、门店、配送中心三大部分组成，而每一部分的分工以及所执行的功能又存在差异。因此，连锁企业的运作管理应从连锁企业的经营管理体系着手，明确各部分的权责。由于配送中心在第六章有专门介绍，本章仅对总部和门店的运作管理进行分析。

案例导读 **好利来的营运管理模式**

以经营饼店业务为主的好利来公司的战略重点一直很明确，那就是建立属于自己的销售终端，迅速扩张与占领市场。从建立至今近16年，好利来利用连锁经营模式高速的现金流编织了一张庞大的零售网络。

好利来连锁店的经营方式是根据顾客的不同要求，产品以现场制作、立等可取为主要特色。装饰精美的营业大厅，服务小姐甜美的微笑，卫生整洁的制作车间和香甜可口的蛋糕，形成了好利来独特的风景线。好利来每个连锁店从组织结构上可分为服务组、制作组和管理组三个系统，按照各自的分工默契配合，保证连锁店营运工作的正常运转。

好利来公司总部各职能部门，对所属连锁店发挥服务、协调、指导和监控等功能，并在人事制度、财务核算、市场开发、营销企划、配销供应、营运管理、品质控制方面实行统一管理，呈现出连锁企业的管理特征。

为了保证质量，好利来对原料进行分级管理，A类的是与产品直接相关的原料，包括奶油、面粉、食糖、辅料、包装，而B类和C类都是一些相关的原料，像水果、促销用品等。采用分级管理后，好利来对供应商进行不同层次的管理和监督，对于事关产品品质的原材料采用严格的采购、验收制度，不仅要定期进行资格评定，还会派专门人员到供应商场地进行监督；对于重要的原料供应商也采用战略联盟的方式，将双方的利益紧密地联系在一起，同时也降低了原材料的采购成本。

对于物流配送，也是采用分级管理的模式，总部建立一个物流中心负责对重要原料和产品的配送，并进行总体的监控和规范；而各地城市也建有自己的物流中心，尤其是天津、沈阳、北京这样的门店数量比较多的城市，地区级的物流中心发挥着重要的作用。

随着企业的发展，公司的管理模式和营运工作还将日趋完善，连锁店将越开越多，好利来品牌的含金量也将日益增长。

资料来源：张金城：《店铺投资成功案例分析》，中国大地出版社2004年版。

【问题】

1. 连锁企业运营管理体系的内容是什么？
2. 连锁企业怎样划分运营管理权责？

这一切问题将在本章解决。通过本章的学习，你将会实现以下学习目标：

总目标

□ 能够进行连锁企业总部和分店的权限划分

知识目标

□ 掌握连锁企业运营管理体系的内容

□ 掌握连锁总部和分店的权限划分

技能目标

□ 能初步拟订连锁总部战略计划

□ 能制定分店各部门的规章制度

能力目标

□ 能初步拟订分店的工作职责和工作标准

第一节　连锁企业的经营管理体系

连锁企业经营管理体系是连锁企业为了实现其规模化优势，对组织结构、活动过程、工作流程和经营资源配置的有机结合，其发展水平的高低直接反映了连锁企业的经营实力、经营水平和运营效率。该体系越完善，与市场外部环境的契合度越高，连锁企业的运营效率也就越高，越容易取得成功。建立连锁经营管理体系的目的是依靠系统化的内部管理体系，运用标准、规范、制度等各种管理文件，通过高效率的内部分工和协调配合，改善服务质量，提高规模经营效益，实现连锁企业高效率的规模经营。

一、洞悉连锁经营管理体系的基本要素

一般来说，连锁经营管理体系包含以下几个基本要素：

（一）组织结构

组织结构是连锁经营管理体系中的框架，后面的几个基本因素，包括活动过程和工作流程，都是在组织结构存在的前提下才有意义。按照科学管理的原则，企业应根据维持连锁企业正常运营所需要的工作内容来设立工作岗位，规定各部门的职责权限及相互关系，并以组织结构图和职务说明书的形式将组织结构体现出来。

（二）活动过程

活动过程是将输入转化为输出的一系列彼此相关的资源和活动。连锁企业投入资金、人力资源等，经过一系列工作流程，最终通过将商品销售给顾客从而获取最终的收益。在衡量活动过程的效率时可以运用一些投入产出指标来衡量，如利润率等。

（三）工作流程

工作流程是完成活动过程中所规定的途径和具体的工作方法，各具体工作彼此相互衔接，形成一条贯穿企业经营活动始终的工作链。相比于活动过程来说，工作流程更加强调的是员工的工作，可以用经营手册对经营过程的每一环节加以具体规定。

（四）经营资源

经营资源包括人员、设备、资金技术、管理模式和品牌等多种资产，既包括大量的有形资产，也包括各类无形资产。连锁经营管理体系的建设应能充分利用企业所拥有的各类资源，提高其经营效率，从而使经营利润最大化。

二、设定连锁经营管理体系的基本要求

在我国，连锁经营方式运用得最为成功的是连锁超市和大型商场。不但国外的知名零售巨头如沃尔玛、家乐福在中国受到大众的欢迎，国内的一些集团如华联超市、百盛等在与国外巨头竞争时也同样表现不俗。下面我们以连锁超市为例，论述连锁经营管理体系建设的基本要求。

（一）理顺集团内部的组织关系

一般来说，连锁企业的规模都比较大，为了避免资源浪费和把握管理重点，必须理清企业内外的组织关系。这一工作主要包括三个方面：（1）门店的网点布局。网点的布局要建立在科学合理的商圈分析和市场调研基础之上，若网点布局过密，连锁企业内部的各分店互相竞争，造成资源浪费；网点布局密度过低，又不能充分满足市场上顾客的需求。（2）分清主次，重点培养。对集团内部发展趋势良好，给集团带来巨大收益的主要业态或部门要重点扶持，那些利润贡献少甚至亏损的部门要减少投资或者放弃。（3）总部与门店之间要发挥互动效应。总部各类人员要树立良好的服务观念，加强各部门之间的有效配合，以便向门店提供更好的后勤服务。同时，门店要自觉执行各类规范标准，并接受监督与指导。

（二）建立以效率为核心的多重指标体系

企业的经营业绩是依靠战略决策和各部门的效率来保证的。因此在注重销售额和利润额等常见指标的同时，要看重另外一些效率性指标，只有综合考虑财务指标和非财务指标，才能真正体现出企业经营的效率。

反映连锁超市企业经营业绩和经营效率的主要指标有销售利润率、交叉比率、商品周转率、毛利率、费用率、劳动分配率、总部费用率、配送费用率、品种更新率、门店平均销售额、净资产报酬率等。这些指标都可以从财务报表中获取。

当然，另外一些非财务指标也非常重要。比如，顾客满意度和顾客忠诚度，要提高顾客满意的水平，必须着重加强顾客所关注的方面，如服务态度与服务水平、客户投诉次数及处理情况、品种结构及缺货情况、清洁卫生等。此外，规范的执行情况也应作为考核门店的主要依据，如服务用语、理货、店长作业、进货验收作业、标价作业、盘点作业、订货作业、收银作业等。

（三）重大投资项目的决策要以稳健为基本准则

1. 配送中心以及管理信息系统是大型连锁超市企业能够正常运转的前提，因此在建大型商场时，必须优先考虑该方面的投资。但由于配送中心以及管理信息系统投资涉及的金额都比较大，风险也较大，一旦经营不善将会给企业带来巨大损失，因此在进行有关配送中心规模、选址、设备配置及 POS 系统的网络结构、开发方式等方面的决策时必须先进行可行性分析。

2. 经营超市大卖场投资巨大，相应的风险也很大。因此企业在选择业态特

别是确定建立超级大卖场要特别谨慎。另外，若是连锁企业以便利店为零售业态时，特别要控制分店的扩张速度。若是扩张速度过快，盲目选址，新建门店所带来的收益无法弥补所支付的成本。另外若是速度太快，总部的管理和服务跟不上，不但会影响分店的收益，也会影响连锁企业的整体形象。因此，应郑重规划好商品种类服务功能开发、配送方式、选址区域，并要以合理选址为核心开发出若干成功的标准店，以经营实践为基础，使管理活动逐步模式化。

（四）规章制度要科学、合适、有效

标准化是连锁店区别于其他经营方式的一大特点。而标准化的实质是首先建立工作标准，在连锁店实际运营中，要用科学的方法总结实际经验，使经验上升为标准。国外知名连锁的一些先进的管理模式和常见的做法也可以作为制订服务标准和工作的参考材料。将这些工作与掌握这些标准的人相结合，这就需要企业建立定向培训系统，以培养掌握各类标准的专业人才。当然，为了保证这些标准能够被有效实施，还需要有能够实现有效激励的用人和分配机制。如果不能做到因事设人、奖罚分明，一切标准和人才都不会为企业带来好处。

（五）理顺外部环境，确保连锁经营管理体系的有效运行

连锁超市内部运营管理体系的有效运行有赖于外部环境，政府主管部门及行业协会应该在各部门各行业之间加强协调和规划，为连锁店经营创建一个公平的竞争环境。

1. 加强统计工作和各种行业分析，为社会提供真实的统计数据的市场研究报告，加大市场环境的透明度，以保证连锁企业能够据此作出合理的决策。

2. 依法制定各项行业标准和进出制度，引导行业内部公平竞争，同时为行业内部各企业指引发展方向，维持行业正常有序发展。

3. 行业协会要在培训、对外交流、信息发布、经营管理咨询服务方面加大力度。

第二节　连锁经营的权责划分

连锁经营体系由组织系统、运营系统、支持系统与控制系统构成，这四个分支系统构成了管理体系的基本框架，连锁经营的权责划分即通过这四个分支系统具体体现。

一、组织系统

组织系统是连锁经营管理体系的基础，反映连锁企业的资产结构、一体化协作水平以及企业内部的专业化分工关系。连锁企业的组织结构已在第三章介绍，在此不再赘述。

二、运营系统

运营系统是连锁经营管理体系的主要部分，反映连锁企业进销储运各业务营

运的系统结构。作为连锁经营管理体系中的运营系统，主要有以下四种职能：

（一）营运计划

营运计划是企业为了实现经营发展的目标针对企业各部门经营活动而制订的具体安排。营运计划是一套系统的计划体系，既包括长远的战略发展规划，也包括短期的日常业务运营计划。制订营运计划时要保证两者的衔接。

连锁店的日常经营活动大多是围绕利润最大化这个目标而展开的，因此其营运计划的制订常常是以利润指标为导向。为了实现其经营利润目标，连锁企业应当加强三个方面的工作：（1）依靠增加门店数目或扩大营业面积，增加销售额。（2）与上下游企业进行谈判协商时，尽量争取更大的利益。（3）将企业资产在产权市场和资本市场进行投资以获得风险利润。

（二）门店开发

门店开发是指根据选址标准和业态定位选择店址、开业前的一切准备以及开业后的跟踪分析等一系列活动。由于扩大分店数目是连锁企业迅速扩张的必经之路，门店开发本身存在巨大的风险，因此门店开发也是运营系统所具备的重要职能之一，应得到企业管理者的足够重视。

在门店开发过程中，应当注意以下问题：（1）门店所有权的归属，即在开店时是选择直接购买现有店铺、置房还是租赁店铺。（2）门店选址应当避免过度竞争。这既包括连锁企业内部各门店的竞争，也包括分店与其他经营相似产品的店铺之间的竞争。（3）对直接或间接影响到门店经营业绩的因素应加强管理。门店的选址标准、商圈调查方式、投资分析等因素都会影响到门店的经营业绩，因此在开张之初应慎重考虑，切勿盲目投入资本。

（三）商品供应

集中采购、统一配送是连锁企业运营的基本特征之一，直接影响着门店的经营业绩。商品供应是商品采购、存货控制、商品配送等一系列业务活动的总称。常见的商品供应模式有以下几种：（1）配送中心根据总部的进货指令直接从供货商处采购商品，再根据各分店对商品的需求状况进行分配。（2）某些需要加工的产品，一般先由供应商将原材料送到加工中心进行生产或包装，最后再向门店配送。（3）对生鲜食品特别是容易变质的产品一般由当地直接向门店配送商品，绕开了配送中心，减少了配送环节。（4）商品在各门店之间进行内部调拨。

（四）商品销售

商品销售是连锁店获取利润的来源。店铺经营的商品能够得到客户的认可，销售额越高，经营者就可能从经营中获取更多的利润。从某种程度来讲，连锁店所有的活动都是围绕着能够获取更高的收益这个目标来展开的。门店作为商品销售的主要场所，连锁店可以通过先进的POS系统和良好的现场管理，按销售设计和管理设计的要求做好销售服务工作。而总部运用销售设计、营业标准、操作规范、考核指标、业务单据等管理文件，并通过定期盘点、信息反馈、监督指导、定期考核、奖惩等措施对门店销售服务进行管理。

三、支持系统

为了保证连锁店的销售活动能够正常展开，需要有公司内部人力、财力、物力、信息等经营资源的支持以及总部对门店的后勤服务的支持，即必须建立良好的连锁经营管理体系的支持系统。作为连锁企业运营的支持系统，它一般包括以下几个部分：

1. 人力资源保障。即为连锁企业各岗位招募合适的人才，并对这些人才进行高质量的培训，以便他们能够胜任工作。

2. 财务保障。一定的经营规模需要相应的财力来支持，当企业扩大经营规模时，往往对资金非常渴求。在实际营运过程中必须保证一定数量的现金，以便维持日常经营活动；同时要时刻关注企业的财务状况，一旦发现问题，立刻采取补救措施。

3. 物质保障。物质资源是连锁企业开展营业活动的必要条件，因此连锁企业要保证企业对物质资源的基本要求，包括各种房产、设备、设施、备用品等。

4. 信息保障。首先，连锁企业应建立以总部 MIS 系统为中心、配送中心的物流信息和门店 POS 系统为基础的整体结构。其次，在总部各部门之间、总部与门店、连锁店与供应商之间建立健全良好的信息网络和制度，以保障信息能够有效流通。此外，为了及时了解竞争状况、消费需求等动态信息，为经营者作出正确决策服务，应适时组织专业人员进行市场调查。

5. 总部提供服务。总部为各分店提供的各种服务也会对店铺的经营效果产生影响。现实中许多特许经营加盟店之所以会失败，除了经营者本身能力的原因外，很大程度上是由于总部对分店的各种服务不到位，包括人员培训、技术支持、督导检查不够等。

四、控制系统

连锁企业建立控制系统的基本目的是要在企业内部形成能够承受市场环境变化而及时调整经营管理活动的内部控制机制。其目标在于：一是确保财务会计活动的真实性、完整性和及时性；二是控制风险和成本，确保一定的赢利水平；三是预防或查明各类问题和异常现象，保证各层员工被授予的权力未被滥用，所分配的任务能够完成。

控制标准的设定是进行控制的前提，它不仅为控制提供了依据，同时也为员工的工作活动提供了工作目标，指引了员工努力的方向。因此连锁企业必须建立一系列与连锁经营紧密相连的控制指标。对连锁店而言，企业应确立以下一类控制指标：

1. 选择性标准。选择供货商的标准：用人标准、设备选用标准等。

2. 配置标准。包括：经营规模与配送能力的配送标准；卖场面积与人员、设备的配置标准；商品价格与毛利的结构性配置标准；各部门、各环节人员配置标准等。

3. 技术性标准。包括：商品质量的技术性标准；环境控制标准；门店建筑装潢、配送中心建设、信息系统建设的技术性标准等。

4. 操作性标准。包括：运输、装卸、搬运作业标准；储存作业标准；商品验收作业标准；门店理货作业标准；门店收银作业标准等。

5. 效益型标准。包括：流动比率、速动比率、负债比率、毛利率、净利率、净资产报酬率、营业额增长率、经营利润增长率、市场占有率、单位面积销售额、商品周转率等。

在建立控制系统时，为保证控制的有效性，一定要在连锁企业实现内部牵制。一方面要做到制订标准与执行标准相分离。制订标准的部门规定某项业务应达到什么目标以及如何达到目标，这些标准按分层管理要求下达到各部门各岗位，由操作人员具体负责执行。另一方面监督者与被监督者相分离，其目的在于让监督者根据既定标准独立地履行监督职能，以控制业务营运活动，防止监督者与被监督者相互串通，损害企业利益。

此外，在建立和完善控制系统的过程中，应根据经营管理现状找出控制的关键点，进行重点控制，以解决主要矛盾。这方面的问题大致可以分为两类：一类是对重要程序的控制，如新产品引进的审批程序、门店开发的审批程序、设备购买业务的审批程序等。另一类是对重要部门重点岗位进行重点控制，如配送中心及门店的存货控制、门店营业现场商品和现金的控制等。

除了健全控制标准和完善控制系统外，还需要提高员工的素质。这是因为在实际营运中，虽然连锁企业所制定的营业指标、规范的服务用语和服务程序并不存在很大的差异，但由于人员素质的高低影响了服务水平的高低，因而在具体执行中达到的效果也有所不同。要控制好人员素质，除了制定严格的任用标准外，还要做好各项培训工作，对不合格的人员以及有违规行为的人员实施惩罚或强制淘汰。

第三节　连锁总部运作

连锁经营运作是否成功，总部起着决定作用。总部是否强大得足以负担应有的功能，与规模大小及人数无直接关系，主要取决于总部各组织机构是否有效并能否适当地发挥作用，而非一味地借着店数的增加毫无限制地扩张，否则最终将成为大而不强、结构松散且徒有其表的纸老虎。

连锁企业总部是连锁体系的核心和枢纽，连锁分店则是连锁体系的枝杈和触角。如果是直营连锁，总部与分店是上下级关系。如果是加盟连锁、自由连锁，则总部与分店之间是一种合同关系。在法律上是平等的，在业务上合作的，在运营上是指导与被指导的关系。

一、连锁总部战略运作

连锁总部战略运作的过程一般包括环境分析、战略设计与选择、制定政策、调整组织结构、指导战略实施五个阶段。

（一）战略环境分析

战略环境分析就是为战略制定提供基础条件，使连锁企业的发展目标与环境变化和连锁企业的能力实现动态平衡，一般包括外部环境分析和内部条件分析。外部环境分析是为了适时地寻找和发现有利于连锁企业发展的机会和动机，并有针对性地改善内部条件，以适应外部环境的变化；内部条件分析是为了扬长避短，发挥优势，有效地利用自己的各种资源。

（二）战略设计与选择

选择战略，首要的是选择战略目标。选择战略目标和优选战略一个完整的系统分析过程，主要包括四个要素：

1. 确定连锁企业的经营领域；
2. 寻找连锁企业在竞争领域里的优势；
3. 决定连锁企业从现有地位走向既定目标的战略方案；
4. 设立评价战略方案的标准。

（三）制定政策

总部战略集中于解决连锁企业经营的基本问题，而战略的全部含义要由指导战略实施的详细政策来进一步阐明。政策可以看成是指导人们实施战略的纲要，其作用主要表现为：通过政策的制定和可行性分析来审议战略的各基本环节是否正确，这对战略的实施是一项重要的保证措施；同时，政策能确保战略的意图被正确理解并成为公司各部门、各层次的行动纲领；政策还渗透于连锁企业的日常经营活动，能帮助建立正常可控的行为模式。

（四）调整组织结构

连锁总部战略必须通过组织去贯彻执行，可以说组织是战略实施的基础。对于一个特定的连锁企业来说，建立有效的组织结构必须依靠连锁企业的内部条件和外部环境以及在此基础上形成的经营战略。调整组织结构主要是解决三个基本问题：一是组织的集权化问题；二是组织的专业化问题；三是组织的刚性问题。

（五）战略实施指导

战略实施是为了贯彻执行已制定的经营战略所采取的一系列措施和活动。一个连锁企业的经营战略能否成功，最终取决于战略实施的有效性。一般战略实施的对象是只有通过连锁企业全体成员的共同努力方能达成的艰巨任务，带有很强的管理性和实践性。

相关链接

1992 年，西尔斯公司遭遇了一次严重危机——亏损 39 亿美元。著名的西尔斯塔楼也更换了主人，支撑西尔斯的几个主要金融部门如全国保险公司、寇德威尔银行都濒临破产。当时的西尔斯百货店里不仅品种单一，而且都是陈年旧货，因而门庭冷落。

为了制止局势继续恶化，西尔斯的新任总裁——马丁尼兹决定实行收缩战略，关闭了 113 家经营不善的百货商店，裁减了 5 万名员工，甚至终止了批发业务，尽管这一业务曾经是西尔斯发展的源泉。接着，马丁尼兹亲自接管了西尔斯的百货业，并重新对西尔斯的百货店进行定位——面向美国中年妇女。

这一收缩果然奏效，西尔斯这只快要灭绝的“恐龙”终于重现了往日的威风。1996 年，西尔斯营业额高达 382 亿美元。利润增长的原因并不是缩减开支，最主要的是西尔斯百货店在每种商品市场都占据了可观的市场份额。

二、连锁总部的人事运作

连锁企业总部的人事运作涉及人力资源规划，员工的招聘、选择、培训、考核、报酬以及人力开发等环节。连锁企业总部应根据自己及每个部门和分店的业务类型、员工数量、营业点的位置及其他因素制定自己的政策。

由于连锁经营的实施需要有良好的员工队伍，而且劳动成本可能占到连锁经营开支的50%甚至更多，因此，有效的人力资源管理显得十分重要。

三、连锁总部的财务运作

连锁企业作为一个经营主体，其总部的财务运作是相当重要的。总部必须按国家的会计法律法规，全面、系统地组织本单位的会计核算和财务管理，并及时向政府有关部门投资者、债权人等传递财务报告、披露会计信息。这项工作具有明显的法规性、统一性和及时性。总部还应该按照规范内部运行机制、科学组织内部管理、不断提高经济效益的要求，建立适应内部经营特点的内部财务会计操作规章和内部控制制度，就总店与分店之间的财务收支和业务往来作出相应的会计处理。这方面工作具有明显的自主性、灵活性和适应性。

第四节　连锁分店运作管理

一、连锁分店开业运作

连锁分店的开业运作一般包括两个方面的内容：一是店铺开业的策略准备；二是店铺策略实施。

(一) 店铺开业的策略

店铺开业前必须先进行一系列的战略分析和策略选定，然后再选择店址，进行建筑施工。对于现成的建筑物，则主要进行改建与装修。店铺开业的策略准备一般分为九个步骤，如图4－1所示。

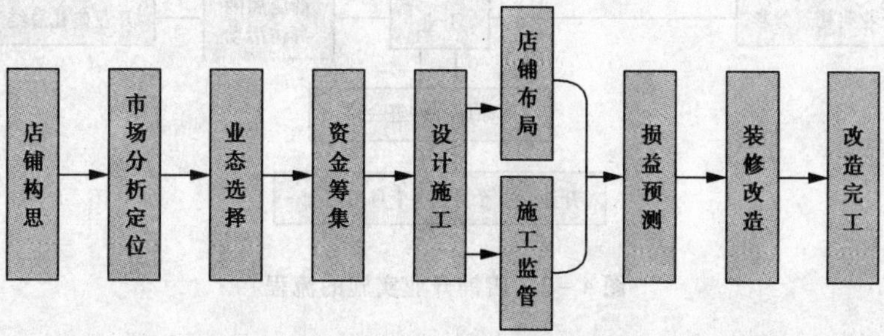

图4－1　店铺开业准备流程图

(二) 店铺开业的实施

连锁企业在确定了开店策略之后，就必须把这些策略付诸实施，它常常是与策略准备交叉进行的。图 4－2 是一个店铺开业实施的基本流程图。

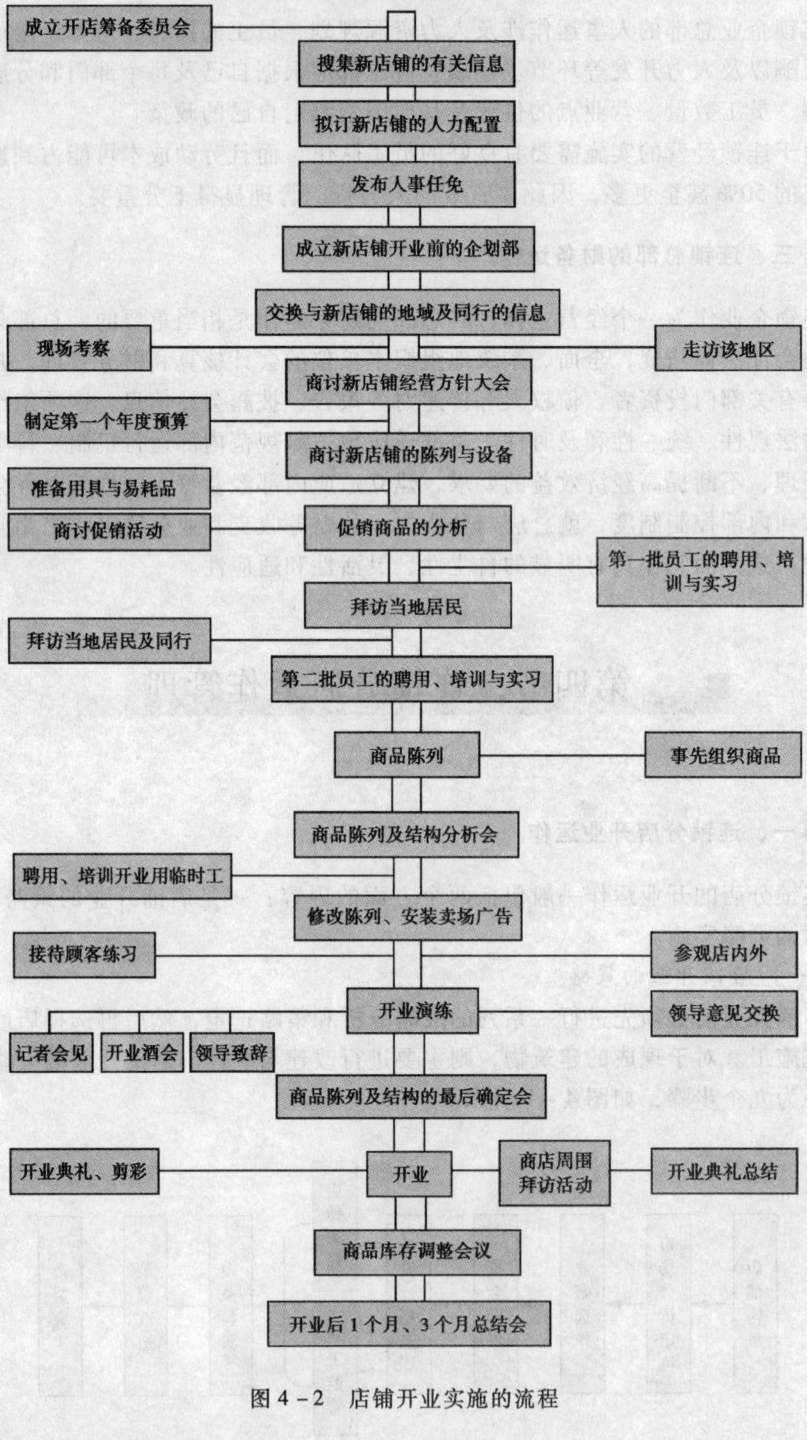

图 4－2　店铺开业实施的流程

（三）店铺开业实施的要点

1. 开业筹备。连锁分店的开店筹备主要有以下要点：

（1）经营方针设定。①分店定位，例如，是属于何种类型的百货公司或专门店等；②顾客对象设定，例如，针对何种年龄的百货公司或专门店等；③商圈范围，以分店为中心约多少距离为半径或是车程的时间要多久等；④竞争概况，分析同业、同地域的竞争情况；⑤商品类，以哪些商品为内容组成；⑥今后扩建的动向或发展的可能性；⑦商品展示陈列方式，是采用开放式还是封闭式陈列。

（2）经营全盘计划及体系。①分店长期经营计划的制订；②分店中期经营计划的制订；③分店年间预算体系的检讨与确立；④其他计划体系（如资金计划、技术合作计划等）的确定。

（3）门店管理。①门店行动指引路线平面图制作；②各种设备、桌椅、广告物、标语的放置；③各区位检查和标示；④服务行动路线调整。

（4）门店装潢。①租店签约：尽量提早签约，确定交屋日期；②面积丈量：事先取得业主同意，前往测量；③门店设计改良：尽快绘制草图；④估价发包：广告物、地面、水电、壁面、厨房、柜吧台、桌椅、营业设备、空调、音响；⑤监工：施工过程中的督导、协调、日程控制、品质管制；⑥验收：逐项试用及验收。

（5）政府机构公关。①门店使用执照核备申请；②水电、通讯的申请；③街委会、居委会、公安消防的联系。

（6）商品策略。①对国内商品的调查与资料搜集；②顾客层、对象重点掌握；③分店重点部门、次要部门的分析与决策；④进口商品与专柜商品的组成比例及构成内容；⑤自营商品与专柜商品的组成比例及构成内容；⑥供应商的接洽、分析与决定。

（7）商品采购。①应考虑供货的时间性与货源的配合性；②自制商品或自行开发品牌商品的对策，有关业务的交涉、分析、决定与跟进；③进口商品经何种方式购入（如自行采购或委托第三方）；④国产商品以何种方式购入；⑤购入数量、时间、追加订货量等问题的决定；⑥商品的选择、决定、进行采购及保管等作业。

（8）营运体系及组织系统。①分店管理体系及营业活动方向的决定；②组织系统的分析与决定，各部门工作责权划分及制度的建立；③分店管理目标的确立（预算实绩管理）。

（9）商品管理、营业管理体系化。①分店从商品购入至销售各个环节的管理方法（如购入方法、品检、库存管理、登账、销售统计、定价、降价、商品分析、盘点等各方面的体系化）；②传票作业系统的建立。

（10）销售计划。①分店年度计划概要及年间区分（依季节划分）；②每月（周）营业计划（依商品类别划分）的决定；③预算制度的建立。

（11）采购计划。①应与销售计划充分配合；②把握购入商品的时机、品质、数量；③进货渠道的确立与厂商的配合；④采购金额的决定及预算制度的调整。

（12）促销广告。①促销广告案的规划和核准；②广告物的制作（海报、传单、卖场饰物旗帜、邀请函）；③进货渠道的确立与厂商的配合；④广告媒体的执行；⑤广告预算的决定及预算制度的反应；⑥广告策略运用的分析决定（包括广告代理商、媒体种类的选定）；⑦各时期广告表现及运用的重点，以系列化推出。

（13）开业时的活动。①开业时间选定：配合地理环境及民间习俗；②邀请贵宾和剪彩人；③剪彩和开幕的道具；④祝贺物的摆设；⑤开店的预演和预营业；⑥开店的安全措施。

（14）开店公关事项。①新闻传播界的说明会及宴请；②同业的说明会及邀请；③供应商的说明会及邀请；④政府相关机构（主管单位、公安消防、居委会、街道办）的说明会；⑤消费者团体的说明会；⑥向媒体发布消息。

（15）人员招聘培训。①人事费用预算的决定；②招聘广告的拟定及核准；③劳动计划、招工简章的准备及人事主管机关的核备；④职能部门人员的构成、分析与决定；⑤应聘人员应具备的经验及条件；⑥通知报到；⑦职前训练（公司简介、远景、规定办法）；⑧客房接待礼仪训练；⑨作业技巧演练；⑩开业工作分配和活动说明。

（16）开业进度控制。①每项工作细节列表；②分配每一工作的负责人和监督人；③逐项控制作业进度；④即时显示进度并达成报告；⑤出现差异时的补救措施。

（17）开业准备。①开业和一切必要事项的分析、决定、工作分配（如展示、模拟销售、纪念品、广告、客户访问等）；②开业当日的所有活动计划；③总体方案逐项检讨；④最后的清洁管理。

（18）其他事项。①各项管理规则、办法及报告传票制度的建立；②包装器材及员工制服等的订购；③其他应准备的行政工作。

2. 开店作业事项。

（1）政府申请作业。有关公司名称、商标的登记、设立，申领执照等。

（2）大硬件规划执行。有关招牌、门店装潢、陈列架、附属道具等的规划、设计、签约、施工等。

（3）小硬件规划执行。有关店内的营业器具、办公设备的估价、签约、采购或订制。

（4）水电规划执行。店内外所需的照明设备、线路、插座、开关、水管、冷气、空调配线等设施的规划、议价、施工安装等工作。

（5）验收作业执行。请专业人员负责对大硬件、小硬件、水电等工程作品质验收及位置验收（开幕前一周内）。

（6）物品整理。物品进店后应清点数量、品项、品名及检验品质，并按照物品的分类存放好。

（7）促销广告作业。①开业的促销案申请核准；②赠品的准备；③海报的张贴；④POP 的张贴；⑤促销道具的准备；⑥广告媒体的执行。

（8）人员招聘。①招聘广告；②甄选、核定；③录用通知；④人员报到。

（9）人员训练。各项职前训练的执行，促销活动说明，实地演练。

（10）整体控制。由分店部门主管针对上述项目，编制“开店进度总表”，以全盘掌握，整体控制。

3. 分店各部门的工作。为了适时地完成开业筹备工作，下面以各分店在现实中必须展开的业务事项，按照各部门的工作性质类别加以说明。

（1）营业采购工作。

①营业经营规划。包括商品组成、营业构成比例、楼面规划及采购通路的策略等，以作为商品战略、采购作业及楼面装潢设计的依据。

②厂商征求及专柜条件设定。根据楼面规划及商品组成，进行厂商的拜访与接洽，若是自营部分则考虑采购的商品数量及情况，如是专柜经营则考虑提供的销售空间及设柜条件的洽商。

③营业预算计划。根据设定的楼面商品的内容及比例，模拟营业额预算，作为商品的采购及商品比例的作业参考。

④商品采购。配合设定的营业预算，计算所欲采购的商品类别及安排进货的时间。

⑤宣传推广计划。依据制定的营业方针，拟定开业前、开业间、开业后的广告宣传策略运用，促销活动重点及各项广告媒体费用的计划等。诸如开业前的市场调查、营销资料搜集、住宅访问、开业赠品、开业引导活动、媒体安排与运用、展示促销活动等，均须分别加以计划。

⑥美工展示陈列作业。有关海报、函件、促销广告等美工设计、楼面商品的摆设、橱窗及展示区的陈列、营业场所的美化等，均是开业筹备所不容忽视的工作。

⑦其他事项。与营业采购相关的其他业务，也必须随时加以联系，以利整体作业的推动。

（2）财务会计工作。

①资金运用规划。配合整个开业筹备工作，对于各项资金的运用要确实加以掌握，如开办费、内装费、工程设施费、商品采购费等，均应予以规划。

②商品管理业务。例如，存货计价基础的设定、商品的盘点、货号系统的编制、商品检验基准的设立、存量管理体系以及开业前商品进货日程的排定等，都是商品管理中必须准备的事项。

③会计账务管理。凡是与会计作业和账务处理有关的事项，均应事前妥善规划。例如，会计制度的拟定、发票的使用与管理、账务处理作业、固定资产的分类以及筹备期间有关的会计账务整理等，都要建立一套管理制度。

④现金出纳管理。有关收银机的使用与管理、现金与周转金管理、信用卡销售业务、付款日期的设定等业务，均是应予以准备的事项。

⑤其他事项。凡是与会计、账务、现金管理等有关的业务，也应随时与相关部门协调与配合，以推动业务的进行。

（3）人事培训工作。

①人员招募。依据公司的组织系统及设定的人员编制配合筹备业务的工作进度，分批招募各有关人员。由于筹备期间，公司尚未正式营业，因此对于人员报到的不同级别和时间，均应事前作有效的安排，一般招募先后顺序为主管级人员、基层管理人员、一般职员、收银员及营业员等。

②人员培训。针对教育训练的对象，安排共同性与专业性的培训课程，并考虑人数、培训的特性、场地、时间及讲师的安排。同时配合开店的实际需要，现场实习及模拟销售，也是员工教育训练方面在业务执行中的主要工作。

③人事管理制度。有关从业人员的任免、考勤、升迁、考绩、奖惩、核薪、出差、担保等各项规定，均应加以考虑，以便人事管理作业能有一定准则。

④员工福利措施。对于员工的退休规定、膳食管理、互助办法、抚恤措施等必须着手制定。

⑤其他事项。诸如员工服务手册、教育培训材料编印以及与人事管理具有相关性的业务，都要全盘加以规划。

（4）总务行政工作。

①工程发包与财产购置。有关门店的内部装潢、公共设施、安全设备、营业用品（模特台、橱柜、展示台、吊架、装饰品、陈列用具等）、音响设备、电话设备、事务用品（收银机、复印机、计算机、打卡机等）、办公室设备与器材，以及与营业有关的器材设备（如收银台、包装台、检验台等），必须配合业务需要进行发包与采购。

②开业前行政物品采购。如包装用材料（包装纸、包装袋、纸盒）、标价用品（标签机、吊卡、标签纸等）、报表单据印刷、员工制服承制以及开业时使用的物品（如剪彩用具、请柬、酒会场地布置等），总之，凡是前所必需的物品均应加以准备。

③登记申请事项。开业所应登记申请的事项，如营业登记、电话申请、专卖品的申请、公司商标登记等，都应事前加以办理，以配合开业时使用。

④总务行政管理制度。有关文书管理、财产管理、安全防护组织等总务行政管理体系内容，也要加以设定，以便于各项行政业务的推动。

⑤其他事项。由于总务行政类工作是各部门开展有关业务的推动，所以必须与相关部门充分联系与配合，才能顺利地推进各项业务。

（5）企业稽核工作。

①工作时间进度规划。针对筹备业务展开时各项工作的先后顺序以及部门间有关业务的协调与联系安排工作进度，并且对于进度延误部分，谋求妥善处理措施。

②经营策划。将公司营运上长短期发展计划及经营方针与目标作全盘的规划，并且汇总各部门提供的预测资料，进行预算的估算，同时将公司业务流程系统加以确立，借以完成整体的策划体系。

③其他事项。包括筹备期间各部门开展的业务。对于突发事件或异常现象，进行协调与联系，必要时拟定处理对策，以求筹备工作的推进。

二、连锁分店日常运作

1. 开店前。先观察附近的人流量等因素。

2. 进店后的作业视情况而定。若营业时间未到，可暂不将大门全开，待营业时间到后才全部开放。打开空调系统（依各品牌机型操作说明使用）。召开3~5分钟的简短早会，由店长主持。会议的主要内容包括：（1）服装仪容检查；（2）当日工作事项说明及交办（含各项活动的说明）；（3）新人介绍（若无则可跳过）；（4）服务用语练习。开始进行清洁工作及开店的各项准备工作。

3. 清洁及准备工作。包括：

（1）清洁工作。清理柜台及营运设备；检查桌椅是否清洁并排列整齐，归位；店内地板、天花板、柱子、墙壁及四周环境检查；店门前、走廊清洁。

（2）商品物质准备。补充所有商品及所需物资；检查各类商品是否准备齐全，并已陈列妥当。

（3）营运设备检查。各种器具是否正常；收银机是否正常；电话连线是否正常。

（4）收银现金准备。检查备用金及找零金是否足够；检查头一天保险箱或钱财保管处内的营业收入是否已清点妥当。

（5）行政作业。头一天各项报表是否填写无误；今日应传回或寄回公司总部的各项报表及资料是否准备妥当；头一天交班单内容是否有未完成工作事项及其余工作事项等。

4. 开始营业。柜台人员的作业如下：（1）拉开大门；（2）注意服务态度、用语及流程；（3）注意商品存货是否充足；（4）注意商品进货验收、库存、退换货；（5）注意各项设备所需保持的状态。

收银人员的作业如下：（1）注意收银作业流程；（2）准确操作收银机，并将单据保管妥当。

5. 打烊前的作业。柜台人员的作业如下：（1）清洁所有玻璃；（2）清洁柜台下置物柜的门、抽屉、沟槽；（3）清洁柜台外观、招牌；（4）清洁洗手间；（5）清洁器皿；（6）清洁桌椅；（7）清洁地板（打扫、拖地），柜台四周地板要洗刷；（8）浸泡抹布、倒垃圾。收银人员在打烊前进行结账、填写报表。

6. 打烊作业。关闭大门，注意垃圾应集中置放于特定位置，应将垃圾打包丢弃，勿随地弃置。

7. 打烊后的作业关上店门后，作最后的确认：依序检查开关、清洁状况、物品归位与否、货品是否补齐；进行结账工作，并填写各项报表，若有交办事项，应填空班单（由店长或会计人员或指定人员负责）；准备离开前，仍要注意安全。

三、连锁分店卖场运作

卖场运作包括卖场规划与商品的陈列配置，目的是要充分利用店铺空间，营造出一个让消费者感觉舒适的购物环境，且能满足消费者一次购足的需求。

（一）卖场规划的原则

1. 让消费者觉得是开放的、容易进入的。如何让消费者很容易地进入卖场是连锁企业销售开展的前提。这是因为一个卖场，即使其商品物美价廉，服务亲切周到，但如果出入通道不明显，顾客不愿进来或不知道如何进来，那一切也等于白费。

2. 让消费者停留更久。消费者购买的商品中，有70%是属于冲动性的购买，也即消费者本来不想购买，却在闲逛中受明亮的空间环境、商品陈列易看易选、良好的辅助设施、亲切的服务等因素的影响而购买。

3. 最有效的空间利用。为了让消费者享受购物的乐趣，应尽量有效地利用卖场空间，这样可以增加营业额并降低成本。

4. 营造最佳的销售气氛。从卖场的陈列展示、色彩以及灯光等方面着手营造销售气氛。卖场的灯光、色彩应按照整体经营形象体系标准实施，以创造独特的风格，这是获得消费者认同感的重要手段。

（二）卖场的设施及其机能

卖场的设施依其位置和需要，大致可分为前方设施、卖场设施、建筑设施。这些设施在整个经营活动中，各自负担着不同的功能。就卖场的规划而言，必须依据客观需求，依各功能配合必要的设施，以满足消费者购物的需要。

1. 前方设施。前方设施的主要功能是诱导、宣传，以引起消费者的注意并使其产生兴趣，主要的相关设施有以下三种：

（1）停车场。在规划停车场时，应考虑包括步行的老、幼、妇、孺与骑自行车及机动车辆的消费者在内的所有消费者。

（2）招牌及外观设计。招牌是吸引消费者注目的第一焦点。外观的设计应严格按照总部统一的 CI 手册执行，让消费者一目了然，以创造销售机会。

（3）出入口的设计。在设计出入口的时候，应仔细观察行人的路线，选择行人经过最多的方向或最近的位置，让消费者比较容易走进来。

2. 卖场设施。卖场设施的主要功能是商品展示陈列、销售及促销，这也是决定消费者是否再次光临的主要因素，主要应考虑的项目如下：

（1）内部装潢、陈列设施。70% 的消费者是在悠闲、自由自在环境中，不知不觉地选购商品，消费者所期待的是一个明亮、舒适的购物环境，因此卖场的规划设计不在华丽，而在于赋予商品及消费者一个适宜的空间。

（2）消费者的路线。良好的通路规划，可引导消费者在不知不觉中走向卖场的每个角落，当然这需要以商品配置以及陈列技巧为辅。通路与消费者的路线息息相关，可利用店内平面货架配置图，记录来店消费者在店内移动的路线，即可了解何处是卖场的死角，何处是卖场较强势的地区，以及如何通过畅销品与销售不佳的商品的搭配达到连带销售的目的。

（3）陈列用设施。包含一般陈列货架及冷柜、演示台柜的选用。依据各项产品的特性及陈列位，选用各种不同的货架，才能使商品展现出相得益彰的效果。

（4）标示用设施。良好的标示，可指引顾客轻松购物，也可避免死角。标示用的设施主要包括卖场平面配置图、商品的标示牌、特价品悬挂的各项促销海报、广告架、提高卖场气氛布置的设施、商品定价卡等。

（5）前台设施。包括服务台及收银台。服务台大多位于入口处，通常兼含寄物功能；收银台位于出口处，应依序编号，并依现场的状况采用单线排列或双并排列方式。

3. 建筑设施。

（1）空调设施。只有温度适宜的环境，才可以为消费者提供最大限度的购物乐趣。

（2）色彩。表示卖场色彩的要素有商品、陈列设施、天花板、墙壁、地板、照明设施等。利用物体的颜色，可将商品的特色显现出来，提高商品品质，更可增加消费者的购买欲望。

（3）照明。卖场应视各项商品特性而采用不同的照明，这将有助于卖场气氛的烘托及消费者购买欲望的提高，从而促进商品销售。

（4）音响设施。音响可以创造出强烈的卖场气氛，好的音响可以让人流连忘返，消费者也会在聆听音乐的同时，选择更多的商品。

（三）商品配置

连锁分店大部分的利润是通过商品交易的价差获得，因此商品配置的好坏直接影响着经营的成败。若商品及卖场货架没能经过合理的规划及妥善管理，不仅会占据较多的陈列位置，而且会阻碍其他商品的配置，进而浪费有限的卖场空间，甚至会造成库存商品资金的积压。

1. 卖场商品配置面积的分配。

（1）根据消费者购物结构比，分配现有商品配置面积。

（2）参考竞争对手的商品配置，发挥自己的经营特色，进行商品配置面积的分配工作。各项商品因陈列方式不同所需的面积也不一样，在进行简单的分配后，再依陈列方法、自有商品、商圈消费特性等因素或参考其他的经验进行调整。

2. 卖场商品种类的决定。决定销售商品种类一般考虑以下因素：（1）满足顾客需要的，顾客会买、必买的商品；（2）有效利用空间，能够发挥最大单位面积效用的商品；（3）包括高、中、低三种价位不同等级的商品；（4）商品应有大、中、小三种包装（按份量分）；（5）热卖商品：掌握时机，先卖先赚；（6）畅销商品：消费者经常购买的，千万不能缺货；（7）新上市商品：畅销品、新奇品、别家没有的商品；（8）增加销售点数的商品：关联性的商品。

3. 销售商品的决定。根据连锁总部提供的供应商商品报价资料表，参考标准化的商品分类及上述销售商品种类所应考虑的因素来确定分店的商品品项。可依以下步骤进行：

（1）供应商商品报价资料表的搜集。根据总部提供的每一小分类下可能销售商品品项的资料，分类整理并输入 POS 应用管理系统，便于分析又可随时查询。

（2）品项挑选及决定。品项搜集齐全后，将所有小分类里的同类商品价格、包装规格及设计，依商品的品质及用途作详细比较，将符合商圈消费者需要及能衬托出优势的商品，依其先后顺序挑选出来，依次排列，并将筛选出的商品品项打印出来。

（3）商品构成的决定。一经挑选确定后，根据判定的畅销度，对商品的陈列面作适当调整，并把这些商品与附近竞争店的商品结构进行比较，以确定分店的商品是否在品项数、陈列面、优势商品以及价格方面都比主要竞争对手的商品强势，否则就应重新调整达到最佳情况。

（四）商品陈列

1. 商品陈列的程序。商品陈列就是把决定销售的商品品项及排面数量实际配置到货架上，实施步骤如下：

(1) 进行商品品项陈列规划。什么商品要陈列到上段或黄金线，什么商品要陈列到中段或下段，这些都应用到陈列原则及经营理念，同时也要考虑竞争对手的情况、总部的采购与配送调度能力等。根据上述原则做好品项陈列规划工作。

(2) 编制商品陈列位置。根据商品陈列货架表，把决定销售商品的品项依已完成规划商品的陈列位置，输入 POS 应用管理系统中的商品管理系统以实现对商品资料的处理。其陈列位置（商品储位）编制的原则为：以完成的商品陈列道、架加层面共八码。编列次序原则为：面对货架，由左至右，由上而下依序编列。

(3) 完成商品台账资料表，将已编列的商品储位予以选择打印。

(4) 定位卡（价格卡）打印。依商品陈列道、架表，在 POS 应用管理系统中的商品管理系统打印产生定位卡。

(5) 执行实际货品上架工作。管理部门人员将已完成的供应商台账资料表、定位卡、价格卡张贴于每张货架的前端，便于理货员理货上架，但最好能把实际陈列的结果照相或录制保存起来，作为修改辨认的依据。

2. 商品陈列的位置。商品陈列位置的变化会产生不同的促销效果。位置不同，对顾客购买的影响不同。巧妙地进行组合，是很有必要的。

(1) 货位区陈列。绝大多数商品一般都位于正常的货位区，陈列在活动货架上，陈列时讲究整齐与美观、量感与洁净。

(2) 走道区陈列。为了吸引顾客的注意力，突出促销性和新型商品，常在大过道中央设置平台或筐篮，陈列优惠价格商品。

(3) 中性区陈列。中性区是指过道与货位的邻界区，一般进行突出性陈列。例如，某一货架旁进行若干落地陈列，或是在货架悬挂若干商品，收银台旁的小商品陈列也属此类。

(4) 端架区陈列。端架区是整排货架的最前端和最后端，也是顾客流动线转弯处所设置的货架，被称为最挂陈列点。端架区陈列一般可进行廉价品陈列、应季品陈列、促销品陈列和新产品陈列等。

3. 商品陈列的方法。合理新颖的商品陈列方法使商品具有较强的感召力，达到自我推销的效果。卖场必须根据自身情况，选择有效的陈列方法并加以灵活运用。

(1) 定位陈列法。就是商品经过配置后，所陈列的位置和排面轻易不作变动，形成常规性陈列状态，采用的陈列类型包括：①集中陈列，即把同一种商品集中陈列在一个地方；②整齐陈列，即把商品整齐地排列在一个地方；③错位陈列，即在同一排货架上，针对不同商品将货架形成不同的高度，使商品排面错落有致。

(2) 变化陈列法。就是以定位陈列为基础，根据顾客流动线、季节和促销需要，设计动态变化的陈列方法。具体采用的陈列类型包括：①突出陈列，即将商品放在篮子、箱子或突出板内，陈列在相关商品的旁边；②端头陈列，即将商品特别是主力商品陈列于货架两端，因为端头是顾客经过频率最高的位置；③岛式陈列，即用特别展台进行商品陈列，通常适用于超市的蔬菜、水果、冷冻食品等的陈列；④悬挂陈列，即用固定或可移动的装有挂钩的陈列架陈列缺乏立体感的商品；⑤比较陈列，即把相同商品依据不同品牌、规格或数量予以分类，并陈列在一起供顾客选购；⑥关联品陈列，即把不同类但有互补作用的商品陈列在一起，使顾客在购买某种商品时顺便购买其他相关商品；⑦大量陈列，即将某一种商品进行大数量的堆积摆放，使顾客产生便宜感。

商品陈列的方法和类型很多，任何一种方法都有其具体的适用范围，不能简单套用。分店经营者应进行认真的策划和分析，保证选择陈列方法真正有助于扩大销售和增加利润。

（五）卖场效益管理

1. 有效控制商品品项。卖场面积有限，所能陈列的品项数也有限制。要控制商品品项数，发挥卖场效益，就要使用商品资料台账表。

2. 做好商品的定位管理。商品定位是卖场管理非常重要的工作，而定位卡（价格卡）则是商品定位陈列最有效的管理工具。

3. 管理好商品排面。商品的排面数管理，是卖场管理的薄弱环节。安排商品的排面时，要根据商品的销售数量，给予适当排面数，这对提高卖场的效益有相当大的帮助。

4. 防止滞销品驱逐畅销品。畅销品的销售速度较快，若缺少有效的卖场管理，畅销品卖完了未及时补充，易导致滞销品占据畅销品的情况，形成滞销品驱逐畅销品的情况，将错失不少商机，还可能降低分店的竞争力。

5. 把利润控制在一定水平。利润好的商品配置在好的陈列位置，销售多一点，整体利益也随之提高；利润差一点的商品配置在差一点的陈列位置，以免影响到销售利润。

四、连锁分店促销运作

促销的含义可包括狭义与广义两方面。狭义的促销是指运用包括降价折扣、赠品、特卖展品、抽奖等各种手段，刺激消费者增加购买的意愿，以达到增加销售的目的；广义的促销除了包括狭义的促销活动外，还包括广告、人员促销与服务、门店陈列与展示、商品包装等所有能促使消费者提高购买意愿的手段与行为。

由于促销活动的含义相当广泛，连锁企业分店企划部门必须以整合性的概念，结合相关营销手段，才能有效达到促销预期的效益。换言之，在规划促销活动时，必须同时规划媒体宣传的运用、营业人员激励、门店展示，以及商品供货作业等相关事项。

因此，相对于整合性的营销策略而言，促销是运用各种营销手法，结合短期性及长期性策略目标，所进行的一系列营销努力，包括促销活动及其他营销沟通工具的综合运用。

五、连锁分店服务运作

服务是指不以实物形式，而以提供劳动的形式满足人们的某种需要。服务是人的一种活动，所要处理的是人与人之间发生的关系。由于人的心理是复杂多变的，因此服务工作也就具有了很大的复杂性。连锁分店服务不仅要向顾客提供各种商品、介绍各种商品，还要掌握一定的顾客心理。不仅如此，服务还是联结消费者和商品的纽带，是与消费者友好关系的中介。

复习思考与练习

一、思考题

1. 明确连锁企业管理体系有什么重要意义？
2. 调查了解一家连锁企业的战略规划。
3. 为某连锁企业加盟店制作一份开业计划书。
4. 为某一连锁企业门店设计服务标准。

二、案例分析题

某医药连锁企业的营运管理难题

某发展中的连锁零售药店，公司战略基本明晰：坚持医药零售、坚持平价经营、坚持连锁、坚持北京。公司投资方具有丰富的医药批发经验，并于 2003 年底进入医药零售领域。

目前从全国经济基本情况、行业发展和北京地区的情况看，平价医药零售连锁业态的发展空间仍然很大，公司经过两年多的发展也取得了良性的增长。

但是，公司在发展中遭遇了规模不够、零售网点分布不足以覆盖全部市场的瓶颈。究其原因，在于缺乏支持其发展的营运管理基础，因此单店经营效率低下，并且公司不能有效快速复制门店。此外，公司还存在以下关键问题：

1. 门店数量少，难享规模效益之利。由于规模不足，采购价格、进货结算政策难以令人满意，单位管理成本难以下降，品牌等无形资产的价值无法充分发挥，使利润空间狭窄，应对竞争的能力较弱。

2. 单店的销售收入和利润率都差强人意。由于公司的市场营销工作不到位，该店的销售收入还有增长空间。

3. 企业营运缺乏切实有效的管理制度、流程、标准和营运规范等基础制度和管控系统。

4. 公司管理人员执行能力有待提高。尚存在着管理的被动性和习惯思维，与公司的业务模式和创新精神相悖。

资料来源：博维管理咨询有限公司："北京某医药连锁企业运营管理咨询案例"，http://www.moways.com.sg/Html/achieve/104912506.htm。

问题：

1. 为什么企业在不同规模下对营运管理有不同的要求？
2. 如何解决公司面临的难题？

第五章

连锁企业的营销策略

随着人民收入的增长和生活水平的提高，消费呈现出多元化和多层次的格局，其购物更为理智，追求消费质量和讲求消费档次已成为普遍的趋势。连锁企业要针对出现的需求新特点，善于发现和满足这种需求，制订适宜的目标市场营销策略，营造持续竞争优势，处理好市场拓展的深度和广度的关系。门店要针对自己面对的商圈顾客，研究他们的消费心理，善于激发其购物欲望。连锁企业要以终端市场营销理论为指导，从商品、服务、价格、广告、促销、企业形象和业态等方面的营销策略上，寻找自己的特色，才能实现连锁企业的短期经营目标以及长期发展战略。

案例导读

成功的麦当劳

麦当劳的连锁系统不但具备国际性，而且经营得相当成功。世界各地的麦当劳有许多方面一致，诸如大 M 标志、麦当劳叔叔、统一的服务标准和产品标准。但是，也存在着诸多的不一样。“麦当劳”的成功，不仅源于那些一样的因素，更是源于那些不一样的因素。

现在我们已经很习惯麦当劳的服务方式，但是在 20 世纪 40 年代，麦当劳采用自助式服务，让顾客排队站着订餐付款后再食用，在当时是划时代的创举。麦当劳坚持将市场定位于青少年及劳工家庭，他们凭借快速的服务和低廉的价格取得了成功，那些认为吃饭要接受好好款待、慢慢享用的人虽然远离了麦当劳，但是更多的青少年、劳工乃至妇女们都带着小孩来享受其低廉的价格和快速方便的好处。

同样是麦当劳，美国麦当劳和中国台湾麦当劳在定位上却有些许不同。台湾地区的麦当劳虽然也将青少年定位为目标市场（尤其是大专生），但是主力客层也包括了小朋友：从幼儿园的孩子到小学生。同样的麦当劳速食，因为两地文化环境的不同，而产生不同的定位，这是很有趣的现象。

由于台湾麦当劳的主力客层定位在小朋友，因此也给其他同样的西式速食连锁店带来偌大的生存空间。比如，侬特利连锁店将市场定位在青少年，让那些已经上初中、高中的学生，自认已不再是小朋友的人，产生不应该再上麦当劳，而应该上侬特利才跟得上时代的观念。此外，不少青少年用麦当劳的薯条、可乐替代了以往喝咖啡的习惯，这也是台湾地区特有的速食文化现象，是美国麦当劳始料未及的。

资料来源：连锁加盟实战手册。

【问题】

1. 连锁企业市场营销活动如何进行？为何要研究营销策略？
2. 连锁企业如何制订营销策略？怎样实施营销策略？
3. 如何分析连锁企业市场营销活动？需要什么样的营销组合策略？

这一切问题将在本章解决。通过本章的学习，你将会实现以下学习目标：

总目标

□ 能根据连锁企业实际及市场状况，有效地制订和运用市场营销策略

知识目标

□ 掌握市场分析方法
□ 掌握连锁业营销策略

技能目标

□ 能制定连锁营销规划
□ 能有效实施营销活动

能力目标

□ 能合理运用营销组合策略
□ 能对营销过程进行分析

第一节 连锁企业的市场定位

当今社会商品市场的日趋同质化、市场竞争越来越激烈，连锁企业为开拓和占领目标市场，取得商品在目标市场上的竞争地位和优势，更好地服务于目标市场，需要在目标市场上给本企业作出具体的定位，以与竞争者有所区别。这是每个企业进入市场必须做好的先期准备工作。

市场定位是企业的市场营销战略在消费者心中的认知定位，即确定企业在目标市场上的位置。具体地说，是确定企业的整体形象在顾客心目中的位置。著名市场营销专家菲利浦·科特勒给市场定位的定义是：“为了适应消费者心目中的某一特定地位而设计公司的产品和营销组合的行为”。市场营销管理的主要任务就是将有限的资源科学地用于产品的开发、定价、销售渠道和促销四个方面，最终在市场中树立一个独特的品牌形象。

一、连锁企业市场定位的重要性及功能

阅读材料

肯德基的定位

肯德基在中国繁荣的经济大环境下，发展迅速，一路领先于中国餐饮连锁业。肯德基以家庭成员为目标顾客，营销的重点是容易接受外来文化、新鲜事物的青少年。同时，在儿童顾客身上肯德基也花费大量精力，如：在店内开辟儿童就餐区，布置迎合儿童喜好的装饰品，节假日备有玩具作为礼品等。肯德基一直想要营造的是一种全家一起用餐的欢乐气氛，强调的是提升顾客价值。在产品方面，肯德基定位于“世界著名烹鸡专家”，这也是肯德基与麦当劳定位上的最大差别。由于中国人爱吃鸡，与其他洋快餐相比，鸡肉类的产品也更符合中国人的口味，更容易被中国人接受。从麦当劳悄悄打破其在全球市场统一的“牛肉汉堡”的菜单，在中国市场推出与肯德基类似的“麦辣鸡”和“鸡腿汉堡”，更可以看出这一点。

资料来源：中国营销网。

连锁企业市场定位的基本目的是企业能集中其优势力量对准企业最核心的目标顾客群，实施有效的营销策略，以求得企业的长远生存与发展。

连锁企业自身资源的有限性决定了企业或产品只有锁定特定的市场，才能最有效地发挥出最大的竞争优势。例如：伍富连锁店针对工薪阶层、知识分子和大专院校学生，采取了低价定位、让利于民、卫生营养、无假无劣，以此吸引了大批顾客，取得了较好的业绩。

通过市场定位，一方面可以更准确地发现顾客需求的差异性和需求被满足的不同程度，及时地发现和抓住市场机会，从而规避企业风险。另外一方面可清楚掌握竞争对手在各细分市场上的竞争实力和市场占有率的高低，以便更好地发挥

自己的竞争优势，选择最有效的目标市场。

明确的市场定位是连锁企业设计经营战略和策略的基础。只有市场定位明确才能确定连锁企业的竞争优势和市场竞争的突破口，从而制订出连锁企业的经营战略，并以此指导安排产品、价格、渠道、促销的营销组合策略。

二、设定连锁企业市场定位的原则

1. 赢利性原则。连锁企业市场的定位是否正确和有效，要让市场来考验。连锁企业的市场定位，要把企业的赢利作为主要目标。

2. 可控性原则。市场定位极为重要的一点就是要考虑与连锁企业的资源匹配问题，即连锁企业能否利用其现有的自身优势，包括人力、财力、物力、产品技术等去有效占领市场空间，并能够对自己的产品在市场中的运作过程和销售模式，进行可控性的操作。

3. 稳定性原则。连锁企业的目标市场必须要能保证在相当长的一个时期内经营上的相对稳定性，避免目标市场变动过快给企业带来的风险和损失，从而有利于保证企业长期稳定的利润。

三、连锁企业市场定位的步骤

进行目标市场定位，要在分析营销环境的基础上进行市场细分，勾勒出细分市场的范围，具体分析每一细分市场，最后根据连锁企业资源条件和竞争对手情况，确定出目标市场。换言之，连锁企业的目标市场定位必须建立在连锁企业对客观市场机会和主观能力结合评估的基础上。其过程如下：

1. 对市场进行细分。市场细分的主要标准有：（1）人文因素，包括年龄、性别、家庭人数、收入、职业、教育状况等；（2）心理因素，包括社会阶层、生活方式、个性等；（3）行为因素，包括使用时机、使用率、对企业和服务的态度等。由于连锁企业分析市场的着眼点不同，则市场细分使用的变量也不同，即使是经营同类商品或服务的连锁企业也是这样。比如在台湾快餐连锁业中，外来快餐店均以年龄作为划分目标市场的主要依据，而本土快餐店多以职业为其依据。

2. 对细分市场进行分析。分析的主要内容有市场竞争状况和消费倾向。就细分市场消费倾向的分析而言，通过分析，能使连锁企业对细分市场有具体的了解。主要包括：（1）消费者行为分析，包括消费者购买的动机、场地；购买的时间与次数；来店购买所用的交通工具等。（2）消费者意愿分析，包括了解消费者感兴趣的商品与服务，对未来门店有何期望等。（3）消费潜力分析，包括未来人口变化情况及人均收入变化情况等。

3. 分析本连锁企业的经营目标和资源能力。即使细分市场从规模、竞争状况和消费倾向上看都很具有吸引力，但仍须从自身经营目标和资源条件上对细分市场加以分析。经营目标包括若干方面，其中最主要的是市场份额、利润率和收益率等。如果细分市场不能满足连锁企业发展目标的要求，则应放弃。其次，还应分析是否具有某细分市场所需要的资源条件，如相应的资金、人才、设备条件等。最后，连锁企业应在以上分析的基础上，选择自己的目标市场，确定目标市场定位。连锁企业目标市场定位有多种类型，适于不同特点的连锁企业，以下着重介绍三种。

（1）**无差异型定位**。连锁企业采取这种定位，即不考虑细分市场的差异，用一种产品，运用一种营销组合来服务整个市场。这种定位的优越性在于成本的经济性，采用该定位的连锁企业被看做是“制造业中的标准化生产和大批量生产在营销方面的化身”，可以降低调研、广告、存货、运输等方面的成本。但是，当同行业中有多家连锁企业或其他商业企业采用此定位时，就会加剧最大细分市场内的竞争，而较小的细分市场的需求得不到满足，各连锁企业的利润都会减少。无差异方式只适用于提供的产品或服务具有同质性的连锁企业，如粮油连锁企业，大部分快餐连锁店和美容、理发、洗染、冲印等服务业连锁店。

（2）**差异型定位**。连锁企业采取这种市场定位就是同时服务于几个不同类型的细分市场，或者根据每一门店所处地理区域内的消费对象来确定服务内容和服务政策。这种定位具有较强的市场适应性和灵活性，一般能比采用无差异方式创造出更大的总销售额。

阅读材料

爱迪生兄弟公司连锁鞋店的成功定位

爱迪生兄弟公司所经营的900家鞋店可分为四种不同的类型，以此来迎合不同的细分市场。查达勒连锁店出售高价的鞋子，贝克连锁店出售中等价格的鞋子，伯特连锁店出售廉价的鞋子，威尔达·佩尔连锁店着重出售时髦样式的鞋子。人们可以发现，伯特、查达勒、贝克3家连锁商店分别开设在芝加哥民族大街的3个街段上。尽管商店位置设置的非常接近，却不影响它们的业务，原因在于它们的目标是妇女鞋类市场中的各个不同的细分市场。这一战略，使爱迪生兄弟公司成为了美国最大的妇女鞋类零售公司。

资料来源：菲利普·科特勒：《营销管理：分析、计划和控制》，上海人民出版社1996年版。

我国的一些连锁企业采用差异型市场定位，收到了很好的经济和社会效益。如上海东方商厦本部的超级商场是以外国人和高消费层顾客为服务对象的，而开设在总店之外的连锁分店是以零售商、小批发商和普通消费大众为服务对象的。连锁经营由于门店多，各地市场状况存在差异，所以因地制宜、选择不同的目标市场，有利于发挥连锁经营的规模优势，各门店最终可以形成合力攻占整个市场。但是，差异型市场定位会增加连锁企业的经营成本，同时在制定互不冲突的服务内容和服务政策上难度较大。

（3）**集中型定位**。是指连锁企业只选择一个或少数几个细分市场为之服务。该定位使连锁企业提供的产品专业化、特定的营销组合化、经营成本和管理难度较低。因此，只要连锁企业选择的细分市场恰当，就能获得较好的投资回报。例如，上海华联连锁超市公司确定以工薪阶层为自己主要的服务对象，以这一消费层顾客的“开门七件事”来组织商品和设置服务项目，执行低于市场价的商品价格政策，口号是“华联超市——工薪阶层的购物天堂”和“同品同质比市场价低2%～5%”，由于这一集中型市场定位的成功，使该连锁企业发展迅速。采用集中型市场定位，还可以使连锁企业避开激烈的竞争，抓住市场空隙，另辟蹊径。但要慎重选择细分市场，防范经营风险，因为连锁企业只将产品或服务提供给一个极小的市场，经营风险大，一旦该目标市场的需求发生突然变化，连锁企业将会面临经营危机。

上述三种市场定位各有利弊，连锁企业究竟选择哪种类型的市场定位，要考虑自身的资源情况、产品特点和市场状况。一般来说，如果连锁企业实力强、资源雄厚、产品同质化顾客的消费倾向大致相同，竞争者较少，可采用无差异型市场定位；反之，应采用差异型或集中型市场定位。在差异型和集中型定位之间的选择中，通常的做法是：连锁企业组建和规模发展初期，选择集中型定位；当进入到规模较快发展阶段，则可选择差异型定位，因为这时连锁企业随规模的扩大、市场占有率的提高和连锁运作的成熟，定位有差别的服务内容与政策的难度会降低，连锁企业有较强的实力向其他细分市场拓展。

第二节　连锁企业的品牌战略与形象设计

品牌是连锁企业营销管理的重要方面，品牌既提供了顾客识别商品的手段与方法，也是连锁企业的无形资本和赢得竞争的重要营销工具。

一、何为品牌

品牌是指企业及其所提供的商品或服务的综合标识。品牌是一个名称、符号、术语、标记或设计，或者是它们的组合，其目的是识别厂商的产品或服务，并使之同竞争对手的产品和服务区别开来。

品牌包含着商标、属性、名称、包装、价格、历史、声誉、广告、公共关系方式等诸多因素，蕴涵着连锁企业及其商品或服务的品质和声誉。品牌价值取决于消费者对它的感性认识。品牌既是连锁企业对消费者的质量承诺又是其所获得的消费者的信任水平。

品牌满足的虽然有需求性，但更多的是欲望性。连锁企业所塑造的品牌应该是该企业对应的消费者的情感价值的具体体现，而不完全是企业产品的商标、自身的包装或者产品概念等。品牌实际上是一种文化，许多顾客愿意多花钱购买名牌服装、化妆品，就是因为这些品牌已经成为一种个人独特的身份象征。

品牌，是广大消费者对一个连锁企业及其过硬的产品质量、完善的服务、良好的产品形象、深厚的企业文化、优秀的管理结果等所形成的一种评价和认知，是连锁企业经营管理者投入巨大的人力、物力甚至几代人长期辛勤耕耘建立起来的与消费者之间的一种信任。质量是品牌的本质、基础，也是品牌的生命；服务是品牌的重要支撑，是商品不可分割的一部分，是市场竞争的焦点；品牌是产品和连锁企业核心价值的体现。

二、品牌的作用

品牌对企业来讲，无疑是金字招牌。世界著名品牌战略研究权威、美国加州大学教授 David Aaker 指出：一个企业的品牌是其竞争优势的主要源泉和富有价值的战略财富。

（一）成功品牌构成要件

1. 产品本身必须具备符合市场需求的功能。在品牌策划时，一定要先考虑产品是否符合顾客的愿望，要具有市场观念，以顾客优先为原则。

2. 品牌须满足顾客的预期品质。一个品牌必须包含消费者对其品质的预期和感知。品质必须从消费者的角度来评估和认定，要能够反映消费者对产品认可和接受的程度。一个成功的品牌必须以始终如一的形式，将品牌功能与消费者心理上的需要联接，能通过这种方式将品牌的定位信息明确地传达给消费者，使之产生购买欲望。

3. 品牌必须能激发顾客的忠诚。顾客对品牌的忠诚度是品牌成功的核心要素。成功的品牌会在竞争对手的产品有更好的功能和更低的价格的情况下，使消费者依然决定购买自己的商品。

4. 品牌必须不断创新。在竞争激烈的环境中，刻意创新、独树一帜是使自己的产品兴盛不衰的主要途径。随着时代的发展，创新已不仅是进行发明创造、技术革新，而是包含着不断向品质、管理、服务和观念等方面发起的挑战。

5. 成功品牌必须注意自身形象。形象是可以主动创造出来的，甚至可以量身订做，在我国受到重视的 CIS 就是主动创造品牌及企业形象的法宝。品牌是企业的徽章、商战的法宝，拥有著名品牌的企业有着良好的社会形象和极佳的信誉。

（二）品牌的作用

品牌的作用主要表现在以下几个方面：

1. 品牌对于连锁企业的作用。

（1）存储功能。品牌可以帮助连锁企业存储商誉、形象。品牌就是一个创造、存储、再创造、再存储的经营过程。

（2）维权功能。通过注册专利和商标，品牌就受到法律的保护，防止他人损害品牌的声誉或非法盗用品牌，保护连锁企业的合法权益。

（3）增值功能。品牌是一种无形资产，它所包含的价值、个性、品质等特征都能提升产品的价值，即使是同样的产品，贴上不同的品牌标识，也会产生悬殊的价格，这是因为品牌具有极高的知名度、良好的知觉质量、稳定的忠诚消费者群和强有力的品牌联想等四个核心特性，能为企业创造巨大的利润。

（4）形象塑造功能。品牌是连锁企业塑造形象、知名度和美誉度的基石，在产品同质化的状况下，其为连锁企业和产品赋予了个性、文化等许多特殊的意义。品牌企业的管理方式、生产营运、技术更新、品质保证、企业文化，甚至企业家个人的生活都常常成为社会舆论的关注焦点，这些话题无疑会成为连锁企业建立同大众联系的渠道，成为品牌企业得天独厚的条件。

(5) 降低成本功能。平均而言，赢得一个新客户所花费的成本是保持一个既有客户成本的6倍，而品牌则可以通过建立顾客品牌偏好，有效降低宣传和新产品开发的成本。

2. 品牌对于消费者的作用。

(1) 识别功能。品牌可以帮助消费者辨认出品牌的制造商、经销商、产地等基本要素，从而区别于同类产品。

(2) 导购功能。著名品牌每时每处都对消费大众产生巨大的吸引力。品牌可以帮助消费者迅速找到所需要的产品，从而减少消费者在搜寻过程中花费的时间和精力。

(3) 降低购买风险功能。消费者都希望买到称心如意的产品和服务，同时还希望能得到周围人的认同。选择信誉好的品牌无疑是一种省时、可靠又不冒险的决定。

(4) 个性展现功能。品牌经过多年的发展，能积累独特的个性和丰富的内涵，而消费者可以通过购买与自己个性气质相吻合的品牌来展现自我。

(5) 契约功能。品牌是为消费者提供稳定优质产品和服务的保障，消费者则用长期忠诚的购买回报营销商，双方最终通过品牌形成一种相互信任的契约关系。

(三) 名牌效应

名牌是知名品牌或强势品牌，名牌商品或名牌连锁企业的巨大作用在于它的名牌效应。

1. 聚合效应。名牌企业或产品在资源方面会获得社会的认可，社会的资本、人才、管理经验甚至政策都会倾向名牌，使连锁企业能聚合人、财、物等资源，形成并很好地发挥名牌的聚合效应。

2. 磁场效应。连锁企业或产品成为名牌，拥有了较高的知名度、美誉度后，会在消费者心目中树立起极高的威望，表现出对名牌的极度忠诚，连锁企业或产品就会像磁场一样吸引消费者，消费者会在这种吸引力下反复购买，并对其不断宣传，而其他消费者也会在名牌的磁场力下同样成为此品牌的忠实消费者，这样品牌实力进一步巩固，形成了良性循环。

3. 衍生效应。名牌积累、聚合了足够的资源，就会不断衍生出新的产品和服务。名牌的衍生效应使连锁企业快速地发展，并不断开拓、占领市场，形成新的名牌。

4. 内敛效应。名牌会增强连锁企业的凝聚力。连锁企业的良好形象使企业中的员工会产生自豪感和荣誉感，并能形成一种企业文化、工作氛围，给每一位员工以士气、志气，使员工精神力量得到激发，从而更加努力、认真地工作。名牌的内敛效应聚合了员工的精力、才力、智力、体力甚至财力，使企业得到提升。

5. 宣传效应。名牌形成后，就可以利用其知名度、美誉度来传播连锁企业名声，宣传地区形象，甚至宣传国家形象。如海尔家电在世界上创出了名牌，这一名牌不仅宣传了海尔企业和海尔家电，也让世界人民看到了“Hair China”。

6. 带动效应。名牌的带动效应也可称为“龙头效应”，对连锁企业的发展具有拉动力，名牌像龙头一样带动着企业的发展、地区经济的增长。另外，名牌对产品销售、连锁企业经营和扩张都有一种带动效应。

7. 稳定效应。当经济出现波动时，名牌的稳定发展一方面可以拉动经济，另一方面起到了稳定军心的作用，使人、财、物等社会资源不致于流走。

在看到名牌的正面效应的同时，也要看到名牌的负面效应。一是名牌会引来众多的仿冒者，给连锁企业造成很大的麻烦，甚至使名牌名声扫地；二是品牌成名后，受关注度提高，形象维护难度加大，一旦维护不当，出现负面评价，将对名牌的信誉影响很大。

三、如何规划品牌战略

成功的品牌战略不仅能给连锁企业创造财富，还将造福其长远发展。品牌战略是指连锁企业以品牌的营造、使用和维护为核心，在分析研究自身条件和外部环境的基础上所制订的企业总体行动计划。

提示：

打造品牌战略可分为品牌创意、品牌打造和品牌传播三个阶段。

品牌战略是建立以塑造强势品牌为核心的连锁企业经营战略，其核心在于建立与众不同的品牌识别，为品牌建设设立目标、方向、原则与指导策略，为日后的具体品牌建设战术与行为制定“宪法”。

（一）品牌战略规划的内容

品牌战略规划所要解决的是品牌经营中的根本问题，对品牌现在与未来的属性、结构、范围、内容、远景与管理机制等问题作出清晰的规划，为品牌的长期发展道路扫清存在的种种障碍（图 5－1）。

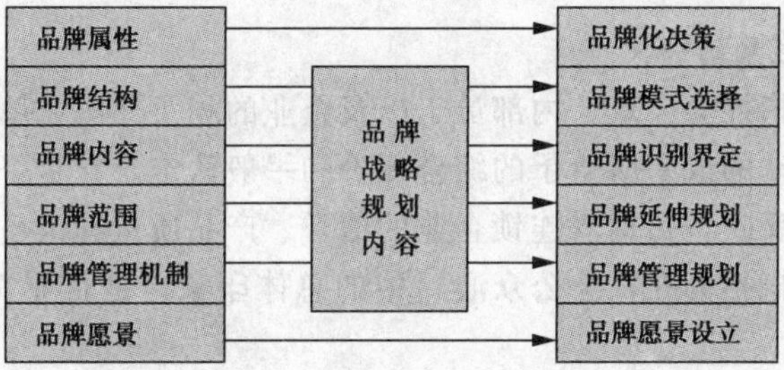

图 5－1　品牌战略规划的内容

1. 品牌化决策。这里要解决的是品牌的属性问题。究竟是选择制造商品牌还是经销商品牌？是塑造连锁企业品牌还是产品品牌？是自创品牌还是外购或加盟品牌？品牌在创立之前就要决定企业品牌选择以及企业是否以品牌为中心来展开营销，这将决定着企业今后的命运。

2. 品牌模式的选择。它要解决的是品牌的结构问题，是选择综合性的单一品牌还是多元化的多品牌？是联合品牌还是主副品牌？是背书品牌还是担保品牌？一个清晰、协调且科学的品牌结构，对于整合有限的资源，减少内耗，提高效能加速积累品牌资产是至关重要的。

3. 品牌规划的内涵。连锁企业经营者所希望的是消费者所认同的品牌形象设计、策划，它是整个品牌战略规划的重心所在。需从品牌的理念识别、行为识别与符号识别等三方面规范，其中包括以品牌的核心价值为中心的核心识别和以品牌承诺、品牌个性等元素组成的基本识别；还需规范品牌在连锁企业、代言人与产品、推广、传播等层面上的准则，同时为品牌在视觉、听觉、触觉等方面确立基本标准。

4. 品牌延伸规划。它是对品牌未来发展所适宜的事业领域范围的清晰界定，明确了未来品牌适合在哪些领域、行业发展与延伸，在降低延伸风险、规避品牌稀释的前提下，以谋求品牌价值的最大化。

5. 品牌管理规划。它是从组织机构与管理机制上为品牌建设保驾护航，为品牌的发展设立愿景，并明确品牌发展各阶段的目标与评价指标。

(二) 如何制订品牌战略规划

第一，从分析影响品牌的内外部因素开始。品牌塑造必须迎合消费者的利益，否则无法触动消费者的需求。品牌战略规划必须与连锁企业的定位相匹配，企业不仅仅要有付诸实施的愿望，更需要得到企业现有资源与能力的投入、支持与坚持。

第二，与品牌战略规划同步进行的，是与连锁企业现有其他职能战略的整合，尤其是与企业形象、企业文化之间的整合，使之彼此协调、相互支持，形成一致性的战略合力。

第三，在具体的品牌实施过程中，定期核检品牌状况，随时对品牌战略的实施效果进行评估，根据实施绩效对品牌战略做深入的微调与修正。

四、如何进行连锁企业形象设计

(一) 企业形象的含义

重要提示：

良好的企业形象，能创造良好的社会效益，获得社会认同感，最终转化为经济效益。

企业形象是指社会公众、内部员工以及企业的相关部门、单位对企业、企业行为及其各种活动的成果所给予的综合评价和一般认定。它是企业的表现和特征在公众心目中的反映，传达着连锁企业的信誉、产品质量和人员素质等。

企业形象可概括为在社会公众心目中的总体印象，是企业文化的外显形态，主要内容有：

1. 商品形象。这是企业商品的内在质量和外在表现的综合反映，是企业形象的基础和体现，如商品时尚、设计令人赏心悦目、质地优良、价格适中等。连锁企业必须踏踏实实地从商品形象开始塑造企业形象。

2. 企业风气形象。如健康向上、风气良好、敬业精神、全员形象等，这些也是连锁企业形象的重要组成部分。

3. 服务形象。是指连锁企业及员工在经营活动中所表现出来的服务态度、服务方式、服务质量等给消费者和社会公众留下的印象。

4. 社会形象。是指连锁企业给社会公众长期以来留下的印象和感觉，主要有经营规范、社会责任感、诚实守信、发展潜力、服务周到等。

5. 环境形象。这是指连锁企业生产经营和生活条件的建设及总体表现，是企业整体管理水平、经济实力、精神面貌的体现。

（二）连锁企业形象识别系统

企业形象识别系统 CIS（Corporate Identity System），是将连锁企业经营观念与精神文化等特征，运用整体传达系统，有计划地向社会公众主动展示与传播，反映企业的自我认识和公众对企业的外部认识，以产生一致的认同感与价值观，以便更好地识别并留下良好的印象。它由理念识别（Mind Identity，MI）、行为识别（Behavior Identity，BI）和视觉识别（Visual Identity，VI）三个有机整合运作的子系统构成。三者的关系如图 5－2 所示。

1. MI。连锁企业理念，是指企业在长期生产经营过程中所形成的企业共同认可和遵守的价值准则及文化观念，以及由此决定的企业经营方向、经营思想和经营战略目标。MI 是一种通过企业经营理念定位来传达企业宗旨、企业精神、企业目标，从而展示企业独特形象的设计系统。其内涵包括：（1）确定企业的发展战略目标；（2）规范员工市场行为的基本准则；（3）企业独特形象形成的基础和原动力。

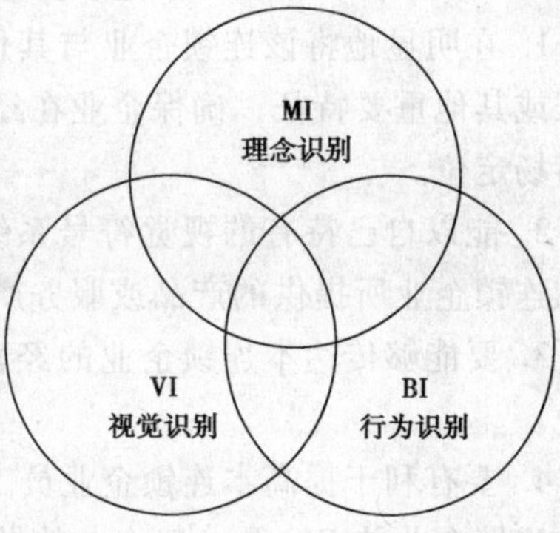

图 5－2　MI、VI、BI 关系图

2. BI。是企业理念的行为表现，包括在理念指导下的企业员工对内和对外的各种行为，以及企业的各种生产经营行为。

3. VI。是企业理念的视觉化，通过企业形象广告、标识、商标、品牌、产品包装、企业内部环境布局和厂容厂貌等媒体及方式向大众表现、传达企业理念。其核心目的是通过企业行为识别和企业视觉识别传达企业理念，树立企业形象。

基于这三点，有人称 MI 是“企业的心”，没有它，其他识别系统的建立是不稳固的。

（三）CIS 战略的基本原则

按照 CIS 战略理论和操作技法的要求，成功实施 CIS 战略应遵循下述几项原则：

1. 战略性原则。既为现代企业形象战略，就必然具有长期性、全局性和策略性的特征。CIS 战略应立足当前，放眼长远。它绝非是 1～2 年的近期规划，而是企业未来更长时间的具体发展步骤和实施策略。

2. 整体性原则。从 CIS 的三个方面来看，它们不是相互脱节的，而必须表里一致，协调统一，即 BI、VI 为 MI 服务。

3. 个性化原则。CIS 战略是企业为塑造完美的总体形象在企业群中实施差别化的策略，重要一点就是要求连锁企业形象具有鲜明的个性特征和独具一格的特质。

4. 民族性原则。CIS 战略是从企业发展方向、经营方向上设计与规划自我，CIS 的创意、策划、设计工作的基础应该立足于民族的文化传统、消费心理、审美习惯、艺术品位等，才有可能为公众所认同从而获得成功。

企业的 CIS 战略实施是一个不断发展的系统工程。它要求企业根据自身各个时期的不同情况加以修正、补充与创新，这样，企业才有可能长久保持和发挥 CIS 的强大作用与优势。

(四) 连锁企业形象设计中的几个问题

连锁企业形象是一把双刃剑，优秀的企业形象设计固然能帮助提升企业的形象、促进企业的发展，而失败的企业形象设计则会为企业形象带来负面影响、妨碍企业的发展。一个优秀的连锁企业形象的设计应注意：

1. 在明显地将该连锁企业与其他企业区分开的同时要确立自身明显的行业特征或其他重要特征，确保企业在经济活动中的独立性和不可替代性，明确自己的市场定位。

2. 能以自己特有的视觉符号系统吸引公众的注意力并产生记忆，使消费者对该连锁企业所提供的产品或服务产生最高的品牌忠诚度。

3. 要能够传达本连锁企业的经营理念和企业文化，以形象的视觉形式宣传企业。

4. 要有利于提高本连锁企业员工对企业的认同感，提高士气。

连锁企业的 CIS 和一般企业的做法有较大的差异，最主要的因素就是影响形象的媒介来自不同的领域，连锁企业与消费者之间最常发生的接触就是在门店，不管是进去买东西还是仅在街上看到，从招牌到店内装潢，都是直接积累印象的地方，所以说如何创造视觉的个性化，来加深人们的印象是非常重要的竞争武器。

第三节 连锁企业的产品策略

产品是市场营销中的重要一环。这里的产品既指连锁企业营销的有形产品，也指其无形产品。有了产品，才会考虑诸如价格、促销、网点等问题。

一、产品和商品组合

(一) 整体产品

整体产品是指能够提供给市场以满足需要和欲望的任何东西。包括实物、服务、人员、地点、组织和观念等。具体可用五个层次来表述产品整体概念：核心产品、形式产品、期望产品、附加产品和潜在产品。

核心产品是顾客真正要购买的基本效用和核心利益；形式产品是产品的基本形式；期望产品是购买者购买产品时期望的一整套属性和条件；附加产品是产品包含的附加服务和利益；潜在产品是一种产品最终可能的所有增加和改变。

(二) 商品组合

在目前营销手段多样化的情况下，每一个产品的成功不是单一因素的成功，而是综合因素作用下的成功。根据消费者对产品功能及心理需求，提供顾客所能负担价格的商品，企业必须以组合优势实现产品的快速提升。就连锁企业来说，业绩创造来自商品销售，商品是连锁门店的生存命脉，丰富的商品组合能活跃门店的生命力，创造良性的循环，使门店蓬勃发展。

1. 商品组合的限制条件。

(1) 门店实际条件。如面积、空间、交通、周围商圈等。一个门店所拥有的条件总是有限的，而且门店总有自己的特色和薄弱环节，并不是经营任何产品都是有利的。

(2) 市场需求情况。如流行趋势、季节变化、经济背景、消费习惯等，门店只能拓宽或加强具有良好发展前景的产品系列。

(3) 竞争条件。如果新增加的商品系列将遇到强大的竞争对手，利润的不确定性很大，那么与其加宽商品系列，不如加深原有商品系列更为有利。因此，门店对其商品系列的宽度、深度和关联度的决策就应有多种选择。

2. 如何谋划商品组合策略。商品组合策略是指连锁企业根据自己的营销战略目标要求，对构成商品经营结构的宽度、深度和关联度等方面所进行的最优组合决策。连锁企业应依照自身状况，应用“商品整体”的概念，进行适合的商品组合。

(1) 商品组合的宽度是指在产品组合中包含的商品线的多少，即连锁企业经营商品类别的数目。

(2) 商品组合的深度是指连锁企业经营的每一条商品线中所包含的商品项目，即不同花色、规格、型号、功能和配方等数目的多少。如同一种商品，要准备多种色彩、尺寸、质料等。

(3) 商品线的关联度是指各种商品在最终用途、生产条件、消费条件、技术要领、使用环境、分配路线及其他方面相互联系的程度。如女装店，除了服装以外，其他如皮包、配件、化妆品等相关性商品种类，应摆在相应位置才能达到综合性的商品配置。

宽而深的组合是指经营较多的商品种类，而每类商品又包含较多的花色品种。其优点是市场大、商品丰富、顾客流量大、一次选购完成，但资金占用多、形象一般化、很多商品周转率低、商品易过时，适于大型、高级或中级门店。

宽而浅的组合是经营较多的商品种类，而每类商品包含较少的花色品种。优点是投资较宽而少、市场大、顾客流量大、一次选购完成，缺点是花色品种有限、满足需要能力差、形象较弱、顾客容易失望。主要适于中型、中级的门店。

窄而深的组合是经营较少的商品种类，而每类商品包含众多的花色品种。优点为形象专门化、特定商品种类充分、投资少且窄而深、满足选购能力强、人员专业化，缺点是种类有限、市场有限、顾客流量有限、影响有限。适于高级商品、专业门店。

窄而浅的组合是经营较少的商品种类，而每类商品包含较少的花色品种。优点是以便利顾客为主、投资少、节约费用，缺点是种类有限、市场有限、顾客少、形象微弱、顾客极易失望。适用于小型、中低级门店和一般超级市场。

商品组合也需注重有利性与方便性，考虑消费量、购买频率、知名度、省时省事、均衡性、竞争性、利润、季节性、差异性等方面。

一般来说，扩大商品组合的宽度，扩展连锁企业的经营领域，实行差异性多角化经营，可以更好地发挥连锁企业潜在的技术和资源优势，提高经济效益，并可分散企业的经营风险。加强商品组合的深度，可以占领同类商品的更多细分市场，满足更多消费者的不同需求和偏爱，而加强商品组合的关联度，则可以使连锁企业在某一特定的市场领域内赢得良好声誉。

（三）规划有创意的商品群组合

商品可以从不同角度加以组合，形成不同类别的商品群。商品群是根据连锁企业经营理念，用一定方式集合若干特定商品组成的一个经营单位或区域。连锁企业应根据消费者需求的变化，组合成有创意的新商品群。商品群的组合方法主要有：按消费季节组合、按节庆假日组合、按消费便利性组合、按商品用途组合、按价格组合、按供应商组合等。

二、进行准确商品定位的方法

连锁企业在创业初期，就必须明确经营形态及商品的定位。应针对不同的消费者层加以考虑，如参考顾客的性别、年龄、职业、收入、消费特性等，以此作为选择商品定位的因素。

在追求最大利润组合的前提下，定位差异策略是制订商品组合策略的关键所在。商品定位差异策略有三种方法：

1. ABC 法则。最畅销的商品不见得是利润最高的商品。这就需在众多商品的组合中，运用 ABC 等级的评定，依照 80% 业绩来自 20% 商品的原则，分出对营业贡献最大的商品，以作为进货的依据。

2. 商品分类组合。商品分类是依节庆、生命周期、策略目标的不同，进行商品组合。而分类法有三种定位的产品：

（1）集客品。即能凝聚消费者目光，用以吸引顾客主动上门的商品。销售面广、价格低、符合节庆节气、名牌是评选集客品的门槛。而“量足”、“低调”、“独特”、“创新”则是选择集客品时所需注意的限制。集客品一定是高需求的商品，定价一定是消费者有感觉的低价。此外，如名牌或是配合节气、节庆也是考虑集客品的依据。或者，别人没有唯我独有的商品，也可列为集客品。在营销策略运用上，集客品一定是广告诉求的主力。因此，集客品可以说是商品先锋部队。

集客品由于其毛利较低，所以一般而言，均以限量供应控制毛利额，预防过度销售集客品，损害整体利润。要控制货源，但不要让消费者完全买不到，以免造成负效果，同时要避免因为集客品销售拉低整体产品线的毛利。集客品要推陈出新，给予顾客不同的感受。

（2）策略品。如何随时运用商品组合紧紧抓住消费者，是策略品的关键。

策略品是连锁事业的储备兵团，潜力性及前瞻性是确定策略品的两大要素。也就是说，具备发展潜力或是未来可成为架构连锁企业基石的商品均可列为策略品。

（3）重点品。重点品是中坚部队，是商品组合中获利的主力。因此，好卖又赚钱或是好卖但利润稍低者均可列为重点品。尤其在策略性运用中，销售主力应放在重点品。也就是说，通过集客品吸引顾客上门后，再以销售技巧让消费者购买重点品，才能确保利润。

3. 商品排行。在业绩当先的前提下，评定商品组合的准则是"贡献率"，而非"营业额"。经营最后的结果是"净利"，因此，经营者应运用"毛利额"来评定商品组合，并依排名结果重新审阅调整商品中的策略品、集客品、重点品的定位组合，以营造最高价值的商品组合。

重要提示：

商品分类组合也可按商品构成内容分为主力商品、连带商品和辅助商品。

三、开发新商品是连锁企业永恒的主题

新商品是指目前本连锁企业门店尚未陈列或出售过的商品。随着科学技术的发展和消费需求的变化，商品生命周期日益缩短已成为不可避免的的趋势，旧商品不断被新商品所取代，若连锁企业不能适时开发新商品，调整商品结构，就会被淘汰。开发新商品是连锁企业永恒的主题。

（一）新商品开发程序

连锁企业新商品开发应注意市场接受程度、是否适合本连锁企业销售及是否做好配套工作，并要按一定程序进行，其基本程序如图 5－3 所示。

1. 编制年度新商品计划。是指对年度的新商品开发作系统规划，主要包括增加新分类、增加品项数、增加商品组合群、季节性重点商品计划和自主开发商品计划等。

2. 新商品评价。对于拟引入的新商品，采购人员应在市场销售前景分析预测的基础上，对供应商、进价、毛利率、进退货条件、促销配合、资料提供等方面进行初评；经初评基本符合条件的新商品应经过有关采购组织进行更具体、更细致的复评、筛选。

3. 新品试销。为降低风险，连锁企业应对复评合格的新品选择部分门店进行试销，再根据其结果作出是否推广到所有门店的决策。

4. 更新买场商品陈列表。新品若试销效果良好，采购部门要积极采取措施进货，并更新商品陈列表。

5. 通知门店。新品全面进入门店之前，连锁总部应通知相关门店，给予准备时间，要求门店限期做好新商品引入的各项工作，以保证新品销售。

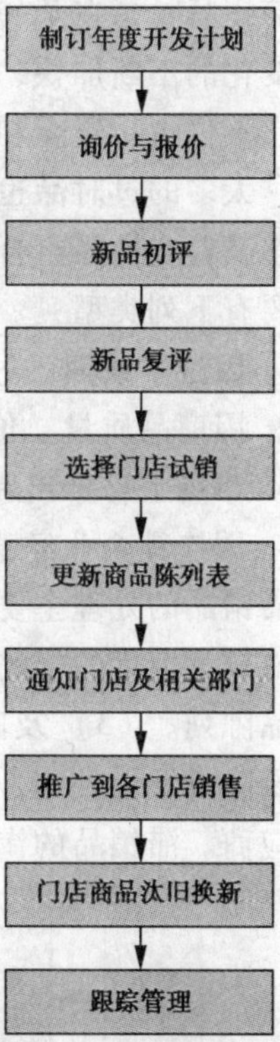

图 5－3　新商品开发流程图

6. 跟踪管理。新商品导入卖场后，应对其销售状况进行观察记录，分析研究，发现问题，及时采取纠正措施，以促进新商品的销售。

（二）自有品牌的开发

自有品牌是连锁企业自己创意，并在自家门店内经营的品牌。一般有两种开发方式：

1. 委托定牌生产。是指连锁企业拥有品牌的所有权，而把生产加工权转让给所选定的厂家，厂家按其要求进行加工生产。优点是避免了自行设厂的巨大投资，为连锁企业资金运转减轻了压力，同时，被选定厂家一般会按合同要求，严格把关，产品质量相对较高，有利于连锁企业掌握产品制造和销售两个市场的主动权，便于降低交易和流通成本，提高连锁企业知名度和顾客信任度。缺点是合作关系较为松散，双方难以保持良好沟通，难以形成真正的利益共同体。

2. 自行设厂生产。是指整个生产全部由连锁企业自行运作的方式。优点在于零售企业从商品流通跨入生产领域，实现多元化经营，能降低经营风险，获取更大利润，能充分形成协调合作关系，在企业的统一调配下，商品流通过程趋向简化，从而降低流通费用及消耗，在价格上更易掌握主动。缺点是连锁企业一次性投资较大，多元化经营也有一定风险。

四、适时淘汰滞销品

滞销品是指在某一阶段卖不出去的商品。随着商品生命周期日益缩短和消费需求变化的不断加快，大多数商品经过一段时间销售后会由畅销品转化为滞销品。它不仅占用资金和空间，减少业绩收入，而且使新商品无法进入、周转速度降低，太多的过时品也会影响门店光鲜度，影响顾客上门的意愿。因此，除了每月调整及检查商品组合，选择和淘汰滞销品也是连锁企业的一项重要工作。滞销品主要有下列类型：

1. 因过季或因已过流行期而销售不佳的商品。

2. 因商品质量、价格和实用性等而销售不佳的商品。

3. 市场上已推出新的替代品且厂商也将停止生产的商品。

4. 因连锁企业经营管理不当而销售不佳的商品。

滞销品的处理主要有三种方法：（1）与供应商协商重新调整滞销品价格，或采取较大力度的促销活动，或根据市场需求再加工。（2）合理进行卖场布局和商品陈列。（3）及时淘汰。对于质量、款式和实用性等原因形成的滞销品，除了要降价促销处理，还应把它们从商品陈列表中剔除，并积极设法将余货退还给供应商。滞销品的淘汰应按一定的业务程序进行，见图5-4。

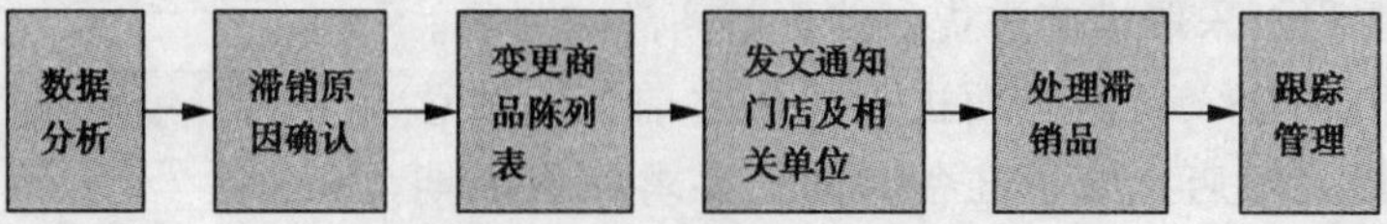

图5-4 滞销品处理程序

第四节 连锁企业的价格策略

影响连锁企业价格策略的因素有多个方面，其中一个重要的因素是评估消费者对商品或服务的备选价格的反应。在对诸多因素进行全面分析研究的基础上，连锁企业可选择一个适宜的价格策略。

一、商品定价原则

1. 薄利多销原则。“薄利多销，以量定价”是连锁经营定价的基本原则。连锁企业追求的是规模经营效益，大多数企业主要经营的商品差异性不大，市场竞争非常激烈，若追求高价厚利，必然会失去市场份额。

2. 物有所值原则。物有所值是指连锁企业所出售商品的价值要高于或等于价格。连锁企业在制定价格时必须从消费者角度来考虑商品价值，并设法让消费者了解商品价值，这样消费者才可能接受，商品的价格才具有竞争力。

3. 适当利润原则。采取适当利润原则就是要把供应商、消费者和连锁企业自身利益统一起来，合理确定商品价格，使其既能被消费者接受，又能使连锁企业和供应商有一定的利润空间。

二、影响连锁企业商品定价的因素

1. 经营成本。商品经营成本是连锁企业制定价格的基本要素和最低界限，商品的销售价格应能补偿该商品的经营成本，这是连锁企业获利的前提。在正常经营条件下，连锁企业所制定的价格必须高于该商品的经营成本。

2. 定价目标和经营策略。连锁企业定价目标和经营策略不同，价格确定的水平和方法也不同。

3. 商品质量。连锁企业在制定价格时，应以质量为前提，处理好价格与质量的关系。

4. 需求价格弹性。消费者是否购买某种商品以及买多少，在一定程度上取决于商品价格的高低及变化。对于价格弹性大的商品，可采用薄利多销的策略；反之，则可适当提高价格。

5. 商品市场生命周期。由于商品在市场上所处的生命周期不同，价格策略也应不同。一般来说，商品在投入期，为引起消费者的注意及兴趣，可采用低价策略，但对于高新技术及时尚品，可制定较高的价格；成长期及成熟期的商品，可维持一个稳定且有适当利润的售价，但要注意已出现或将出现的竞争。衰退期应以较低价格，通过促销活动尽快出清存货，以便退出市场。

6. 市场价格水平。一般情况下，在价格上采取随行就市的策略。

7. 市场供求状况。连锁企业在确定商品销售价格时，应充分考虑该商品的市场供求状况，两者相互影响、相互制约。

相关链接：

商品市场生命周期是指从商品投放市场开始直到被市场淘汰出去为止所经历的全部过程，分为投入期、成长期、成熟期和衰退期四个阶段。

重要提示： 此外，还应考虑诸如货币价值及流通量、相关商品的价格等因素。

8. 市场竞争状况。一般来说，若该商品竞争激烈，定价应低一些，反之应高一些。

9. 消费者状况。连锁企业商品定价必须充分考虑目标顾客群的职业、收入、教育、消费心理和消费习惯等因素，使商品价格符合目标顾客群所期望的价位。

10. 政策法规。连锁企业在确定商品销售价格时，必须在相关政策法规规范内进行。

三、运用正确的商品定价程序

连锁企业在对某种商品初次定价时，一般应经过以下基本步骤：（1）确认定价目标，分为生存目标、短期利润最大化目标、市场份额目标和质量目标等。（2）确定需求量。（3）测算成本。（4）分析竞争者的价格行为。（5）选择定价方法，主要有成本导向定价法，如成本加成定价法、目标收益定价法等；竞争导向定价法，如随行就市定价法、商品差别定价法等；顾客导向定价法，如理解价值定价法、需求差异定价法等。（6）确定最终价格。

四、连锁经营企业商品的定价方法

连锁经营定价的方法有许多，常用的定价方法有：

1. 成本定价法。成本定价法是按进货成本和经营费用来制定价格。采用此方法，首先确定单位变动成本，再加上平均分摊的固定成本，组成单位成本，在此基础上加一定比例的利润，作为销售价格。此方法利于连锁企业保本销售，因此多在连锁店初期采用。如日本西友公司采用此方法定价，T 恤衫零售价格的构成是：生产成本占 35%，运输、仓储、销售费用占 30%，零售毛利则为 35%，西友公司靠批量进货压低进价，努力减少成本费用，以此增加利润。成本加成率的确定，应针对不同品种的商品有所不同。

2. 控制毛利率定价法。其习惯做法是确定一个较低的毛利率水平，然后平均在每一种商品上实施。这种方法实际上对顾客不会产生很强的吸引力。也可以采取分品种分别加上一个毛利率的方法，这比平均加成的效果更好，因为其中有一部分商品定价很低，会对顾客产生很强的吸引力。要依照商品特点选择低毛利率加成的商品，实行分别加成的定价方法。一般来说，进货量大、进货价低的商品，总代理与总经销的商品、自有品牌的商品应采取低价。比如超级市场的食品杂货、饮料的加价率一般为 9.58%，鲜活商品为 16.77%，小商品为 16.99%，纺织品为 21.1%。

3. 需求定价法。需求定价法是依据顾客的需求强度以及对价格的接受程度来制定价格策略。连锁企业定价时，在买方的价值判断和卖方的成本费用之间，更应侧重考虑前者，使制定的价格与消费者的价格心理、价格意识及承受能力相一致，这时价格策略才能起到最佳的促销作用。采用需求定价法的首要工作是通过对各门店搜集的有关需求和价格信息进行整理、分析，准确把握消费者需求状况和市场价格水平。但应注意要对消费者的需求作动态的预测，价格随需求的变化而变化；同时不能只是消极迎合需求，也要考虑产品成本。著名的英国马莎连锁店采用需求定价法的准则是：不论一件产品的生产成本及现行市价是多少，最重要的是考虑所定的售价是否在大众的消费能力之内。要把顾客的购买心理作为连锁店调价的根据。

4. 竞争定价法。连锁企业若要在竞争中占据市场，价格竞争是有力的武器。制定价格要考虑到所处的竞争环境、市场竞争结构类型。一个市场的竞争性越强，连锁企业越需要运用竞争定价法，价格的制定和调整都要看竞争对手的价格。竞争定价法可使连锁企业简便地制定出较合理的价格，降低产品定价成本，也可提高产品的竞争力，有针对性地超越竞争对手，提高产品的市场占有率。

相关链接：

市场竞争结构类型有：完全竞争市场、垄断竞争市场、寡头垄断市场和完全垄断市场。

在采取需求定价法，尤其是竞争定价法时，连锁企业价格统一性的特点表现不强，门店的竞争环境、顾客需求存在差异，导致各门店的商品价格也存在差异。

五、善于运用正确的价格策略

连锁经营是一种先进的商业企业组织形式，其规模效益的优势同样也在商品价格上完全表现出来。

1. 统一价格策略。连锁企业的各门店实行大体一致的定价方法、价格水平及价格促销策略。如麦当劳、家乐福等众多世界著名连锁店都在全球各分店采取统一的价格。价格统一是连锁企业区别于一般零售业商业集团的经营特色，它有利于连锁企业实行统一管理，树立整体形象，给消费者留下货真价实的良好印象，增强连锁企业的整体吸引力，也给消费者带来诸如退换等方便。但是，实行统一价格也有一定的不利之处，因为各地的市场差异较大，一致的价格未必能适应不同的市场情况。为克服这一弊端，尽显连锁企业价格统一的优势，总店应要求最接近消费大众的门店担当起及时、全面、准确地向总店提供价格信息的职责，总店依据汇总的价格信息制定出统一的价格或者价格范围。门店有权向总店提出适合自身的价格修订建议，如果这一变动幅度较小，能在当地市场取得较好的效益，不损害连锁企业统一的形象，在总部统一价格策略的指导下，各门店有一定的价格变动权利，以增强商品价格的地区适应性和竞争力。在统一价格的基础上，适当调整而形成连锁企业一整套完善的价格机制，这是当今消费需求多样化、市场环境随时空变化而差异增大的必然趋势。

2. 价格低廉策略。价格低廉是连锁经营这一先进企业组织形式的经营特征和竞争获胜的最大优势。这是因为：第一，实行连锁经营的最初目的就是降低成本、压低价格，方便广大普通消费者购物。第二，连锁经营的商品定位也决定着这种策略。连锁门店的目标消费者是普通消费者，经营的商品大多定位于日常生活用品。第三，连锁企业科学的管理为实现低价策略提供了现实基础。连锁企业实现了商业活动的标准化、专业化、集中化、单纯化，使连锁经营成本显著地低于一般单个店铺；大批量进货，能取得价格优惠，并能和厂家建立稳定的合作关系，从而保证购进的商品质优价廉。建立统一的配送中心，可加快商品周转，降低商品库存和商品损耗，大大降低了商品的仓储和运输成本；统一促销、统一管理，也减少了商品费用开支，相对地增加了企业的利润。总之，由于连锁经营的规模效益降低了成本，为制定价格策略提供了广阔空间，价格策略的运用更加灵活，薄利多销，追求规模效益，形成“低价化—大众化—大量化—低成本—高效益”的良性循环。

3. 高价策略。是指连锁企业制定的商品价格高于市场价格或竞争者的价格。要实行高价策略，连锁企业必须具有高水平的非价格竞争上的独到之处，如地理位置上的优势、为顾客提供优质服务、经营商品的品质好、促销的措施有吸引力等。往往在以下情况下运用：为标志消费者地位和财富、为标志商品高质、为标志连锁企业服务水平高等，如连锁经营的专卖店。

相关链接：

企业间竞争大致可分为两类：价格竞争和非价格竞争。非价格竞争就是为顾客提供更好、更有特色，或者更能适合各自需求的商品和服务的一种竞争。非价格竞争对顾客和企业都有利。

4. 温和价格策略，也称满意定价策略。这是连锁企业定价的中庸之道，就是在新商品上市之初，采用对买卖双方都有利的温和策略。它居于高价策略与低价策略之间，既可以避免高价策略因价高而产生的市场风险，又可以避免低价策略带来的困难，因而既有利于连锁企业自身的利益，又有利于消费者。

5. 价格变动策略。随着市场营销环境的变化，连锁企业为了生存和发展，有时候需要主动进行适当的价格调整，即采用降价或提价策略。值得注意的是，连锁企业必须根据消费者的反应，合理确定调价的时机与幅度。

（1）降价策略。连锁企业降价的原因很多，有企业外部需求及竞争等因素的变化，也有连锁企业内部的战略转变、成本变化等，还有国家政策法规的制约和干预等。降价最直接的方式是将企业商品的目录价格和标价绝对下降，也可以各种折扣形式来降价，如数量折扣、现金折扣等；也可采用变相降价形式，如实行有奖销售、赠送礼品、免费送货等。由于这些方式的灵活性较强，在市场环境变化的时候，即使取消也不会引起消费者的太大反感，同时又是一种促销策略。此外，何时降价及降价的幅度也是连锁企业需综合考虑的因素。

（2）提价策略。提价能提高连锁企业的利润，但也容易引起竞争力下降、消费者不满，甚至还会受到政府的干预和同行的指责，给连锁企业造成不利影响。因此，采用提价策略时须谨慎。为了保证提价策略的顺利实现，应选择适当的提价时机，如商品在市场上处于优势地位或进入成长期、季节性商品达到销售旺季、竞争对手商品提价等。此外，应尽量采用间接提价的方式，把提价的不利影响降到最低点，使提价不影响销售和利润，且被潜在消费者普遍接受。同时还应向顾客说明原因，配之以商品策略和促销策略，维护连锁企业的形象。

第五节 连锁企业的促销策略

连锁企业促销是指通过一定的方式，告知、劝说或提醒目标顾客关注有关企业各方面的信息，从而引起兴趣，促进购买所进行的一切沟通联系活动。连锁促销活动是在总部统一指导下有目的、有计划、有组织地进行的。门店的促销主题、时间安排、供应商、商品的选定与落实、组织和协调以及促销评估等，都要有严密的计划和程序。门店要在与总部保持一致的前提下开展促销活动，以实现促销目标。促销的工具主要有广告、店内氛围和视觉营销、人员推销、销售促进、公共关系。

一、促销要求

1. 目标明确。连锁企业促销要有明确的促销目标，如提高企业知名度、树立门店形象、提高销售业绩、扩大营业额、与同行竞争、清理滞销品、加速资金周转、稳定原有顾客、吸引新顾客等，根据促销目标和要求来策划、实施具体的促销活动。

2. 主题突出。促销要突出表现主题，起到画龙点睛的震撼效果，促销内容必须能够抓住顾客的需求和市场的特点，如开业、店庆、节假日等例行性促销、竞争性促销等。

3. 服务满意。连锁企业的优质服务能激起消费者的购买欲望，扩大商品销售。要根据市场状况和企业实际运用相应的服务策略来开展促销活动，如预订购物、邮购送货、商品修理、资金信息服务等。

4. 广泛性。连锁企业要达到预期的促销效果，必须设法在情感上令广大消费者满意，尽量让顾客参与进来。主要形式有：组织举办吸引顾客参与、观看的各种形式的趣味性比赛，以带动商品销售；选择举办与本企业经营理念相符的公益活动；聘请消费者服务员，成立商圈顾问团；实行会员制，根据顾客资料寄发生日卡和节庆卡。

5. 创新性。促销要有新意或创意，要运用创造性想象进行促销策划，并以创造性思维寻求方案变异，突出个性，推拉结合。促销的内容、方法和手段、方案要有创意。

二、促销活动策划

连锁企业促销包括两个层次：一是总部策划的促销活动，主要是从全局考虑，目的主要在于扩大促销的整体效应和改进企业长期的经营效果；二是门店策划的促销活动，主要是从局部考虑，目的在于短期内有效地提升门店的经营业绩或应对竞争对手的压力。其主要内容有：（1）确定促销目标；（2）制作促销预算；（3）规划促销实施方案，包括促销主题、促销时间、促销商品、促销宣传、促销方式等。

三、选择合适的促销方式

纵观连锁企业的各类促销活动，从形式上可分为常规促销和非常规促销。

（一）常规促销

常规促销是连锁企业通常采用的一种促销模式，内容一般是优惠销售、免费试用、赠品，当然活动形式和花样可以不断翻新。

1. 常规促销的特征。（1）长期性。常规促销活动一般持续的时间较长，有的甚至是常年促销。(2) 固定性。固定的地点和固定的时间，这是常规促销活动最突出的表现，如周末促销。(3) 速效性。常规促销活动达到的效果往往立竿见影，销量上扬，但后期效果及影响力均不佳。(4) 现场通告性。常规促销一般都借助于促销现场 POP、展示牌、海报、人员讲解等方式来通告促销活动内容。

2. 常规促销活动的适用范畴。常规促销适用于经济实力偏弱的中小连锁企业在新产品上市或老产品应对同类产品竞争时采用，最好是客流量较大、店内有专柜、店员已受训练或有促销员派驻的情况下进行。

3. 常规促销运作要点。

(1) 终端建设是常规促销的基础。市场终端犹如常规促销的根据地，所以在做常规促销之前，连锁企业需要做好三方面的工作：①硬终端建设，将所有的产品卖场包装好，形成统一的色彩视觉；②软终端建设，要在厂家的支持下，建立一套较为完整的终端培训体系，以提高一线队伍的销售力；③业务、促销员的定点建设，将业务员或促销员定点化。

(2) 常规促销需要点面结合。连锁企业做常规促销时，首先需要考虑合适的促销点。人人都促销，家家有促销，只会分散精力、物力和财力。选择合适的促销点只能从有效终端中去挑选，再通过一个详细的常规促销计划表来将所有的促销点所涉及的促销安排与执行、效果评估、销量统计、经验交流等信息进行分析，就可以对整个市场层面有一个大致的了解，并及时作出促销调整与统筹安排。

(3) 把握好时机与周期。有些连锁企业在新品上市时，一开始就大搞常规促销，迅速推出买几赠几的优惠措施，其结果往往与初衷大相径庭。消费者不仅对此类活动无动于衷，而且还易对新上市的产品价格及质量产生质疑。因此，要选择合适的时机、理由及促销周期，这是连锁企业在制订常规促销策略时应抓住的三个重点。

(二) 非常规促销

非常规促销，又称主题促销，也是连锁企业经常参与的一种促销活动。此类促销活动一般都先由厂家确定活动方案、主题、规模、形式，然后由连锁企业负责执行或自行实施。非常规促销活动的次数不多，操作规模较大，在消费者中的印象也较深，能对市场长期销量走向有深刻影响。

1. 非常规促销的特征。

(1) 指导性。促销活动时，通常由活动方案提出者对连锁企业在方案操作、程序、规模、媒体传播等方面给予全面指导。

(2) 主题性。非常规促销活动一般都希望在消费者心中留下深刻印象，因此，活动操纵者都会在整个活动中提出一个有吸引力的活动主题及口号，以引起更多人的关注。

(3) 时效性。非常规促销活动都会有一定的活动期限，“过期不候”的时效性也是非常规促销活动吸引公众眼球的一个重要特征。

2. 非常规促销的适用范畴。非常规促销适用于大、中、小连锁企业及连锁门店阶段性或具有一定间隔周期（通常以月、季、半年、年为间隔）的促销活动，以大面积户外场所或大卖场为主，也可按促销网点的形式来全面布局。

3. 非常规促销活动注意事项。非常规促销的活动程序相对来说要比常规促销复杂，连锁企业需要从费用、场地选择时的谈判、促销队伍、售后服务、媒体互动、促销物料支持等方面综合考虑。

（1）在活动之前，要弄懂近段时期消费者都表现出什么样的购买偏好，所接受的消费及促销信息多为哪些方面的内容等等。

（2）针对消费者所想，提出符合他们口味的促销活动主题，以便更能打动消费者。

（3）针对购买偏好，制订具有附加利益、满足消费者偏好和喜好的促销优惠措施，以赢得消费者的长期信赖。

（4）针对目前流行或雷同的促销信息，在促销形式和主题内容上进行创新，形成一股崭新的传播力。

开展非常规促销时，还应随时观察市场动态及竞争对手动态，并根据竞争对手的促销拦截推出应对措施。

（三）供应商促销和连锁企业促销

1. 供应商促销。供应商促销指供应商在连锁企业门店出售的商品包装上贴上特殊优惠或折扣标志、赠品或优惠价之类。供应商向连锁商支付的费用往往直接与他们的商品促销有关，支付费用的方法使供应商在促销自己的商品时获得了一定的主导权，尤其是在连锁商的促销计划和活动策划还不精细和熟练时，卖场促销主导权更主要地掌握在供应商手中。通常供应商希望开展的促销方式有：（1）对特别销售协助供货（附带退货条件）；（2）对集中区域的商业广告宣传；（3）计划销售实施的大幅度让价。

2. 连锁企业促销。连锁企业促销形式灵活多样，由于它经常在销售现场实施，针对性强，直接刺激了现场购买。较常见的主要有以下几种：

（1）折价优惠。通过折扣让顾客在购物中直接得到价格优惠。买得越多越便宜，以刺激大量购买。

（2）让利销售。主要是对落后、过时的商品或厂家直销商品让利，注意各分店要协调行动，保持价格一致，以免相互拆台。

（3）赠送商品。对购买商品的顾客免费赠送物品。赠品可是同种商品，或系列产品，也可是不相关的其他商品，但赠品的价值一般低于购买品。

（4）有奖销售。买得越多，中奖机会越大。

（5）现场演示。对新产品，在商店内设专柜现场展示其功能，介绍使用方法，以引起关注，激发消费者对新产品的兴趣。

（6）发放优惠卡。主要针对购买数量达到一定金额的顾客，持卡在本连锁企业各门店购物可享受一定比例的价格优惠。

（7）返还货款。每日或节假日选择一名幸运顾客，返还购物的货款，刺激顾客购买欲。

（8）免费尝试。对新包装、新口味的食品可让顾客免费品尝，而其他新产品则可免费试用，以此鼓励顾客使用新产品，进而产生购买欲望。

(9) 以旧换新。对出售的某种商品以旧换新，差价较大的可由顾客补交一些价款，连锁企业必须与厂家联合才能完成。

(10) 特价包装，实际是一种销售折让方式，即在包装上注明包装内的商品现价（特价），如某香皂单块包装售价为3.6元，装有3块商品包装上注明9.6元。不过要保证商品“品好质优”的形象。

(11) 开业店庆。利用新店开业或开业周年进行商品促销活动。

(12) POP广告，即店头广告。通常在橱窗、货架、柜台、墙面等挂放各种有关信息和引导顾客购买的标志。

(13) 特别活动。门店举办各种非常见活动。如时装展、作者签名售书等。

(14) 积分方案。顾客在一定时期内积满一定分则可获得一定金额的现金券或物品。

(15) 限时抢购。在特定的营业时段提供优惠商品，以刺激消费者购买。

(16) 交易印花。由连锁企业统一印制，在售货时赠给顾客，顾客将印花积累到一定数量时，可凭此领取一定数额的现金或实物。

四、促销活动实施与评估

连锁企业促销活动除了有周密的计划、正确的宣传以及能打动顾客的诉求主题与促销商品外，关键在于实施，实施的重点是促销活动的组织与评估。

（一）促销活动实施

1. 促销作业流程。连锁企业促销是在总部统一领导下开展的，门店各岗位要积极配合执行，其主要作业流程为：(1) 拟订促销方案；(2) 促销活动立案；(3) 采购促销商品；(4) 确定宣传方案；(5) 准备促销活动；(6) 举行促销活动；(7) 评估促销成果。

2. 几点注意事项。

(1) 人员方面。促销活动内容繁杂，要使活动有条不紊地开展，事先需对每一项工作进行分工，落实到岗位，落实到人；还要对门店营业人员进行促销培训，让每个员工都能清楚了解促销的内容与要求。

(2) 商品方面。促销商品的品相、品质、价格是否有吸引力将影响促销的成败。一般来说，促销商品可以是节令性商品、敏感性商品、众知性商品和特殊性商品。要准确预测促销商品的销量并提前进货，以免因缺货造成顾客抱怨及丧失促销机会。促销商品价格须及时调整，新商品促销应配合免费品尝、示范等方式，以免顾客缺乏信心不敢购买；商品陈列必须正确且能吸引人，除了促销活动中必须做的各种端架陈列和堆头陈列外，还要对陈列作一些调整以配合促销达到最佳效果。如促销商品和高毛利非促销商品必须有效组合、关联陈列，以提高顾客对非促销商品的关注。

(3) 广告宣传方面。要注意广告信息传达的准确性、逻辑性和艺术性；广告传单是否发放完毕，以免留置卖场过期作废；广告海报、宣传条幅应张贴于最佳位置，如入口处或布告栏上，以吸引顾客入内采购；特卖品的POP广告要放置在正确位置，价格标示应醒目。

（4）卖场氛围布置。连锁门店的外观设计、卖场内部的灯光、颜色、音乐和气味、POP 广告的安排、商品布局、商品组合及其展示方式等要能渲染卖场的生动化气氛。可以根据促销活动进行有针对性的布置，应张贴各种海报、旗帜、条幅、气球等，以增强促销气氛，同时应辅助以各类物品如灯具、隔物板、模型等，以更好地衬托商品，刺激顾客的购物兴趣，必要的话可安排专人在卖场直接促销。

（二）促销活动的评估

促销活动结束后，应及时进行评估。通过评估每次促销活动的效果，总结成功经验或失败教训的原因，积累促销经验，对于做好促销工作、促进连锁企业日后的发展是必不可少的。

1. 促销评估的内容与方法。促销评估的内容主要分为四部分。

（1）业绩评估。主要包括：业绩评估的标准与方法，查找和分析促销业绩好或不好的原因。其方法有：

①促销活动检查表法，即对促销前、促销中和促销后的各项工作进行检查，见表 5－1。

表 5－1　促销评估检查表

类别	检查内容
促销前	（1）促销宣传单、海报、POP 是否发放和准备妥当；（2）卖场所有人员是否均知道促销活动即将实施；（3）促销商品是否已经订货或进货；（4）促销商品是否已经通知电脑部门变价。
促销中	（1）促销商品是否齐全、数量是否充足；（2）促销商品是否变价；（3）促销商品陈列表现是否具有吸引力；（4）促销商品是否张贴 POP 广告；（5）促销商品品质是否良好；（6）卖场所有人员是否均了解促销期限和做法；（7）卖场气氛是否活泼；（8）服务台人员是否定时广播促销做法。
促销后	（1）过期海报、POP、宣传单是否均已拆下；（2）商品是否恢复原价；（3）商品陈列是否调整恢复原状。

②前后比较法，即选取开展促销活动之前、中间与进行促销时的销售量进行比较。一般会出现以下几种情况：

一是十分成功：在采用促销活动后，增长了销售量，取得了预期的效果。该次促销活动不仅在促销期中，而且对本企业今后的业绩和发展均有积极影响，使消费者对企业形成了良好的印象，知名度和美誉度均有所提高。

二是得不偿失：促销活动的开展，对连锁企业的经营、营业额的提升没有任何帮助，浪费了促销费用。

三是适得其反：这是促销活动引起不良后果的一种表现，本次促销活动虽然提升了一定的销售量，但是促销活动结束后，销售额不升反降，损伤了自身的美誉度。这可能是由于促销活动过程中管理不当、某些事情处理不妥所致。

③消费者调查法。组织有关人员抽取合适的消费者样本进行调查，向其了解促销活动的效果。

④观察法。这种方法简便易行，而且十分直观。主要是通过观察消费者对连锁企业促销活动的反应，对促销活动的效果作相应的了解。

运用一种或几种评估方法对连锁企业的促销业绩进行评估之后，随后很重要的工作就是查找和分析促销业绩好或不好的原因。只有找出根源，才能对症下药，进一步发挥本企业的特长。

（2）促销效果评估。主要包括三个方面：

①促销主题配合度。促销主题是否针对整个促销活动的内容；促销内容、方式、口号是否简单明确，富有新意、吸引人；促销主题是否抓住了顾客的需求和市场的卖点。

②创意与目标销售额之间的差距。促销创意是否偏离预期目标销售额，是否过于沉闷、正统、陈旧，缺乏创造力、想象力和吸引力。或者创意虽然很好，然而是否符合促销活动的主题和整体内容。

③促销商品选择的正确与否。促销商品能否反映本企业的经营特色；是否选择了消费者真正需要的商品；能否给消费者增加实际利益；能否帮助本企业或供应商处理积压商品；促销商品的销售额与毛利额是否与预期目标相一致。

（3）供应商的配合状况评估。主要评估供应商对连锁企业促销活动的配合是否恰当、及时；能否主动参与，积极支持，并为企业分担部分促销费用和降价损失；在促销期间，当请供应商直接将促销商品送到门店时，能否数量充足、及时供货；在商品采购合同中，供应商，尤其是大供应商、大品牌商、主力商品供应商，是否作出促销承诺，并切实履行促销期间的义务及配合等相关事宜。

（4）连锁企业自身运行状况评估。

①从总部到门店，各个环节的配合状况。总部运行状况评估：总部促销计划的准确性和差异性；促销活动进行期间对各门店促销活动的协调、控制及配合程度；是否正确确定促销活动的次数、安排促销时间、选择促销活动的主题内容和选定、维护与落实促销活动的供应商、商品及组织与落实促销活动的进场时间等情况。

配送中心运行状况评估：配送中心送货是否及时；在由连锁企业配送中心实行配送的过程中，是否注意预留库位，合理组织运力、分配各门店促销商品的数量等几项工作的正确实施情况如何。

门店运行状况评估：门店对总部促销计划的执行程度，是否按照总部促销计划操作；促销商品在各门店中的陈列方式及数量是否符合各门店的实际情况。

②促销人员评估。评估可以督促促销员在日常工作流程中严格遵守规范，热情工作，提高自己的促销水平，并相互带动促销。

促销人员的具体评估项目如下：促销活动是否连续，是否达到企业目标，是否有销售热情，时间上弹性如何，协作配合如何，是否愿意接受被安排的工作，他们的准备和结束的时间是否符合规定，促销现场是否整齐、干净，与顾客关系如何，是否让顾客感到受欢迎。

第六节　连锁企业的公共关系策略

连锁企业公共关系，是指连锁企业以公众利益为出发点，通过有效的管理和双向信息沟通，在公众中树立良好的形象和信誉，以赢得组织内外相关公众的理解、信任、支持与合作，为自身事业的发展创造最佳的社会环境，实现企业的既定目标。公共关系是现代社会的“润滑剂”与“催化剂”，它可以使连锁企业经营中的各种关系得到沟通和改善，创造良好的社会关系环境。它被广泛地用于配合市场营销活动中正确处理企业与社会公众的关系，从而促进商品销售的活动。

一、连锁企业公共关系的基本原则

连锁企业公共关系是旨在运用媒体塑造良好的企业形象，沟通企业内外关系的企业营销活动。而要实现这一宗旨应当恪守以下基本原则：

1. 真实守信原则。一是实事求是；二是知行统一；三是信守承诺、信誉第一。

2. 平等互利原则。要正确认识和处理本连锁企业与公众关系，与公众平等相待，以公众利益为导向，满足企业与公众的共同利益，谋求和谐发展。

3. 全员公关原则。一个连锁企业的形象和声誉不能只靠公关部门和专业公关人员来维护，连锁企业应通过全员的公共关系教育和培训，增强全员的公关意识，提高全员公关的自觉性，使每个员工在对外交往时都能注意自己的形象，并不失时机地用自己的言行去塑造企业的良好形象和声誉。

二、连锁企业公共关系促销策略

美国著名公共关系学者詹姆斯·格鲁尼格提出了良好公共关系的五大特征：互相影响、关系承诺、双方满意、彼此信任、双赢目标，对于建立以信誉为核心的公众策略具有重要的指导意义。创造和利用新闻、举行各种会议、参与社会活动及建设企业文化是连锁企业公共关系的基本方式。连锁企业公共关系是由众多活动组成的，主要有以下几种典型的基本策略的选择：

（一）充分利用媒体

各种媒体是连锁企业宣传自己，塑造形象和美誉度的有力手段。传播媒体能客观、及时地传递正确的企业信息。此外，由于网络传播具有平权特性，网络已成为品牌形象塑造的主流媒体。网络媒体的运用有以下问题需注意：

1. 强化网络公关意识，提高网络消费者的品位，注意网络消费者接受性和愉悦状况。

2. 可利用电子邮件、QQ 作为公共关系的有效交流方式，但要注意对方的信任感和喜欢程度。

3. 网络公关广告应讲究艺术性、兴趣性，增强感染力。

4. 电子新闻通讯适用于众多场合和目的，但应形式灵活。

公共关系出版物是指由连锁经营企业自己控制编撰制作的，以特定目标公众为传播沟通目标的、书面或视听的公共传播媒体。其种类有定期或不定期出版的报纸、杂志、小册子、书籍、各种音像资料和互联网网页等。连锁经营企业出版物的命名要有自己的特色，要与为之服务的连锁门店名称、服务的种类以及连锁经营企业的理念等联系起来。

（二）新闻发布会

新闻发布会是连锁企业以郑重的形式由专人用口语形式向大众新闻媒介报告或散发信息的会议，它具有较高的规格和一定的规模，有利于加强连锁企业同新闻媒介和社会公众的联系。

新闻发布会属于易传型的专题活动。新闻发布会的组织和安排工作主要包括以下内容：

1. 明确发布会的主题。作为主题的内容一般有这样的特征：它必须与公众利益有关，必须是新闻对象所关心的问题。

2. 选择好新闻发布会召开的时机。

3. 选择好新闻发布会召开的地点。一般应选择有一定影响力的大城市、重要场所举行。

4. 确定应邀者的范围。主要是记者，有时还可邀请一些知名人士及有关方面的专家。

5. 准备好会议所需要的资料。如文字、图片、录音录像等。

6. 拟订会议议程。

7. 新闻发布会后的善后处理。如资料提供、效果检测、效果评价。

（三）社会赞助活动

连锁企业通过向公益事业提供资助、赞助或捐赠资金或人力、物力上的支持，来表明作为社会一员义不容辞地承担着一定的社会责任和义务，这是提高企业良好社会形象、扩大影响、取得社会信任的公共关系专题活动。赞助包括两方面内容，即态度上的支持和物质方面的支持。赞助包括的范围很广，其范围可以涉及社会的各个领域、各条战线。

赞助活动的筹备与实施应重点做好以下几方面的工作：对赞助项目进行详尽的研究论证，对赞助方式认真策划，要能引起公众的广泛注意和好感是策划的目的，进行成本核算并建立严格的财务审计制度。

（四）公共关系广告

公共关系广告是指在公共关系活动中所利用的广告。它需要支付费用，通过大众传播媒介的宣传，向公众传播连锁企业的理念、解释企业的政策、树立连锁企业的整体形象、促进企业的公共关系协调。公共关系广告与一般商品广告不同，它有自己的一些特点：

1. 广告目的不同。公共关系广告是推销企业，它的主要目标在于唤起公众对连锁企业的注意、兴趣、信赖和好感；争取合作单位、金融机构、社区公众、各级管理部门的支持与配合；改善企业内部关系，塑造企业形象。

2. 广告的效果不同。公共关系广告着眼于创一个名牌企业，要不断地为连锁企业创造一个适宜生存的环境。这些作用并不可能立竿见影，需要特定的策划和形式。

3. 广告表现形式不同。进行公益广告是公共关系广告的一种重要形式，它体现了连锁企业的理念和对公众关心问题的观点，是公众认识和识别企业的手段；公共关系广告的另一种常见表现形式是宣传企业自身为内容的广告，它是推销企业和创名牌企业的主要手段。

公共关系广告应遵守以下原则：（1）真实性的原则。内容实事求是、许诺能够实现、不能产生误解。（2）效益性原则。投入产出的效益性也是公共关系广告成功与失败的标准效益，但更主要的是指获得的社会效益，要注意广告的社会性、公众性、文化性和思想性，尽量减少商业的色彩和痕迹。（3）长期性原则。公共关系广告应更多立足于长期的效果，应当有一整套长期的形象设计方案。（4）整体性原则。应当成为公共关系传播有机整体的重要组成部分，是长期有计划的传播活动。（5）创新性的原则。要有个性化，艺术表现上有自己的特点，有独创性。（6）思想性与艺术性相结合的原则。既要向公众传播一种思想，灌输一种意识，表现出社会责任感，又要有艺术感染力。

复习思考与练习

一、思考题

1. 商品代码的编码原则是什么？
2. 试对当地一连锁企业的形象设计进行分析。
3. 当地最大的连锁企业的市场定位如何？
4. 试为某连锁企业策划一套促销策略。
5. 如何做好连锁经营公共关系？

二、案例分析题

家电连锁企业营销模式谋变

近日，国美向业内宣布，它将以独立资金运营、独立考核、独立专业经营组建通讯公司，在全国重点城市开发独立手机专卖店，来加快对手机营销渠道的网络布局。

与其他家电渠道扩展产品线不同的是，国美此次加快对手机渠道扩张，采取的就是单独开设手机专卖店，并与原国美传统家电卖场和区域连锁卖场相结合，形成一条全国性专业手机零售网络。国美集团副总裁孙一丁在接受《中国电子报》记者采访时表示：“2007 年中国手机市场总增量将超过 1.5 亿部，市场销售金额达 1500 亿元以上，2008 年手机市场容量会有 60% 左右的增长。而手机的行业资源整合是大势所趋，非连锁通讯店的市场份额从以前的 80% 缩减到 30% 左右。专业手机连锁卖场、家电卖场、运营商捆绑市场的增长幅度较大，其中以家电卖场的增长幅度最为明显。因此，国美在这两大机遇下发展手机恰逢其时。”

据记者了解，从目前手机连锁的市场份额来看，虽然传统手机渠道与专业手机连锁卖场仍然占据手机渠道份额的70%，由于家电连锁最近几年加快了对全国各地网点的布局，仅国美和苏宁卖场的累计数量就达到2000家，家电连锁中的手机业务每年都以15%的速度递增，也逐渐蚕食了一大部分手机渠道的份额。

其实，国美组建通讯公司扩大手机渠道，是近年尤其是今年家电连锁积极从规模制胜向非传统家电产品深度扩张的转变。“传统家电已经进入一个高速增长期，利润已经越来越薄。而消费电子类产品目前还处于一个成长期，家电连锁必然要通过加强对手机、PC、数码等产品的销售来提高卖场整体的赢利能力。”家电资深专家罗仁宵表示。

显然，家电连锁已经不仅仅把手机、PC、数码等消费类电子产品作为一个补充，而是把家电以外的外延产品慢慢单独作为一个“体系”来强化。

这同时也让外界嗅出另外一种气息，家电连锁开始真正与专业IT电子卖场和专业手机连锁展开面对面的“PK”。记者发现，国美手机销售已经开始捆绑运营商，另外，不仅从产品设计之初就开始与手机企业展开深入合作，还加强了手机增值业务的拓展。

资料来源：范蓉、左延鹊：《家电连锁企业营销模式谋变》，中国连锁经营实战网，2007年11月16日。

问题：家电连锁企业营销模式正在发生什么变化？产生这种变化的背景是什么？

第六章

连锁企业的物流与采购管理

连锁企业物流系统主要起到商品集散及带动商流、信息流、现金流运转的作用，它通过商品的集中采购、集中储备和统一配送，成为连锁经营市场供应的保障系统，也是连锁企业运作的基础。应用物流配送系统的目的，是为了使各连锁店没有后顾之忧，而且降低物品的采购成本，减少各类商品的库存数量并简化连锁店与厂商之间的沟通协调及配送次数。商品采购是物流管理的起点，由于连锁企业实行的是统一的标准化经营管理体制，所有连锁分店经营商品都要由商品采购部门集中管理，采购环节显得尤为重要，商品采购的良好运作，将给连锁企业带来巨大效益。

案例导读

沃尔玛公司订单驱动物流

20世纪90年代，沃尔玛提出了新的零售理论，即通过集中管理配送中心向各商店提供货源。其独特的配送体系，不仅降低了成本，而且加速了存货周转，形成了沃尔玛的核心竞争力。

沃尔玛拥有六种形式的配送中心：第一种是“干货”配送中心；第二种是食品中心；第三种是山姆会员店配送中心；第四种是服装配送中心；第五种是进口商品配送中心；第六种是退货配送中心（其收益主要来自出售包装箱的收入和供应商支付的手续费。)

其配送中心的基本流程是：供应商将商品送到配送中心后，经过核对采购计划、进行商品检验等程序，分别送到货架的不同位置存放。门店提出要货计划后，计算机系统将所需商品的存放位置查出，并打印有商店代号的标签。整包装的商品直接在货架上送往传送带，零散的商品由工作人员取出后也送到传送带上，一般情况下，商店要货的当天就可以将商品送出。

沃尔玛要求所购买的商品必须带有UPC条码，从工厂运货回来，卡车可以停在配送中心收货处的数十个门口处，把货箱放在高速运转的传送带上，在传送过程中经过一系列的激光扫描，读取货箱上的条码信息，而门店需求的商品被传送到配送中心的另一端，那里有几十辆货车在等着送货。十多公里长的传送带作业就这样完成了复杂的商品组合。沃尔玛高效的计算机控制系统，使整个配送中心用人极少。数据的收集、存储和处理系统成为沃尔玛控制商品及其物流的强大武器。

为了满足美国国内3500多个连锁店的配送需要，沃尔玛配备了近3万个大型集装箱挂车和5500辆大型货车，24小时昼夜不停地工作。每年的运输总量达到了77.5亿箱，总行程6.5亿公里。合理调度如此大规模的商品采购、库存、物流和销售管理，当然离不开高科技的手段。为此，沃尔玛建立了专门的计算机管理系统、卫星定位系统和电视调度系统。

沃尔玛全球4500多个店铺的销售、订货、库存情况可以随时调出查询，总部一目了然。这样就可以合理安排运量和路程，最大限度地的发挥运输潜力，避免浪费，降低成本，提高效率。

沃尔玛正是通过信息流对物流、资金流的整合，优化和及时处理，实现了有效的物流成本控制。从采购原材料开始到制成最终产品，最后将产品送到消费者手中的过程变得高效、有序，实现商业活动的标准化、专业化、统一化、单纯化，从而实现规模效益。

资料来源：姜大立、姜玉红：《物流仓储与配送管理实训》，中国劳动社会保障出版社2006年版。

【问题】

1. 连锁企业物流管理涉及哪些内容?
2. 采购在连锁物流管理中居于什么地位? 采购管理的流程是什么?
3. 连锁企业是否需要设立配送中心? 配送中心有哪些职责?

这一切问题将在本章解决。通过本章的学习，你将会实现以下学习目标：

总目标

□ 能针对连锁企业实际情况，制定配送中心及采购管理流程

知识目标

□ 掌握连锁企业物流管理的内容
□ 掌握采购管理的内容
□ 掌握配送中心的类别和职能

技能目标

□ 能设置物流岗位
□ 能制订采购流程和物流配送流程

能力目标

□ 能细分物流岗位并制定职责
□ 能制订采购流程和物流配送流程的标准

第一节 连锁企业物流管理

一、连锁企业物流管理概述

2001 年 8 月 1 日正式实施的《中华人民共和国国家标准物流术语》对物流进行了定义："物流，为物品及其信息流动提供相关服务的过程。物品从供应地向接收地的实体流动过程。根据实际需要，将运输、储存、装卸、搬运、包装、流通加工、配送、回收、信息处理等基本功能实施有机结合。""物流管理，是为了以最低的物流成本达到用户所满意的服务水平，对物流活动进行的计划、组织、协调与控制。"

连锁物流只是物流同连锁经营相结合的结果。连锁物流是指从商品采购到商品销售给消费者的商品移动过程，是与商流、信息流和现金流并列的四大连锁经营机能之一。连锁企业物流管理则是对连锁物流活动进行的计划、组织、协调与控制。

在连锁经营中，物流系统主要起到商品集散及带动商流、信息流、现金流三流运转的作用，它通过商品的集中采购、集中储备和统一配送，成为连锁经营市场供应的保障系统，也是连锁企业运作的基础。有效率的物流系统给连锁经营带来诸多好处：第一，丰富、及时、充足、适应市场的商品。第二，降低运营成本。第三，更为丰富的信息情报。物流不仅体现在降低成本上，而且，更主要体

现在加快物流就能缩短商品的销售周期，加快商流和现金流的流转，从而为企业赚取更大的利润（见图 6－1、图 6－2）。

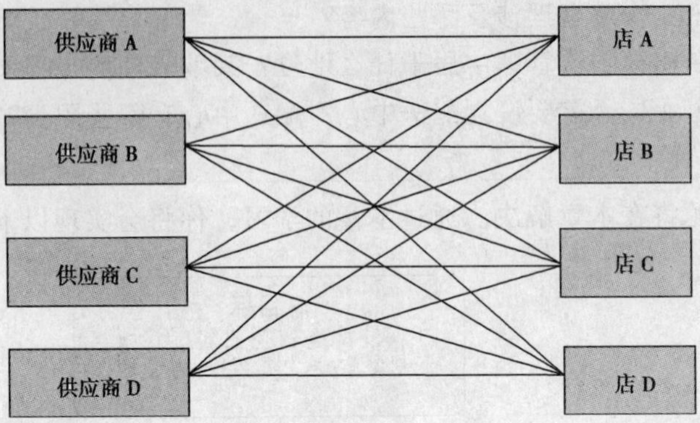

图 6－1

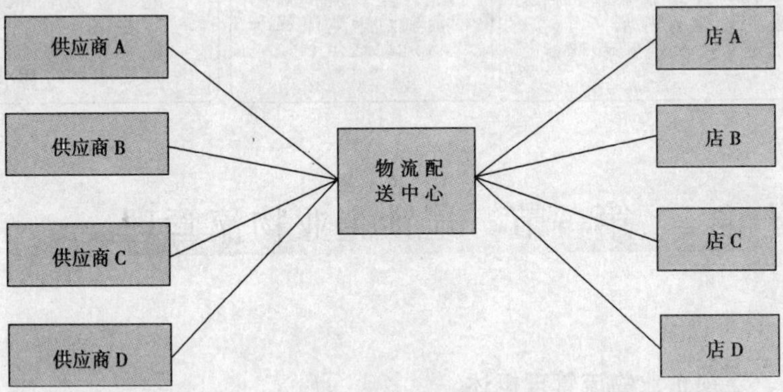

图 6－2

图 6－1 显示，4 个供应商分别向 4 家店供应 4 次商品则共有 16 次，每个供应商供应 4 次，每个店接收 4 次。

图 6－2 显示，物流配送次数共有 8 次，供应商每家只供一次，物流配送中心每店只供 1 次，各店接货也只有 1 次。

二、连锁物流系统的结构形式

连锁物流系统主要包括供应物流、内部物流、销售物流、回收物流在内的由总部统一指导下进行的运输、保管、装卸、包装、在库管理、流通加工等的各种物流活动。

连锁物流系统主要有两种结构形式：

1. 如果连锁集团有自己的配送中心，而且它只服务于自己的连锁分店，那么物流结构如图 6－3 所示。

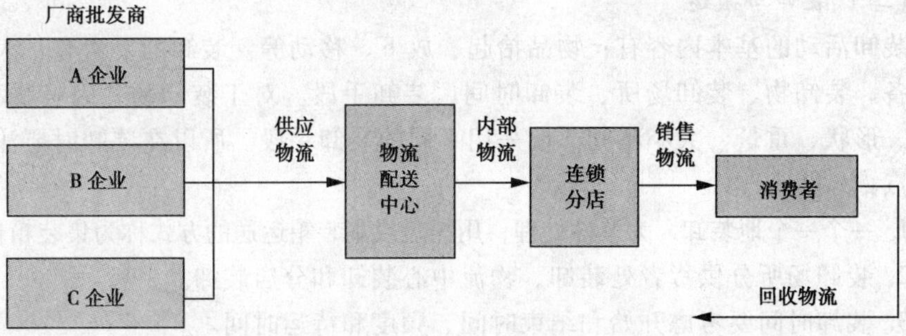

图 6－3

2. 如果物流配送中心是社会性的，或虽是连锁集团的配送中心，但担负着供应非连锁店的服务，则这种物流结构如图 6－4 所示。

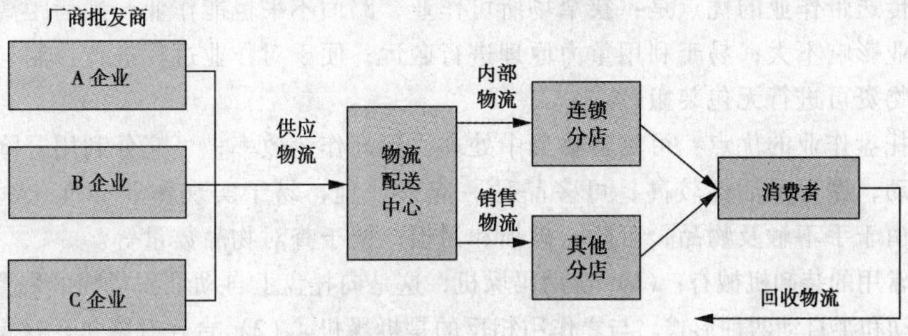

图 6－4

从物流的结构形式中可以看出，连锁物流分为供应物流、内部物流、销售物流、回收物流等。在结构中，物流配送中心处于关键位置。

三、连锁企业物流管理的内容

连锁物流管理的内容主要有：采购、包装、装卸与搬运、运输、储存与保管、流通加工、配送管理等。

（一）包装

包装是为了保护、美化商品，便于商品销售而对商品进行的装饰活动。包装一般分为商品包装和工业包装。在包装时要注意以下要求：

1. 包装和装卸、运输有关系。

2. 连锁店和物流配送中心为了便于运输要向供应商明确提出合适的包装。

3. 包装时一定要考虑商品在运输、保管过程中面临的上下压力、震动、冲击、跌落等情况，采用能承受较大压力和具有缓冲作用的包装。与此有关的因素有商品的物理性质、包装材料的缓冲性能等。

4. 对于易受潮的商品要进行防潮包装。如玻璃瓶、金属桶等，有的则加上防潮纸袋。

5. 对金属产品注意防锈和防腐蚀。

（二）装卸与搬运

装卸活动的基本内容有：物品抬起、放下、移动等。装卸的要素有：人、搬运设备、装卸物、装卸场所、装卸时间、装卸手段。对于装卸物，因货物种类、性质、形状、重量、大小不同，要采用不同的装卸手段。所以在装卸时要注意以下几点：

1. 一个一个地装卸，为单件处理，用托盘或集装箱运送的方式称为集装箱化。

2. 装卸场所分供货者处装卸、物流中心装卸和分店装卸。

3. 装卸时间要考虑开始和结束时间、频度和待运时间。

4. 装卸方式：分为连续装卸和间歇装卸、集中装卸。

5. 装卸的合理性：主要有两点，一是要注意货物搬运的灵活性。货物在托盘和台车上最为灵活。二是充分利用重力和机械作业。如传送带作业、托盘作业、叉车作业。

传送带作业的优点是：狭窄场所可作业，路面不平也能作业；搬运距离长短对作业影响不大；易于利用重力原理进行搬运；便于对作业过程进行控制；对于散装物资可进行无包装搬运。

托盘作业的优点：可将货物集中处理，提高作业效率；可充分利用升降机迅速移动，搬运灵活性较高；可多品种一起来处理，易于实现作业标准化、定型化；由于手不触及物品，可防止破损和污损；便于查对物品数量等。

常用的装卸机械有：(1) 自动码垛机，这是向托盘上自动堆积货物的装置，有全自动和半自动两种形式。与之作用相反的是拆垛机。(2) 台式升降机，这是由液压装置和联杆机构组成的，可使货台升降的一种装置。(3) 站台调平机，其功能是为了使码垛车等直接从高站台开到卡车车厢里，在站台和车厢之间架起跳板，固定后可用液压或弹力调节高度。还有叉式升降机、托盘装载机等。

（三）运输

物流运输的方式很多，如陆上运输、空运、水运、管道运输、皮带运输等。各种运输方式的特点有：

1. 火车、船舶运输，适宜进行大批量运送物品，费用较省，受干扰因素少。

2. 汽车适宜中小批量商品的近距离运输。其特点是快捷、方便，适用于门对门的货物运输。在配送中心与连锁分店之间往往用汽车运输。

3. 对于外国商品的跨国采购、国内的远距离采购，或者对一些贵重物品、体积小价值高的商品宜采用空运方式。

（四）储存与保管

运输解决了生产和消费之间的空间矛盾，那么储存、保管解决了它们之间时间上的矛盾。储存、保管的职能一般由仓库完成，被称为保管仓库。但随着连锁店把握未来需求能力的增强，为了强化促销与服务工作，必须迅速送货，这样保管就从过去的储藏转化为流通保管，即将所购之商品在仓库中暂时保管，备齐各种商品，进行定价、包装或简单加工，使物流速度加快，这样的仓库便成为流通仓库，其特点是商品的保管期较短，商品的出库、入库多，并为物流据点承担流通服务职能。随着物流量的增加，仓库及设施也走向专用化，随着信息技术的发展，自动化仓库便应运而生。

（五）流通加工

流通加工是指在流通阶段实施的对商品简单加工、组装的活动，比如，家具、家电制品的组装调整；衣饰在陈列前的上架；生鲜食品的切割以及小包装等。

流通加工的目的是为了能进一步适应顾客的需要，同时商品也由此增加了附加值。

传统上的流通加工集中在批发和零售业，然而随着大型连锁体系的发展，绝大部分的流通加工集中在物流中心进行，各个店铺自身不必再设太多的加工场所，既扩大了有限的店铺营业面积，还节省了人力；而且将流通加工集中到一起，提高了规模和加工效益。

当然，如果一些连锁店将流通加工全部集中到最上端的商品生产厂商，利用计算机信息情报系统为生产厂商提供店铺和消费者的需求数据，生产厂商则直接做成成品，这将对连锁经营有较大的促进作用。

（六）配送

配送是以配货、送货的形式最终完成物流的活动。过去将它作为运输中的末端运输来看待，但是现在，作为一种现代意义上的配送，已远远不单纯是一种送货运输活动，应单独将其列出，作为一种对商品增加附加值的经营职能。

四、连锁物流系统的运作程序

连锁经营的物流系统包括以下几个分系统：自动化、机械化仓储系统；计算机订货、配货情报信息系统；温度、湿度控制设备和系统；运输量、线路、频率规划系统；物流配送组织管理系统。

现代连锁经营物流系统的运作如图 6－5 所示。

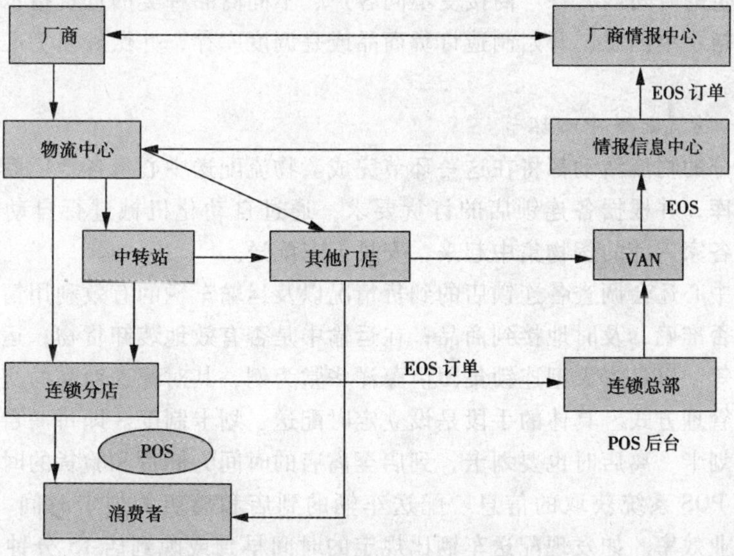

图 6－5　现代连锁经营物流系统运作示意图

从图 6－5 我们可以看到，信息情报系统已经成为整个物流系统运作的基础。以情报信息为基础的订货、发货系统是整个系统的核心。物流系统的运作主要包括以下几个环节：

（一）连锁店环节

1. 通过 POS（Point Of Sales）终端来搜集销售信息，即何种商品在何时向什么样的顾客层（男性、女性、年轻人、学生、中年人、老年人）销售了多少，货架上还剩多少。

2. 预测订货数量。即根据商品销售的情况、动向所作的预测。

3. 通过 EOS（Electronic Ordering System）向连锁总部订货。EOS 是利用店内手持订货终端（或电脑网络终端），经由电话线（或光缆宽带）传送至总部订货（当然有一部分商品也可采用传真形式）。采用 EOS 可以实现多品种、多频率、少批量的商品配送，降低分店库存压力，减少缺货率。连锁分店通过 EOS 向总部订货原则上有固定的时间，比如每天两次、中午 12 点和下午 17 点前。

（二）连锁总部环节

连锁总部设有计算机中心（或信息中心），和店铺一起进行 POS 终端的管理；同时起指挥、协调的作用，从整体上把握连锁店的经营和管理。连锁总部在收到各分店发来的电子订货后，也以 EOS 的形式通过 VAN（增值网络系统）传至连锁集团的情报中心。

（三）连锁集团情报信息中心环节

根据总部发来的电子订单，通过计算机联网指示物流中心出货。同时通过 EDI（电子数据交换系统）与厂商的信息中心随时保持密切联系。有时可直接将信息发给厂商直接订货。

（四）厂商环节

在规定的时间内，各厂商接受不同客户、不同商品种类的订货指示单，将各处的订货指示单汇总，开始制造订货商品或是调度库存，并做好出货准备往配送中心送货。

（五）物流配送中心环节

大部分的物流活动都将在这一环节完成。物流配送中心将各地厂商运来的整货验收入库，并根据各连锁店的订货要求，通过自动化机械进行自动分货、拣货，再将各家店铺的货物集中起来，安排卡车配送。

物流中心还会调查各连锁店的到货情况以及运输车辆的有效利用情况。如调查商店是否准确、及时地接到商品；在运输中是否有效地装卸货物；运输路线是否合理等等。以日本大型连锁集团伊藤洋华堂为例，其对配送商品的交、接货实行高效率管理方式。具体的手段是设立定时配送、划卡制度。即每一台配送车辆到店时要划卡，离店时也要划卡，到店至离店的时间为卸货和验货的时间。配送中心根据 POS 系统获取的信息、配送车辆的到店和离店的划卡时间，分析交、接货的作业效率。如发现配送车辆比规定的时间早到或晚到店 15 分钟（早到无接货人员，晚到则会使商店失去最佳销售机会），总部的职能部门就要按照合同规定，对运输企业的当事者处以罚款。对配送车辆每到一店都实行同样的划卡制度，这样负责商品配送的物流配送中心就能掌握车辆在途时间，从而规划较为合理的配送路线，以确保物流的通畅，使各连锁店能够顺利地运营。

国外的实践说明，要使连锁经营的物流系统能够真正有效地运作起来，不能再依靠单纯的物流活动（体力的、机械的），而需要用信息系统将它们串联起来，做到准时、调度协调，否则整个物流系统就会瘫痪。

第二节　商品采购管理

一、采购管理概述

采购，是指从多个对象中选择购买物品的行为过程。采购包含两个基本意思：一是“采”，二是“购”。“采”，即采集；“购”，即购买，采购更强调选择、查找和研究。

所谓采购管理，就是指为保障企业物资供应而对企业采购进货所进行的管理活动，是对整个企业采购活动的计划、组织、指挥、协调和控制活动。具体的采购管理，包括制订采购计划、采购活动的管理、采购人员的管理、采购资金的管理、运储的管理、采购评价和采购监控，也包括建立采购管理组织、采购管理机制、采购基础建设等。

采购管理和采购的区别在于，采购是一种作业活动，是为完成指定的采购任务而进行的具体操作活动，一般是由采购员承担。其使命，就是完成采购科长布置的具体采购任务；其权利，只能调动采购科长分配的有限资源。而采购管理是管理活动，是面向整个企业的，不但面向企业全体采购员，而且也面向企业组织其他人员（进行有关采购的协调配合工作），一般由企业的采购科（部、处）长或供应科（部、处）长或企业副总来承担。其使命，就是要保证整个企业的物资供应；其权力则可以调动整个企业的资源。

二、连锁企业商品采购

（一）商品采购与商品来源

连锁企业的商品来源一是由自己生产，二是采购他人的商品。因此，连锁企业的商品来源主要包括两方面的内容：一是确定自己生产和外购的比例；二是确定总部与分店各自采购的比例。

连锁企业自己生产商品并非是由自己建厂来生产，可以自创品牌委托生产厂家进行生产（OEM）。英国马莎企业成功地实行了自有品牌的商品策略，被誉为“没有工厂的制造商”。他只卖自己唯一的“圣米高”品牌商品，这些商品一般都是企业自己设计，然后委托生产厂家生产，再拿到企业去销售。

大多数连锁企业的商品是依靠外购来解决，特别对一些中小型企业，采取完全外购的策略更为合理。一些规模较大的连锁企业，有的则坚持自制与外购相结合，以外购为主的做法，比如沃尔玛。无论采取哪种方法，有一点是肯定的，就是必须具有严格的商品采购管理制度。

（二）商品采购方式

连锁企业目前的采购方式有统一采购和自行采购两种。为了实现其规模优势，连锁企业通过统一采购方式的商品总量在其销售量中占绝大部分。其余部分由各分店自行采购，保持其灵活性。

1. 统一采购。连锁企业区别于其他经营方式的一个重要特点就是联购分销。其他经营方式的企业可以由销售部门同时承担采购职能，采用购销一体制度，但连锁企业必须集中统一采购。

集中统一采购的优势在于：获得价格优惠；有利于统一装运、编配和控制存货；制定一体化的采购计划使连锁店形象保持一致；节省大量采购员及费用开支；保持价格一致避免内部竞争等。这也是连锁企业获取竞争优势的来源之一，因此连锁企业以统一采购为主要采购方式。

2. 自行采购。统一采购对连锁企业固然存在巨大优势，但它并不能适应所有情况。由于连锁店数量较多，地理分布较为分散，有的甚至进行跨国经营，因此受制约因素较多，难于将全部采购工作集中起来实行统一采购，这就要求实行一定程度的分散采购。

自行采购方式的优势在于：订货准确及时，适应当地市场情况。若集中采购所产生的总成本（包括购买成本、运输成本等）大于分店从当地的供应商采购的总成本，而且供应商所提供的商品与总部采购的商品无较大差异，或者这种差异并不影响商品的销售和连锁企业的形象，此时，分店可以酌情考虑采用自行采购的方式。自行采购多适用于门店之间分布较广的连锁企业，并且它适宜于保质期相对较短的生鲜食品。

自行采购的优点在于：采购具有相当弹性，具有市场针对性；价格由门店自定，机动性强，有一定的经营主导权；更能符合消费者需求。缺点是，较难发挥大量采购、以量制价的优势；利润很难控制；无法塑造连锁经营的统一形象。

在沃尔玛店铺销售的所有商品中，除了部分生鲜食品考虑到保鲜的要求，由店铺在附近自行采购外，余下商品全部由事业部的采购部门统一采购，物流部门统一配送，其中沃尔玛在中国的分店，从中国市场上进货的比例达到85%。为了充分发挥统一采购和自行采购两种采购方式的优势，从连锁企业利益最大化的目标出发，一般将两种采购方式相结合。具体做法包括以下三种：

（1）分区采购法。将所有分店按其所处的位置划分为几个大区，每个大区有一定数量的分店。实行连锁总部集中采购与地区总店采购相结合的方式，其中地区采购决策由各区总店作出。

（2）商品分类法。名牌商品、进口商品等差异化程度高的商品，由总部集中进货。而那些商品同质化程度高，可由地方供应商提供的商品，由各分店自行采购。

（3）销售比例法。按照一定的标准，将商品分为A、B、C三类，A类占全部品种数的5%～10%，销售额占70%～80%；B类占全部品种数的

10% ~20%，销售额占10% ~20%；C类占全部品种数的70% ~80%，销售额占5% ~10%。A类商品由连锁总部统一进货，而对于C类商品和部分B类商品则可由各分店自行采购。

连锁企业采购方式的选择是建立在企业经营战略与商品分析的基础之上的，无论选取何种方式，都要以连锁企业整体效益最大化为原则。无论采取哪种采购方式，采购部门与各分店之间的信息流通一定要顺畅，避免采购部门与各分店之间的购销脱节。

三、连锁企业商品采购管理

（一）采购商品

确定采购的商品按其在一年中的销售波动情况可分为四种：

1. 销路稳定的商品。如家用电器、书籍、日用品等，该类商品由于销量比较稳定，销售趋势可以根据以前的销售额来进行判断，从而在合适的时间内进行采购。

2. 季节性商品。如羽绒服、T恤、冷饮等商品。该类商品最好在销售旺季到来之前采购。需求量根据过去的周转经营、季节长度、销售价格、促销广告和竞争状况来确定。

3. 时髦商品。该类商品价格昂贵，需求量波动较大，过量采购，商品一旦过时则难以出手。采购时须仔细分析市场需求状况。

4. 易变质商品。如鲜肉、蔬菜等。该类商品若采购量大于销售量，则易造成商品堆积、变质。此类商品应当多次少量采购。

（二）采购时间

连锁店采购批量大，对连锁企业影响比较大。采购时间若过早，无疑增加了企业的库存成本；若太晚，又容易引起缺货现象，影响企业销售。因此必须选择合适的时间进行采购。在确定采购时间时，主要考虑以下六个因素：

1. 商品的季节性和消费旺季。在销售旺季提前一次订货，旺季时分批交货的办法，保证季节性商品在销售旺季有充足的货源，在淡季保持低存货量。

2. 进货期间。考虑从发出订单到商品进入货架所需的时间，包括订货、收货、上货等环节。进货期间越长，采购时间就应越提前。

3. 订货性质。如果是常规订货，则根据以往的经验确定采购时间，定期采购。如果是采购新商品，则需要更多的机动时间与供应商进行谈判。

4. 商品销售速度。日销量大的商品需要经常及时进货，而日均销售少的商品采购间隔时间可能更长一些。

5. 储运条件。如果交通便利，配送中心设备先进，可大大节约订货、盘存和运输时间，提高商品采购效率，采购时间可相对后移。

6. 经济环境。某些商品的市场价格会随着市场环境的变化而波动，这时需要采购人员有较高的能力发现机会，在价格低谷时签订订货单。

（三）采购数量

商品的采购数量主要指采购总量、采购批量两个方面。

1. 确定采购总量。确定采购总量必须把握销售变动趋势和库存状况。其计算公式为：

计划进货总额 = 计划销售额 + 期末库存额 - 现有库存额

2. 确定采购数量。经济采购批量是使商品采购费用与储存费用之和为最低时的一次采购数量。采购费用与采购批量成反比。采购费用包括人工费用、商品检验费、手续费、运杂费等。只从节约采购成本考虑，应尽量减少采购次数，即采购批量越大越好，但采购批量越大，储存成本越大。储存费用由保管费用、利息、损耗、保险、仓库管理费、降价损失等方面的支出构成。

$$\text{采购费用} = \frac{\text{采购总量}}{\text{采购批量}} \times \text{一次性采购费用}$$

$$\text{储存费用} = \frac{\text{采购批量}}{2} \times \text{单位商品年储存费用}$$

采购费用与储存费用之和最小时所对应的采购批量就是经济采购批量。经济采购批量法一般适用于满足下列条件的连锁店：市场销售较均衡、稳定；运杂费用固定；不考虑分段批量作价因素；没有将保险存量计算在内。此法适用于大类或重要品种商品的大批量采购。

（四）订购点

经济采购批量适用于销售比较稳定的商品，但并不是所有商品都满足该特点。因此对那些销售趋势难以把握的商品采购时需要设定一个存货水平，当库存量小于这个存货水平时，就应及时补货，以免影响销售的正常进行，我们把这个存货水平称为订购点。订购点的大小由四个因素决定：

1. 前置时间。即从采购订单发出到收到货物这段时间。前置时间越长，则订购点越大。

2. 平均日销售量。

3. 安全存货。为了防止因供应商不能及时交货、天气变化、需求异常等原因而出现商品脱销、存货短缺等情况而规定的机动存量。

4. 基础存货。为满足顾客购买、挑选的需要而在分店货架上摆放的商品。

订购点 = 安全存货 + 基础存货 + 前置时间 × 平均日销售额

其中安全存货的水平应根据商品类别和市场销售状况而确定。

订购上限 = 订购点 + 订购间隔时间的销售额

确定了订购上限后，每次的订购数量就为订购上限与现有存货的差额。运用订购点法需要随时监控每种商品的存货水平。

（五）采购谈判

商品采购另外一项重要内容就是与供应商谈判。谈判最终的目的是确认在采购业务中所涉及的一些细节内容。

采购业务谈判的内容很多，主要包括：

1. 价格。采购员在议价时应尽量压低采购价格。由于连锁企业的采购常常是大批量、连续进行的，其议价能力较强。

2. 交货时间。交货时间会影响到商品的供应情况，必须明确规定。如果供应商不能按时交货，可以取消订货。

3. 折扣。折扣类型包括四种：交易折扣；数量折扣；季节折扣；促销补助等。

4. 付款方式。付款方式包括两种，即现款支付和延期付款。现款支付又包括款到发货和单到付款两种方式。延期付款灵活性强，可由双方商议决定。此时连锁商可以根据企业资金周转情况来确定付款日期。

5. 质量。包括规格、性能、材料、工艺、包装等。包括三个方面：一是商品要达到基本的技术指标；二是符合消费者的需求；三是根据经营需要向供应商提出的附加条件。双方应该达成一致协议，制定出一系列的质量标准作为收货标准，避免引起合同纠纷。

6. 服务内容。部分商品可要求供应商提供运输、包装、促销、宣传、使用方法指导等服务。

7. 保证条款。供应商应对售出商品承担一定的义务和责任，以保证连锁企业的利益。其中附加条款还需包含一些滞销品处理办法，如退货方式和补偿费用等，以及对违反采购合同条例的处理方法。

采购人员在与供应商谈判之前要做好充分准备，就所洽谈的内容与连锁企业经营者沟通，达到心中有数。在谈判过程中要尽量争取有利于连锁企业利益的采购条件，但同时要注意与供应商保持良好关系，实现双赢。采购谈判还需要采购人员具有高超的语言艺术和表达能力。此外，连锁企业还需建立监督机制，避免采购人员和供应商联合起来损坏企业利益。

（六）供应商管理

供应商管理是连锁企业采购管理的重要一环。连锁企业的基本货源有两个：自有货源和外部货源。但是绝大多数连锁企业还是通过外部进货，供应商的好坏直接影响着商品质量的高低与商品供应是否能够满足连锁店经营的需要。另外，由于连锁企业的规模比较大，对商品的需求量多，一家连锁企业的供应商可能有500～600家，有的甚至高达千家，因此制订出一套供应商管理程序就显得至关重要。通过良好的供应商管理，可以有效降低原料或商品成本，通过与供应商配合共同开发新商品，既满足了消费者的需求，又降低了自主开发的风险。

供应商管理应当抓好以下几个基本环节：

1. 供应商调查。供应商调查的目的，就是要了解企业有哪些可能的供应商，各个供应商的基本情况如何，为企业了解资源市场以及选择正式供应商做准备。

2. 资源市场调查。资源市场调查的目的，就是在供应商调查的基础上，进一步了解掌握整个资源市场的基本情况和基本性质：是买方市场还是卖方市场？是竞争市场还是垄断市场？是成长的市场还是没落的市场？此外，还需要了解资源生产能力、技术水平、管理水平以及价格水平等，为制定采购决策和选择供应商做准备。

3. 供应商开发。在供应商调查和资源市场调查的基础上，可能会发现比较好的供应商，还需要在现有的基础上进一步加以开发，才能得到一个基本合乎企业需要的供应商。将一个现有的原型供应商转化成一个基本符合本企业需要的供应商的过程，就是一个开发过程。具体包括供应商深入调查、供应商辅导、供应商改进、供应商考核等活动。

4. 供应商考核。供应商考核是一个很重要的工作。它分布在各个阶段：在供应商开发过程中、在供应商选择过程中、在供应商使用过程中都需要考核。不过每个阶段考核的内容和形式并不完全相同。

5. 供应商选择。在供应商考核的基础上，选定合适的供应商。

6. 供应商使用。与选定的供应商开展正常的业务活动。

7. 供应商激励与控制。这是指在使用供应商过程中的激励和控制。

第三节　连锁物流配送中心

从世界连锁业发展的实践来看，一个便利连锁公司，在拥有 20 个店，总面积达到 4000 平方米时，就可考虑建立配送中心；一个超市连锁公司，在拥有 10 个店，总面积达到 5000 平方米时，就有建立配送中心的必要。在连锁经营物流系统中，配送中心因处于关键的位置，被称为物流系统的枢纽。连锁经营的大多数物流活动集中在配送中心，可以说配送中心的运营情况是整个物流运营好坏的标志。

配送中心就是从事货物配备（集货、加工、分货、拣选、配货）和组织对用户的送货，以高水平实现销售或供应的现代流通设施。货物配送活动包含备货、理货和送货三大流程。作为物流运动枢纽的配送中心欲发挥其集中供货的作用，首先必须采取各种方式（如零星集货、批量进货）去组织货源。其次，必须按照用户的要求及时分拣（分装）和配备各种货物。为了更好地满足客户需要及提高配送水平，配送中心还必须有比较强的加工能力及开展各种形式的流通加工。从这个意义上说，配送中心实际上是集集货中心、分货中心和流通加工中心为一体的现代化的物流基地，也是能够发挥多种功能作用的物流组织。

一、配送中心的类型及工作流程

1. 根据配送中心的功能来划分。作为配送中心，其主要功能有周转、分拣、保管、在库管理和流通加工等。根据其侧重点不同，可分为不同类型的物流中心。具体讲，主要有周转配送中心、分销配送中心、保管配送中心、流通加工配送中心等四类。各类型的特点是：

（1）周转配送中心：即不具有商品保管、在库管理等管理型功能，而是单纯从事商品周转、分拣作用的配送中心。

（2）分销配送中心：拥有商品保管、在库管理等管理功能，同时进行商品周转、分拣业务的配送中心。

（3）保管配送中心：只从事商品保管的配送中心。

（4）流通加工配送中心：从事流通加工功能的配送中心。

以上各种类型配送中心的区别反映在物流上，表现为物流配送中心内的作业内容和服务范围的差异（见表6-1）。

表6-1　　　不同类型的配送中心内的物流运动

类型	物质流动过程								
	收货	验货	商品处理	暂时保管	长期保管	流通加工	分拣	配货	送货
周转型	√	√	√				√		√
分销型	√	√	√	√			√	√	√
保管型	√	√	√		√				√
加工型	√	√	√			√			√

从现代物流的发展趋势看，为了加强商品的流动，更好地使物流系统顺应客户需求，配送中心逐渐从周转型转向分销型。在连锁物流中，由于这是批发商或零售商主导的物流系统，所以保管型配送中心几乎不存在。在目前发达国家中，分销型的比例一般要占到所有配送中心的70%以上。另外，流通加工配送中心发展也非常迅速。

2. 按流通的不同阶段划分。商品的流动是从生产地经流通渠道到消费地的过程。根据物流配送中心在流通渠道中的位置分为属于生产商的配送中心、属于批发商的配送中心、属于零售商的配送中心。生产商、批发商、零售商都可以创建连锁企业，进行连锁经营，主导连锁物流。

3. 根据不同的运营主体分为生产商、批发商、零售商的配送中心。

4. 配送中心的工作流程如图6-6所示。

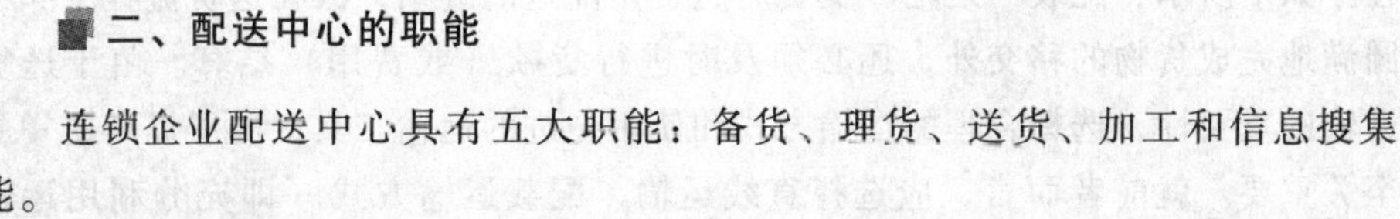

图6-6

二、配送中心的职能

连锁企业配送中心具有五大职能：备货、理货、送货、加工和信息搜集职能。

（一）备货

备货是指准备货物的系列活动，它是配送的基础环节。严格来说，备货应当包括以下活动：订购货物、筹集货物和储存货物，而订货和集货也叫进货。

订货主要表现为配送中心向生产商订购商品货物，由生产商供货。

集货或接货表现为配送中心集中货物或者接收连锁总店（或其他委托客户）所订购货物的过程。

储存货物。储存即按照用户提出的要求并依据配送计划，将收到的各种货物进行检验，然后分门别类储存在相应的设施或场所中，以备拣选和配货。储存作业一般都包括下列程序：运输→卸货→验收→入库→保管→出库。存储作业依产品性质、形状不同而形式各异。有的是利用仓库进行储存，有的是利用露天场地储存。特殊商品（如液体、气体）则需储存在特制设备中。为了提高储存作业效率和使储存环节合理化、集约化，当前许多企业普遍采用先进的储存技术和储存设备。例如，按先进先出的储存原则，利用智能化分拣、集货系统进行作业；利用贯通式货架、重力式货架和计算机储存系统等储存货物。

（二）理货

理货是配送的一项重要内容，也是配送区别于一般送货的重要标志。理货包括货物分拣、配货和包装等。

货物分拣就是从储存在货位上的货物中选出（分出）每个用户所需的货物。一般有摘取式和播种式两种操作方式。摘取式就是在仓库货架间来回走动，按照配送单把一个客户的货物配备齐全的方式。播种式就是指将同种货物集中运到发货场，然后根据每个货位的发送量，分别取出货物，投送到每个用户的货位上，直到投送完毕。配货就是把选出的货物分别投放到每个代表用户的货位上。包装主要是指为了完好无损地运送货物和便于识别配备好的货物。有些经过分拣、配备好的货物尚需重新包装，并且要在包装物上贴上标签，记载货物的品种、数量、收货人姓名、地址及运抵时间等。分拣和配货是同一个工艺流程中两项有着紧密关系的经济活动。有时，这两项活动是同时进行和同时完成的（如散装物的分拣和配货）。在进行分拣、配货作业时，少数场合是以手工方式进行操作的，更多的场合是采用机械化方式去操作的。如今，随着一些高新技术的相继开发和应用，自动化的分拣、配货系统已在很多企业的配送中心建立起来，并发挥了重要的作用。

（三）送货

送货是配送活动的核心，也是备货和理货工序的延伸。在物流运动中送货的形态表现为货物的运输，所以常以运输代表送货。这里要注意配送运输与干线运输的区别。在送货流程中，包括这样几项活动：搬运、配装、运输和交货。其作业程序如下所示：配装→运输→交货。送货是配送的终结，故在送货流程中除了要圆满地完成货物的移交外，还必须及时进行货款（或费用）结算。由于送货中运输的重要性，选择合理的运输方式和使用先进的运输工具，对于提高送货质量至关重要。就前者而言，应选择直线运输、配载运输方式（即充分利用运输工具的载重量和容积，合理安排装载货物和载运方法的一种运输方式）进行作业。

（四）流通加工

在配送过程中，根据用户要求或配送对象（产品）的特点，有时需要在配货之前先对货物进行加工，以求提高配送质量，更好地满足用户需求。如钢材剪裁、木材锯段、肉类分割、计量、散货分装等；还有蔬菜的分拣、计量、包装等。

（五）信息采集

配送中心兼有连锁企业信息中心的功能。因为它一头连着采购，一头连着销售，各方在实际经营中所取得的经验和暴露的问题，均可以在配送中心得到全面反映。

三、配送中心的选址布局

在一个大规模的连锁企业中，面对诸多供应商和连锁店的不同要求，组织好物流配送工作是至关重要的。这对配送中心选址和布局提出了较高的要求。因为配送中心的选址与布局关系到所能供应的区域和店铺数量，关系到物流配送的效率和连锁体系的效益。

（一）配送中心布局及选址的基本原则

一般来说，在规划配送中心的时候，要遵循以下四条原则：动态原则、发展原则、定性与定量相结合原则、统筹原则。

动态原则：考虑配送中心的布局绝不能将环境条件和影响因素绝对化，因为配送中心的服务对象（各连锁店铺）的交通条件、成本和价格等因素都在不断变化之中，因此规划时要有较大柔性，能够在一定的范围内适应变化。

发展原则：这条原则在连锁经营刚开始发展的时候应特别引起注意。连锁经营刚开始起步的时候，一般店铺的数量较少。然而随着店铺数量的不断增多，对配送中心的要求也越来越高。因此，无论从地域设置，还是内部的结构和设施都要有一定的发展预期。

定性与定量相结合原则：在进行配送中心规划时，特别是涉及服务范围、工作量以及一些可用数据统计的因素时，有很多的数学计算模型。利用这些模型本身都有一些不完善的地方，所以不能绝对化，一定要和定性分析相结合，考虑各种社会条件，这样才能作出较为全面的决策。

统筹原则：规划配送中心时要考虑到各方面的因素，既要考虑各种社会因素，也不能忽视自然条件，否则很难从整体上进行把握。

（二）影响配送中心选址的因素

1. 连锁分店的区域分布。它包括配送服务对象（连锁分店）的地理分布、密度大小、配送区域大小、配送距离等等。

2. 交通运输情况。就是配送区域的道路、交通设施、交通枢纽等因素都是必须考虑的。

3. 用地条件。包括利用现有的土地还是重新征地、地价情况等。

4. 法规制度。比如要考虑根据有关法律规定，某些区域不准建造某种类型的建筑等。

5. 通讯条件。附近的通讯设施以及总部和分店情报信息交流等方面的因素。

6. 配送中心与厂商、批发商的距离。

（三）配送中心选址需要注意的问题

建立配送中心需要注意的是要按连锁店实际的经营和发展情况，逐步推进。按照日本某些经营专家的实践经验，如要建立一个综合配送中心，以大型综合超市为例，要满足的条件是：在经营的商品中，服装、日用品应占销售额的40%左右；家居用品等占15%左右；食品等占45%左右。一个店铺的商圈为10万人口，类似的店铺发展到10个时，就可以考虑建立综合配送中心。

以经营食品为主，营业面积在300～500平方米的超市，一般发展到30家左右时，根据连锁店的布局，可考虑建立有分货配货、流通库存功能的配送中心，而其鲜活商品的加工则可考虑在超市店内进行。当类似店铺发展到近100家的时候，加工成本和加工总量、加工量和配送量的关系趋于稳定时，企业就应考虑建立以加工鲜活商品为主的加工配送中心。

（四）配送中心数量

连锁企业要设立多少个配送中心，要考虑两个因素：一是物流配送的成本。配送中心的数量和配送成本有着二律背反的关系。随着配送中心数量的增加，总的配送成本最初可能呈逐步减少的趋势，但到一定数目后，又将会呈上升趋势。总物流成本费用最低点时的配送中心数量就是配送中心最合适的数目。二是从配送圈来看配送中心数量。如果配送范围广、人口数量小，则配送中心数量少，离顾客的距离远；如果配送范围窄，人口密度大，则要增加配送中心的数目，离顾客的距离也就近。

（五）配送中心的建设类型

当前，配送中心建设类型主要有三种，究竟选择哪种类型，要视连锁企业的规模而定。

1. 连锁企业自建配送中心。这种方式主要适用于实力强大的连锁企业，是由企业独立出资兴建的，并进行独立经营管理，为本企业整个连锁网络和其他客户企业提供货物。

2. 联合型配送中心。这种配送中心有两种不同的联合方式，一种是由连锁企业与物流企业联合，分别承担不同的功能，共同实现配送任务，为连锁企业和其他企业配货；另一种是由多家连锁企业联合，共同出资建设物流配送中心，为各连锁企业和其他企业提供服务。

3. 社会型物流配送中心（第三方物流配送中心）。连锁企业不经营物流配送业务，而是由连锁企业总部与某一代理机构或物流配送中心签订委托合同，由第三方负责连锁企业的商品配送服务。

复习思考与练习

一、思考题

1. 连锁物流系统的运作程序是什么？
2. 连锁企业采购管理的特点是什么？
3. 如何确定商品采购的数量？
4. 试拟订配送中心收货工作标准。

二、案例分析题

连锁经营企业如何规划自己的物流配送中心

连锁经营已经成为我国零售业发展的主要方向，但连锁经营企业物流配送方面还十分薄弱，预计今后两年将是我国连锁经营物流事业蓬勃发展的阶段。我国零售物流领域的专家认为，为了促进零售业连锁经营更快发展，政府、协会应做好以下工作：

一是政府和有关协会的协调。按照政府出台的有关政策，制定中央政府与地方政府和有关协会等的协调以及与各地区各个领域相关的具体政策，对企业、行业和地区等相关部门进行协调并进行自律和规范。在物流计划、系统设计方面，对先进企业考察和调查访问的同时设计出实现物流共同化的系统，加强具体物流的效率。在物流经营管理示范方面，实施共同配送的示范并完善共同配送的系统，掌握物流效率化所必要的设施规模以及设备投入。

二是加强对企业的指导。政府有关机构要制定涉及连锁经营物流作业以及信息系统等的标准和规范。政府和有关协会应该加强对连锁经营物流有关参与企业的指导，要及时掌握发展过程中的问题并进行探讨采用多渠道的方式加以解决。要建立起对重点企业的联络制度，及时掌握实际的情况。政府和有关协会应该在提高物流效率方面，派遣有关专家和指导人员对企业进行咨询和指导。

三是促进和建立连锁经营物流示范样板。连锁经营物流示范样板在我国连锁经营发展中是必不可少的，有必要建立包括国有企业、民营企业以及外资企业等的示范样板。建立示范样板的企业，会得到政府所给予的支持，并有义务接受同行业中的参观、经验交流以及发挥在行业当中的作用。政府和有关协会在促进建立连锁经营物流示范样板和提高物流效率方面要投入必要的力量。促进国际间的交流。加强国际间的交流是提高连锁经营物流水平的有效方法。政府和有关协会在连锁经营物流方面应该成为与国际间交流的桥梁，促进学习和借鉴国外的先进经验。三大任务考评物流行业。

专家还建议，对连锁经营物流行业来说，当前的关键是做好以下三个方面的工作。

一是完善行业的物流环境。连锁经营物流是由制造商、批发（分销）商、物流企业以及连锁经营零售业四方共同承担的，并涉及相关的咨询、信息系统开发等公司和机构。连锁经营物流的环境包括市场竞争的规则、经营管理的规范、业务的处理流程、统一的票据、设备、数据代码传输的标准化等。由于连锁经营物流环境的完善涉及整个物流行业，特别是物流标准要以国际的标准化为主导完善相应的体系，参考先进国家的经验与国际接轨是非常必要的。

二是建立增值网络（VAN）。确定增值网络系统的运营模式，使更多的企业利用和共享资源，完善增值网络系统的计划和运营功能，尽早为行业提供相关服务。应该促进通过“利用增值网络系统振兴地区零售业连锁经营物流”，将利用增值网络系统的企业集中并通过公司的形式运作，并取得地方政府以及协会等的大力支持。

三是连锁经营物流的共同化，首先要对有关企业现在和将来的经营环境进行正确的认识，意识到企业存在的危机感，为了发展就必须进行共同化。与连锁经营物流有关的制造商、批发商、物流企业以及零售业为了整体物流和信息的最优化，合作的原则必须遵守共同发展、公平、排除不利因素、促进合理化和资源相互灵活利用。还要发挥行业的协调作用，建立公平的共同化分配规则，在较困难的费用计算、保密性和物流服务的差别化方面，制定解决相应问题的规则，建立物流共同化的环境。

零售企业仍需强化物流意识。对零售企业来说，加强现代化物流意识必不可少。近年来，物流的理念逐步得到普及，但对物的流通、现代物流以及供应链管理的发展过程还认识不深。特别是连锁零售企业的领导层有必要加强现代物流的意识，这是企业改善物流的第一步。管理人员和员工也必须学习现代物流的基本知识。通过公司内外的培训提高员工现代物流的认识水平，掌握现代物流的实施能力和素质。牛东来等专家认为，连锁零售企业应该确定物流的发展方向，针对连锁经营物流的发展，分析企业的资源和优势，确定企业物流的发展方向，并制定短期、长期的计划。为此，需要完善本公司的基础设施、与其他公司开展合资或合作。此外，提高竞争力，重视人才，引进技术，也是连锁零售企业必不可少的工作内容。

资料来源：中国连锁经营实战网。

问题：你认为连锁企业应如何加强物流配送中心的建设？

第七章

连锁经营的信息管理系统

目前，连锁经营管理是以全面准确的信息为基础的，信息管理技术是连锁企业经营管理的三大核心技术之一。信息技术的有效运用可以有力支持连锁企业的竞争战略，支持连锁经营作业活动的高效有序进行。因此，建立和完善连锁企业信息管理系统，是连锁经营管理的重要内容。

连锁经营信息管理系统作为一种商业管理信息系统，是用计算机技术进行人事、营运、财务等集各方面管理为一体的管理信息系统。其信息管理系统的好坏不仅直接决定了企业的形象和竞争力，而且直接影响企业的运营和盈利。随着连锁经营规模的不断扩大，商品数量急剧增加，有关商品的各种信息量也成倍增长。需要及时将与商品流转相关的信息流、资金流、物流和商业管理的购销链、分析资料、原始业务数据档案等借助计算机技术，形成企业所需要的各种数据指标，进行统计分析，从而强化企业科学管理，对企业各种行为实施有效监督和控制、实时指导和快速决策，达到商品流通周转最快、资金占用量最小、销售利润率最大的目的。

案例导读

抢先一步的“联华战略”

上海联华在2003年取得了年销售额达180多亿元人民币、销售额高居国内零售业第一的佳绩，凭借1900多家连锁店的规模，一艘巨大的本土商业航母浮出水面。

一个商业企业的核心技术究竟是什么？联华董事长王宗南说出了一个答案——这个技术是主要包括采购技术、物流技术和信息技术在内的管理技术。

1999年，当时联华采购的商品已有两万多种，采购、财务部门与3000多家供应商有着业务往来。传统的经营方式已经与现实需求越来越不适应。联华为此启用了EDI自动订货系统，首先与上海10家供应商联手试点。至今，联华的EDI自动订货系统已与上百家大型供应商联网，随时沟通信息。

“目前，上海联华通过供应商平台采购的商品数量在2万种~4万种左右，涉及的供应商有3000多家。其中，像上海家化、达能饼干、雀巢公司等在内的1000多家供应商已通过我们供应商平台来自动供货。”上海联华信息部部长张国兴向笔者交了个底。“联华的外部供应管理，主要解决核心企业与其可依赖的固定供应商及客户之间的交易流程和业务信息管理。通过联华所构建的‘供应商服务平台’，外部供应商可以清晰地看到自己商品的销售、库存情况，以便进行下一步的及时供货。”

与外部供应链不同，联华的内部供应链系统致力于解决企业总部与分支机构、下属门店、分公司、代理商之间的业务管理问题。现在联华在几乎所有连锁店间建立起统一的信息系统，总部可以通过网络对所有门店进行业务监控和管理。在上海总部的信息中心，工作人员轻点鼠标，分布于全国各地的各分店的订货、配送、调拨、验收、退货、结算等信息都立刻清晰地显现出来。

资料来源：白丽、邹震、张鹏：“解决供应链：联华求证‘沃尔玛’（一）”，《电子商务在线》，2003年第9期。

【问题】

1. 连锁经营要不要加强信息管理？如何通过信息管理出效益？
2. 连锁企业如何建立信息管理系统？如何加强信息管理？
3. 如何选择信息管理系统各组成部分？我们需要怎样的信息管理流程？

这一切问题将在本章解决。通过本章的学习，你将会实现以下学习目标：

总目标

□能根据连锁企业实际情况，健全信息管理系统及建立有效的信息流程

知识目标

□ 掌握信息管理方法
□了解信息管理的发展趋势

技能目标

□能进行商品编码
□能组建信息管理系统

能力目标

□能有效地进行信息系统管理
□能对信息管理流程进行分析

第一节 信息管理系统概述

信息系统在管理各项事务中有着普遍的应用，促进了连锁经营管理工作的提升。信息管理系统是为管理服务的，它的开发和建立使连锁企业摆脱了落后的管理方式，将管理工作统一化、规范化、现代化，极大地提高了管理的效率，使现代化管理形成统一、高效的系统。信息管理系统是使用系统思想建立起来，以计算机为信息处理手段，以现代化通信设备为基本传输工具，能为管理决策者提供信息服务的人机系统，这是以现代科技提高管理质量的重大举措。它将大量复杂的信息处理交给计算机，使人和计算机充分发挥各自的特长，组织成一个和谐、有效的系统，为现代化连锁经营管理提供基础。

一、连锁经营信息的特征和管理要求

连锁经营信息是指与连锁经营管理相关的，反映连锁经营管理各种活动的知识、资料、图像、数据和文件等的总称。

（一）连锁经营信息的特征

1. 大量性、多样性。随着消费者需求多样化，顾客对连锁经营服务的需求呈现出了小批量、快变化、高频率的特征，连锁经营活动的空间跨度也随之增大，涉及面越来越广，使得连锁经营信息量更加庞大和多样化。

2. 流动性、动态性。连锁经营信息在商流、物流、资金流过程中及全方位在商品进销存等循环中不停地流转，并伴随着商品更新换代速度的加快，周转速度的提高，订货次数增加，连锁经营信息的更新速度也越来越快。

3. 过程性、重复性。连锁经营信息贯穿于从生产商、批发商和零售商到最终消费者的整个过程，而且往往信息的产生、处理和应用在时空上不一致。只要在连锁经营信息“价值”的有效期内就可以被一次、多次、同时利用。

（二）连锁经营信息管理的要求

连锁经营信息是伴随连锁经营管理活动同时发生的，它是和商流、物流、资金流等密切相关的。因此，连锁经营管理对信息质量有着很高的要求。

1. 全面适量。连锁经营企业信息管理中反映着很多问题，问题之间有一定关联性，要全面解决企业的问题，需有全面适量的信息，否则，极易导致决策的失误，从而影响连锁经营的正常运转。

2. 及时准确。连锁经营信息的搜集和处理必须准确无误，并及时传输给相关部门与人员。准确性是信息的生命，及时性是保证信息的时效性，这样的信息对连锁经营管理才有实用价值。

3. 科学畅通。连锁经营信息的搜集、加工处理、存储、传递及管理制度要科学，保证信息渠道畅通，通讯顺畅。

二、连锁经营信息管理系统构架

常见的连锁经营管理信息系统主要是由连锁总部管理信息系统、各连锁门店管理信息系统、配送中心管理信息系统和远程联网系统组合而成的一个有机体。

（一）总部管理信息系统

总部信息管理系统是整个连锁经营管理信息系统的灵魂和核心。总部和各分支机构的管理系统可以在单机或者网络上运行；各种分支机构在本地使用软件，定期将数据通过网络传到总部，总部可以对数据进行合并和汇总，从而得到整个企业的业务数据，以便于决策分析。

阅读材料

华联的信息系统

华联超市股份有限公司拥有的门店数逾千家，跨越全国十几省市。2002年全年销售额为150亿元。该公司已建立起自己独立的配送体系，在全国分布了七个配送中心。时运高新公司独家承担了华联超市的大型系统集成项目，围绕连锁超市的各项业务，提供了完整IT解决方案，包括：总部管理信息系统、配送中心管理信息系统和门店的POS/MIS系统、财务系统。系统以基本信息为基础，以商品流、信息流及资金流为主线，并将这三者有机地结合起来，真正实现构架在广域网与局域网之上的联机事务处理。

资料来源：中国物流产品网。

1. 总部信息管理系统的构成。总部信息管理系统应充分利用数据库的大容量、高效率等特点，为企业提供强大的功能支持，对企业进货、库房业务进行管理，并处理各门店销售数据和后台业务，利用商业流通企业的商品管理和往来客户管理，为经营管理者提供分析与决策必需的数据和信息。可以选择功能强大的软件作为总部系统，通过强大的远程管理功能与各部门及门店进行数据传输，所有货品由总部统一配送，各门店将业务数据传送到总部，统一管理。它包括：（1）订货子系统；（2）进货管理子系统；（3）库存子系统；（4）销售管理子系统；（5）财务会计管理子系统；（6）报表分析子系统；（7）综合查询子系统；（8）人力资源管理子系统；（9）连锁总部决策支持系统。如图7-1所示。

2. 总部信息管理系统的主要功能。总部信息管理系统的主要功能有：（1）数据收集、存储、处理、分析与检索；（2）决策模型的建立、存取与求解；（3）提供各种常用的数学分析方法；（4）对数据、模型和分析方法能方便地进行管理，包括更新、删除、修改和连接；（5）提供方便的人机对话接口，使决策者拥有决策过程的主导权，进行目标设定、方案评选。

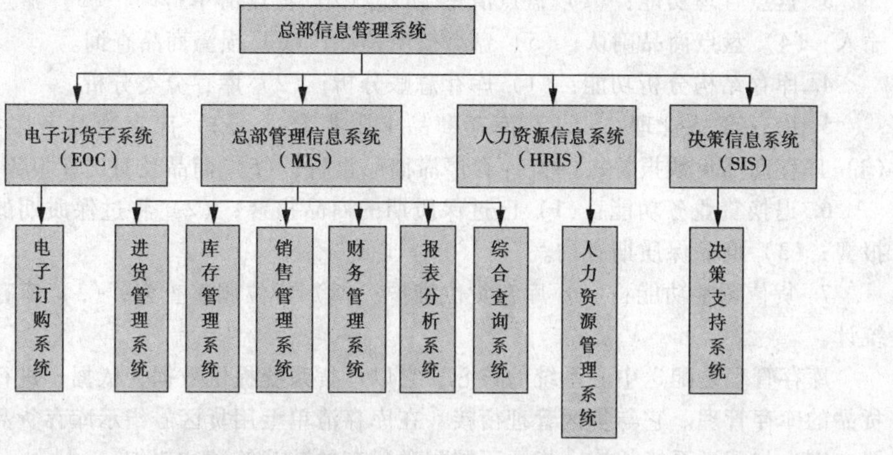

图 7－1　连锁总部信息管理系统结构示意图

（二）配送中心信息管理系统

配送中心信息管理系统是整个连锁经营管理信息系统的重要组成部分，它是整个信息系统的物流枢纽，基本构成如图 7－2 所示。

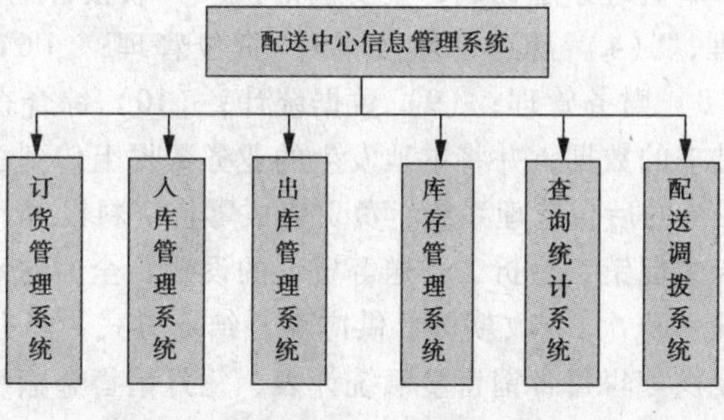

图 7－2　配送中心信息管理系统结构示意图

配送中心信息管理系统主要功能如图 7－3 所示。

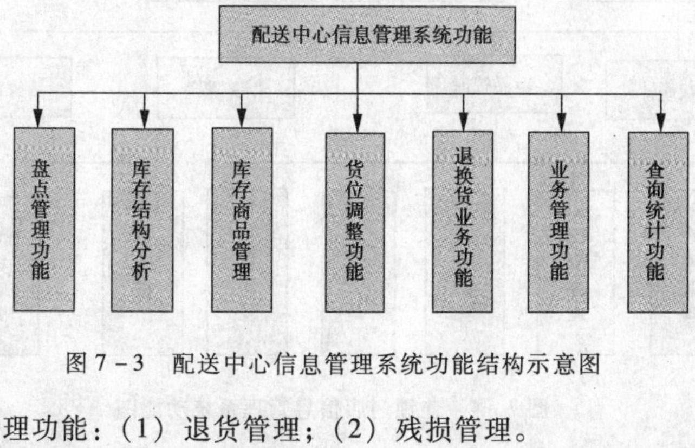

图 7－3　配送中心信息管理系统功能结构示意图

1. 业务管理功能：（1）退货管理；（2）残损管理。

2. 查询统计功能：（1）入库信息；（2）出库信息；（3）返库信息；（4）退货信息；（5）残损信息；（6）库存信息。

3. 盘点管理功能：（1）盘点清单生成；（2）盘点清单打印；（3）盘点数量输入；（4）盘点商品确认；（5）盘点损溢统计；（6）损溢商品查询。

4. 库存结构分析功能：（1）库存总账分析；（2）库存分类分析。

5. 库存商品管理：（1）库存商品上限报警；（2）库存商品下限报警；（3）库存商品负数报警；（4）库存停滞商品报警；（5）商品及时出库报警。

6. 退换货业务功能：（1）已过保质期的商品报警；（2）将过保质期的商品报警；（3）商品保质期查询。

7. 货位调整功能：（1）库存货位维护；（2）货位调整查询；（3）库存货位统计。

库存管理是配送中心系统的核心，它以订货系统提供数据为依据，进行每种货品的库存管理。它与货区管理衔接，在库存清单上用货区号指示库存货品的位置；它也与配送系统相连，指示不同配送货车的装载箱数和明细。

（三）连锁门店信息管理系统

连锁门店信息管理系统是连锁经营信息管理系统的基础，对整个门店经营过程中商品的销售、补货以及库存全过程等信息进行管理与控制，完成一定范围内的信息采集，为高层经营分析与决策奠定基础。连锁门店信息管理系统由前台POS系统和后台MIS管理系统构成，主要包括：（1）收银管理；（2）进货管理；（3）在库商品管理；（4）盘点管理；（5）货位管理；（6）库存结构分析；（7）客户管理；（8）财务管理；（9）数据统计；（10）综合查询等。接收总部及配送中心发送过来的数据，并将本地发生的业务数据上传到总部。同时作为零售前台（POS）系统的后台管理系统，负责完成零售资料设置和业务处理，包括前台所需的会员卡、促销、打折、赠送等资料的设置，全面的零售统计报表。零售可按货品、时段（班次）、收款员、供应商、结算方式、经办人、客户、客流量等统计汇总，提供零售每日销售金额统计表、每月销售金额统计表、零售毛利表，查询结果可随意排序。如图7－4所示。

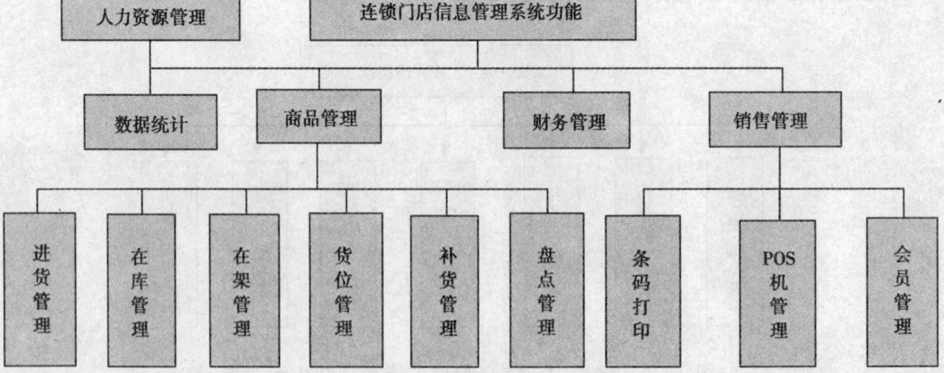

图7－4 连锁门店信息管理系统功能图

（四）远程联网系统

远程联网系统即数据通讯系统，由数据传输系统和数据处理系统组成。数据传输系统的作用是要把终端和中心机联接起来，高效率、准确安全地传输数据；数据处理系统的作用是以最佳的程序，迅速正确地处理数据。主要包括系统管理、发送管理、接收管理、隶控通信和主控通信子系统。

目前，我国许多连锁零售企业已实现了销售实时管理系统，可以解决进、销、存过程中的主要问题。其基本体系结构如图 7－5 所示。

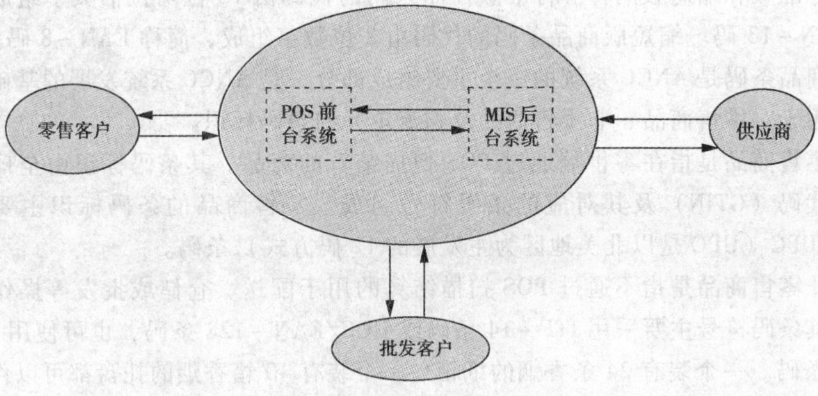

图 7－5　连锁超市自动化管理系统模式

第二节　商品编码管理技术

一、商品编码概述

（一）商品编码

商品编码是指用一组阿拉伯数字标识商品的过程，这组数字称为“代码”。商品代码是代表商品的数字信息，而商品条码是表示这一信息的符号，是一种国际通用的商品信息标识，是商业自动化管理和销售的基础。商品条码由一组规则排放的条、空及对应字符组成，表示一定信息。商品条码的条、空组合部分称为“条码符号”，对应符号部分由一组阿拉伯数字组成称为商品标识代码。条码系统是由条码符号设计、制作及扫描阅读组成的自动识别系统，是 POS 系统必不可少的重要部分。

零售商品代码与条码是指以满足零售扫描结算为主要目的，为商品单元编制的代码和条码标识。非零售商品代码与条码是指以满足非零售结算为目的，为商品单元所编制的代码和条码标识。在流通环节中，可以对该商品单元进行定价、订购或开据发票。物流单元代码与条码是指对物流中临时性商品包装单元所编制的代码和条码标识。位置代码与条码是指对厂商的物理位置、职能部门等所编制的代码与条码标识。厂商识别代码是指国际通用的商品标识系统中表示厂商的唯一代码，是商品条码的重要组成部分。商品代码是包含厂商识别代码在内的对零售商品、非零售商品、物流单元、位置、资产及服务进行全球唯一标识的一组数字代码。店内条码是指商店为便于商品在店内管理而对商品自行编制的临时性代码及条码标识。

在商品条码工作中，要制作商品条码符号，首先必须给商品编一个数字代码。商品条码的代码是按照国际物品编码协会（EAN）统一规定的规则编制的，分为标准版和缩短版两种。标准版商品条码的代码由 13 位阿拉伯数字组成，简称 EAN－13 码。缩短版商品条码的代码由 8 位数字组成，简称 EAN－8 码。

商品条码是 ANCC 系统的一个重要组成部分，是 ANCC 系统发展的基础。它主要用于对零售商品、非零售商品及物流单元的条码标识。

相关链接：

ANCC 系统是全球统一标识系统，是中国物品编码中心（Artide Numbering Center of China）根据国际物品编码协会制订的 EAN. UCC 系统规则和我国国情，研究制订并负责在我国推广应用的一套全球统一的产品与服务标识系统。

零售商品是指在零售端通过 POS 扫描结算的商品。其条码标识由全球贸易项目代码（GTIN）及其对应的条码符号组成。零售商品的条码标识主要采用 EAN/UPC（UPC 是以北美地区为主发展的 12 码方式）条码。

非零售商品是指不通过 POS 扫描结算的用于配送、仓储或批发等操作的商品。其条码符号主要采用 ITF－14 条码或 UCC/EAN－128 条码，也可使用 EAN/UPC 条码。一个装有 24 条香烟的纸箱、一个装有 40 箱香烟的托盘都可以作为一个非零售商品进行批发、配送。

物流单元条码是为了便于运输或仓储而建立的临时性组合包装，在供应链中需要对其进行个体的跟踪与管理。通过扫描每个物流单元上的条码标签，实现物流与相关信息流的链接，可分别追踪每个物流单元的实物移动。物流单元的编码采用系列货运包装箱代码（SSCC－18）进行标识。一箱有不同颜色和尺寸的 12 件裙子和 20 件夹克的组合包装，一个含有 40 箱饮料的托盘都可以视为一个物流单元。

（二）商品条码的组成

商品条形码是商品包装上由一组规则排列的条、空以及对应的字符组成的标记图案，条码符号和条码代码相对应，表示的信息一致（见图 7－6）。条码符号用于条码识读设备扫描识读，商品标识代码供人识读。其内容包含商品的生产国名、厂名、产品编号等信息。“条”指对光线反射率较低的部分，“空”指对光线反射率较高的部分，这些条和空组成的数据信息，能够用特定的设备识读，转换成与计算机兼容的二进制和十进制信息。通常对于每一种物品，它的编码是唯一的，对于普通的一维条形码来说，使用过程中仅作为识别信息。通过数据库建立条形码与商品信息的对应关系，当条形码的数据传到计算机上时，由计算机上的应用程序对数据进行操作和处理。

6 901234 000016　　(01)06901234567892　　6900 0010

EAN/UPC 条码　　UCC/EAN-12　　EAN-8

图 7－6　商品条码式样

标准版商品条码由厂商识别代码、商品项目代码和校验位组成，缩短版商品条码由商品项目识别代码和校验码组成。当取得了中国商品条码系统成员证书，获得全球唯一的厂商识别代码之后，企业要做的就是编制项目代码，并有专人负责管理。编码完成后，应当向中国物品编码中心通报编码信息。我国的国家标准GB12904－2003规定了商品条码的编码、结构、尺寸及技术要求。

参加EAN（国际物品编码协会）的成员国（或地区），分别规定了EAN条形码的代码，EAN条形码是通用商品条码。EAN－13码和EAN－8码的前3位数字叫“前缀码”，是用于标识EAN成员的代码，由EAN统一管理和分配，不同的国家或地区有不同的前缀码，与商品的质量没有关系。我国的前缀码目前有三个：690、691、692。中间4位是厂商代码，代表一个企业。后5位为商品代码和1位校验码构成。制造厂商代码由中国物品编码中心分配，商品代码由厂家编定，校验号是为了防止误读设置的。商品条形码的标准尺寸是37.29×26.26毫米，放大倍率是0.8～2.0。当印刷面积允许时，应选择1.0倍率以上的条形码，以满足识读要求。我国商品标识系统编码体系与条码符号的对应关系如图7－7所示。

二、为何要采用条形码技术

条形码技术是在计算机应用和实践中产生并发展起来的一种广泛应用于商业、邮政、图书管理、仓储、工业生产过程控制、交通等领域的，迄今为止最经济、实用的一种自动识别技术，在当今的自动识别技术中占有重要的地位。

（一）商品条形码的功能

商品条形码应用在POS系统上，它利用收款机作为终端与主机相联，并借助于光电识读设备录入商品信息，当带有条码符号所表示的信息录入到计算机，计算机从数据库中查找出该商品的名称、价格等，经过数据处理，打印出结算清单，并记录每一笔销售情况。商品条码相当于商品的“身份证”，大卖场里的几万种商品只要用各自的商品条码就可以轻易地区分开来。条码号码本身不包含商品的价格信息，那为什么收银员只要扫描条码，收银机屏幕上马上显示商品的价格呢？这是因为后台电脑根据条码号码查到事先设定的该商品名称、价格等信息，并显示在收银机屏幕上。其基本使用功能有：

1. 自动进行阅读识别。只要用扫描阅读器扫过条形码的标签，计算机就可以自动进行阅读识别，确定商品的代码，然后找定价、做累计等，进行汇总结算，输出总金额。具有快速、准确的特点。

2. 能对商品销售的信息进行分类、汇总和分析，有利于经营管理活动的顺利进行。

3. 可以通过计算机网络及时将销售信息反馈给生产单位，缩小产、供、销之间信息传递的时空差。

（二）条形码商品的优点

采用商品条码大大提高了门店的结算速度，减少了差错，从而可提高工作效率、改善库存。可以说，没有条码就没有现代化的连锁经营。

图 7-7 我国商品标识系统编码体系与条码符号的对应关系

1. 输入速度快。与键盘输入相比，条形码输入的速度约是键盘输入的 5 倍以上，并且能实现“即时数据输入”。

2. 采集信息量大。利用传统的一维条形码一次可采集几十位字符的信息，二维条形码更可以携带数千个字符的信息，并有一定的自动纠错能力。

3. 准确度高。利用光学字符识别技术出错率为万分之一，而采用条形码技术误码率低于百万分之一。

4. 灵活实用。条形码标识既可以作为一种识别手段单独使用，也可以和有关识别设备组成一个系统实现自动化识别，还可以和其他控制设备连接起来实现自动化管理。

此外，还有条形码标签易于制作，对设备和材料没有特殊要求，识别设备操作容易，不需要特殊培训，且设备也相对便宜，具有成本低、可靠性强等优点。

三、商品编码的原则

（一）唯一性

唯一性是商品编码的基本原则，是指同一商品项目的商品应分配相同的商品标识代码，不同商品项目的商品必须分配不同的商品标识代码。基本特征相同的商品应视为同一商品项目，基本特征不同的商品应视为不同的商品项目。通常商品的基本特征包括商品名称、商标、种类、规格、数量、包装类型等。商品的基本特征一旦确定，只要商品的一项基本特征发生变化，就必须分配一个不同的商品标识代码，即一品一码。唯一性原则可保证商品条形码在全世界范围内不重复，一个商品项目只能有一个代码，或者说一个代码只能标识一种商品项目。

（二）稳定性

稳定性原则是指商品标识代码一旦分配，只要商品的基本特征没有发生变化，就应保持不变，并且是终身的。同一商品项目，无论是长期连续生产、还是间断式生产，都必须采用相同的标识代码。即使该商品项目停止生产，其标识代码应至少在四年之内不能用于其他商品项目上。另外，即便商品已不在供应链中流通，由于要保存历史纪录，需要在数据库中较长期地保留它的标识代码。

（三）无含义性

无含义性原则是指商品标识代码中的每一位数字不表示任何与商品有关的特定信息。为了保证代码有足够的容量以适应产品频繁的更新换代的需要，最好采用无含义的顺序码。有含义的编码，通常会导致编码容量的损失。厂商在编制商品项目代码时，最好使用无含义的流水号。在 EAN 及 UPC 系统中，商品编码仅仅是一种识别商品的手段，而不是商品分类的手段。无含义使商品编码具有简单、灵活、可靠、充分利用代码容量、生命力强等优点，这种编码方法尤其适合于较大的商品系统。

四、商品编码的管理

商品编码的管理是指商品条码系统成员在已获得厂商识别代码的基础上，如何正确地给具体商品项目进行编码，以及对已编码的商品做好原始记录和档案，防止出现编码错误的工作过程。其基本要求就是要保证商品编码的唯一性原则，关键是要严格区分商品的不同项目，主要应从商品的种类、规格、包装、颜色等几个方面来考虑。系统成员应当指定专人负责商品编码的统一管理，加强对条码管理人员的业务知识培训，积极参加条码管理机构组织的培训；要建立有关条码工作的规章制度，完善商品编码的原始记录和工作档案，以便于对编码唯一性进行检查；还要做好条码管理人员变动时有关资料的移交工作，保持工作的连续性。在编码管理的具体操作上，一般适宜采用“大流水”的编码方式，这样能够最大程度地体现编码的“唯一性”和“无含义”原则，减少编码出错的机会。

在设计商品编码时应有超前性及便于识别，方便系统以后扩充，各个企业都要根据自身的特点先制定一套编码标准。商品编码的数据管理，可以用软件加以设置，定期自动对数据吐故纳新，可以设定对一段时间没有活动的编码数据自动放置到另一个历史数据库，保持原来的编码并增加识别标识，作为备忘和查询使用。原编码就可以重新分配给别的商品。这样可以保证使用中的数据库容量小、速度快。

我国 2005 年 10 月 1 日起施行的《商品条形码管理办法》规定：系统成员对其厂商识别代码、商品代码和相应的商品条码享有专用权；系统成员不得将其厂商识别代码和相应的商品条码转让他人使用；任何单位和个人未经核准注册不得使用厂商识别代码和相应的条码；任何单位和个人不得在商品包装上使用其他条码冒充商品条码；不得伪造商品条码；销售者应当积极采用商品条码。销售者在其经销的商品没有使用商品条码的情况下，可以使用店内条码。店内条码的使用，应当符合“店内条码”（GB/T 18283）的有关规定：生产者不得以店内条码冒充商品条码使用；销售者进货时，应当查验与商品条码对应的“系统成员证书”或者同等效力的证明文件。

第三节 POS 系统

POS（Point Of Sale）系统又称销售时点信息管理系统，通常是一个前后台相关联的系统。它是采用条形码技术、利用自动读取设备，通过收银员在前台收银机上实际操作采集的有关商品号、件数、交易时刻等信息，传送给通过网络连接的后台计算机，并由后台的计算机处理完整的商品销售数据，将结果储存在服务器数据库中，从而可进行商品销售的实时结算，经营者也可在后台通过商品销售数据库随时了解到各种商品的销售信息，及时跟踪处理销售与结算业务，并根据这些数据为销售进行详细、正确、迅速的分析，为商品的补货、陈列等一系列经营管理决策提供依据。POS 系统不仅实现了商品进、销、存的自动化管理，而且为顾客提供了最优质的服务，极大地提高了连锁经营质量和管理效率，是连锁企业发展的必由之路。

一、POS 系统的基本构件

POS 系统发挥管理功能的基本构件有商品条形码、条码标签印刷机、POS 收银系统、后台电脑及商品代码。商品条形码如上节所述，下面仅介绍后三部分 POS 系统结构如图 7－8 所示。

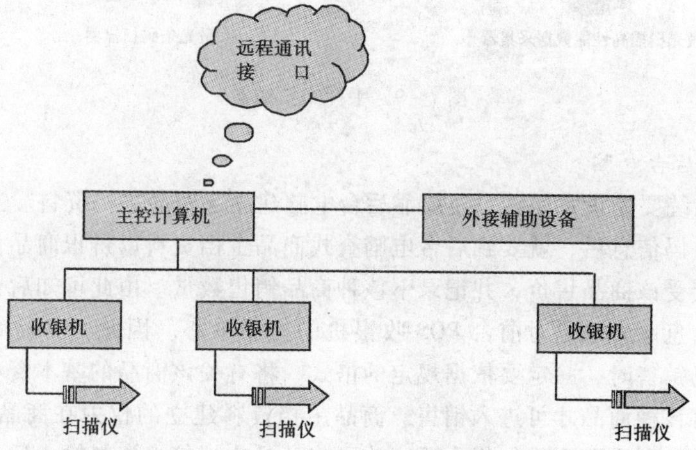

图 7－8　POS 系统结构示意图

（一）条码标签印刷机

目前我国商品条码主要有两类：一类为原印码，这是由制造商申请核准在商品出厂前直接印刷在商品包装上的条码；另一类是店内码，是由门店自行印制、在商品出售前粘贴在商品包装上的条码标签。印制店内码的条码标签印制机有三种，一是掌上型，二是桌上型，这两种都可以印制规格化商品（同样商品，价格也相同）的条码标签；第三种是电子称＋条码标签印制机，常用于连锁门店出售生鲜食品和拆分销售称重食品。

（二）POS 收银系统

连锁超级市场只有使用 POS 收银系统才能阅读商品条码，进行收银结账，并记录下商品的销售情况。目前较常用的 POS 收银系统主要有两种：

1. 电子收银机＋扫描器——主档控制器＋电脑。该系统一般适用于规模较大，收银台数较多的连锁超市，主档控制器可储存商品的主档资料，以批次方式将商品销售资料传至后台电脑，它可缓和后台电脑的工作负荷。

2. 电脑收银机＋扫描器。该系统较适用于规模较小的连锁超市，电脑收银机兼有收银机及存取电脑内商品销售数据的功能。

扫描器也称商品条码阅读机，它是 POS 收银机的重要组成部分。扫描器是利用光线反射来读取条码反射回来的光源，再转译成可辨认的数字，以确认是否为建档的商品代号。目前 POS 收银机的扫描器一般有三种类型：一种是光笔；一种是手握式扫描器（见图 7－9）；第三种是固定式扫描器。前两种扫描器的优点：一是价格便宜；二是较适用于商品较重、条码位置不易看到的商品等。缺点是扫描感应较差，扫描动作常需重复多次才有感应。后一种扫描器与前两种优缺点正好相反。

激光扫描高性能数据采集器　　　　激光条码扫描器

图 7－9　手握式扫描器

（三）后台电脑

POS 系统要能正常运转，还要靠后台电脑建立起商品主档资料。当扫描器接收了商品条码信息后，就要到后台电脑查找商品主档资料以辨识商品代号是否正确，然后接受该商品售价，并记录下该种商品销售数量。由此可知后台电脑是一个商品的信息库，也是对前台 POS 收银机的控制中心。因此，一种商品在第一次进入市场销售时，一定要依据规定的格式，将有关该商品的基本资料输入后台电脑，这时该种商品才可进入销售。商品主档资料建立的权力在商品采购人员，当电脑人员接到采购人员的指令后，才可将商品主档信息资料输入后台电脑。对连锁经营来说，商品主档资料建立由总部采购部进行，如电脑联网的话，可传输到各门店后台电脑，如不联网的话则可以将磁卡送至各门店，再输入至后台电脑建档。

（四）商品代码

商品项目代码由厂商按照产品的品种、商标、内装商品规格与数量及包装类型的不同分配不同的号码，一般按照顺序号编制，没有特定含义。

二、POS 系统的主要功能

美国零售业协会曾对零售业运用 POS 系统的调查显示，有 80% 的零售业者认为“POS 系统是零售业唯一的方向”。由此可见，现代的零售业离不开 POS，连锁经营管理更离不开 POS 系统的运用。

（一）POS 系统的作业功能

POS 系统的作业功能主要有以下几项：

1. 连锁超级市场在进行收银结算时，POS 收银机会自动记录商品销售的原始资料和其他相关的资料，并根据电脑程序设计要求，有一段时间的保证记录期。

2. 若遇到不识读条码等现象时，系统可允许采用价格或手工输入条码号进行记录、查询。

3. POS 系统可根据顾客需要，提供查询、换货和退货等多种服务。

4. POS 收银机会自动储存、整理所记录的全日的销售资料，并可以反映每一个时点、时段和即时的销售信息，作为提供给后台电脑处理的依据。

5. POS 收银机上的小型打印机可打印出各种收银报表、读账、清账和时段部门账。

6. 连锁总部的中央电脑可利用通讯联网系统向每一家门店输送下达管理指令、商品价格变动、商品配送等资料。

7. 中央电脑还可统计分析出每个门店的营业资料，产生连锁总部各部门所需要的管理信息资料，作为总部决策的依据。

8. POS 系统能迅速而准确地完成前台收银的工作，支持现金、支票、信用卡等不同的付款方式，记录会员的消费情况，自动统计会员的积分，同时能保存完整的记录。

（二）POS 系统的管理功能

POS 系统作为商业自动化的一种现代管理手段，主要有以下几项管理功能：

1. POS 系统能准确、迅速地获得更有用的商品销售信息资料，在商品管理上有助于调整进货和商品结构，减少营业损失，抓住营业机会，为决策提供可靠的依据。

2. 可以准确地把握投向市场的商品种类、数量和价格，再加之商品采购和配送系统的配合，便于提高商品周转率和毛利率、减少商品库存量和商品降价量。

3. 可作为消费对象管理，把握消费趋势，有针对性地进行商品进货和销售。

4. 大大节省营业人员编制报表的时间，有益于现场实际销售作业。

5. 可作为营业时间的管理，以合理地配备营业人员，节省人工费用。

6. 可作为商品价格的管理，作为促进销售最有力的依据。

7. POS 系统可分类别地对商品进行 ABC 分析，也可根据营业资料对门店进行不同期的比较分析，经营者据此可制定出连锁企业发展的营业计划等。

8. 财务人员能更加及时清楚地掌握有关财务数据，便于更好地控制成本和费用，提高资金周转率等。

三、POS 系统运作流程

POS 系统的运行有以下五个步骤：

1. 门店销售的商品都粘贴条形码；

2. 收银机打印出顾客购买的详细清单；

3. 清单上的信息通过在线连接传送到总部；

4. 总部分析后发现畅销品和滞销品，并以此进行货物调整、品种配置、商品陈列、价格调整等作业；

5. 将信息传送给供应商、生产商、物流商等供应链上的相关企业。

四、适合模式

连锁经营总部：可在总部局域网中安装一个或多个后台进销存系统，通过各部门操作人员的数据录入和维护，将整个企业的商品进销存流程纳入良性的运转状态，在后台完成商品、客商、客户等信息维护，进货、存货和销货等业务管理，以提供给各门店准确的系统数据。

在每一个门店中安装一台收银机监控系统，下设多个 POS 机，由收银机监控程序通过网络与总部服务器连接，负责接收总部系统数据，并收集下属 POS 机的销售数据，汇总成销售单后发送回总部服务器。若规模较小则可将收银机监控和前台系统安装在同一台计算机上。

第四节 MIS 系统

MIS（Management Information System）即管理信息系统，也是后台管理系统。指连锁经营企业为增加产品销售，在企业内部对商品计划、合同、购、进、销、调、存、核算、财务、信息搜集、加工、传递、存贮、统计分析及辅助决策的整体循环过程中，以数据信息为轴心、全面自动化的管理控制系统。管理信息系统由四部分组成：信息源、信息处理器、信息用户和信息管理者，是对商业连锁企业内部人、财、物的全面管理信息系统，目的是提高商业连锁企业的管理水平和管理效率，如图 7－10 所示。

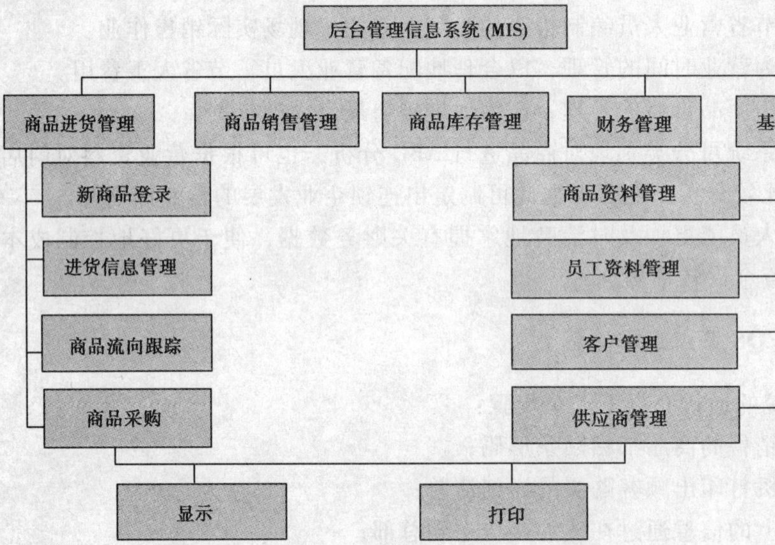

图 7－10　零售商业 MIS 功能示意图

商业管理信息系统是现代的商业管理方法和先进的计算机管理技术相结合的产物，是一项融系统工程和软件工程于一体的复杂工程。它规范了连锁企业业务，可以为高层管理者提供准确及时的决策数据。连锁企业管理信息系统作为一种商业管理信息系统，是用计算机技术进行人事管理，营运管理，财务管理等集各方面管理为一体的管理信息系统。其管理信息系统的好坏不仅直接决定了能否提高企业的形象和竞争力，而且还直接影响企业的运营和盈利。连锁超市管理系统是典型的管理信息系统。

一、构建连锁经营管理信息系统的必要性

随着连锁经营规模的发展，商品数量急剧增加，有关商品的各种信息量大且繁杂。连锁企业随时需要对商品各种信息进行统计分析、对各种报表及员工信息需要管理等。为了满足管理的需求，连锁经营采用了计算机、收款机、条形码、网络等先进技术和设备相结合的信息系统。

管理信息系统的开发与应用，不仅有助于增强连锁企业的市场竞争力，而且对其管理产生深远的影响。

1. 克服了连锁经营管理中的盲目性和决策中的随意性，有利于进行科学和规范的现代化管理，提高工作效率。

2. 连锁企业通过信息管理软件能将收集到的信息及时迅速地为生产厂家所共享，使产、供、销之间信息反馈的时间差、地区差大大缩小。如生产和流通中的库存规模在不断缩小，甚至不再需要库存；相关的运输更加优化，资金占用减少，消除了信息在传统生产、流通等诸多环节中的浪费。

3. 在企业信息化建设过程中，MIS 系统的实现可促进管理人员自身素质的提高。

二、连锁管理信息系统目标

结合连锁企业自身的特点以及我国连锁经营的现状，该系统应达到以下目标：

1. 使商品数据流转迅速、通畅，加快商品流、资金流的流动，缩短商品流转周期。

2. 建立稳定的数据库，及时地提供可取信息，对门店的经营状况做出全面、准确、直观的反映，并对经营管理信息进行深入的数据分析和需求分析。

3. 大大地提高经营管理效率，用计算机处理取代手工操作，降低运营成本。

4. 有效支持经营管理决策，为管理人员确定下一步的应对措施提供充分依据。

5. 管理信息系统和网络架构应经济可行。

三、连锁经营管理信息的功能

现代连锁企业自动化管理根据实际管理需求，分为前台管理和后台管理两部分，前台系统主要提供一个快速、准确、安全、灵活、操作简便的销售收银系统，主要负责销售收银工作。它能够自动识别国际物品编码和店内码两种商品条码，商品条码的输入可以使用扫描输入和手工输入码两种输入方式，其功能主要在销售管理中实现；后台管理主要负责商品进货、库存以及商品、供应商、客户等资料管理和系统维护等工作，此系统主要是以商品管理为基本依据，并对数万余种商品的进、销、调、存、批、退各个物流环节，以及相应的资金流环节、相关的供货商与会员信息等进行全面管理，同时能够提供完善的数据统计和分析处

理能力，动态反映商品的资金、商品的周转情况，为企业提供完整、准确、快速的经营分析和辅助决策分析的现代化科学管理手段。该系统主要应由商品进货管理、销售管理、库存管理、基本资料管理、财务管理组成。

（一）商品进货管理

商品进货是指连锁商业企业用于销售而采购商品的商业活动，是整个企业经营过程的起点。商品的进货管理主要有：

1. 新品登录。首次采购进店的商品需进行登录，录入其基本资料，如编码、名称、规格、型号、数量、税率、分类码、进价、核定销售价格等，以便将有关信息传送给 POS 机，否则无法在收银机上销售。

2. 进货信息的输入及修改、查询、删除。包括进货信息编号、供应商编号、供应商名称、商品代码、商品名称、商品规格、批次、计量单位、商品数量、进货单价、进货日期、进货人、验收人、生产日期、保质期等。

3. 商品流向跟踪。以商品流转的进、销、存、调、退、批各环节为主轴，跟踪商品流向，对各类数据进行分析统计，实时掌握销售和库存情况，以及进、出、退、批、销各类单据，并实现对赠品单独管理。通过对供应商商品等基本信息的搜集与整理，建立贸易伙伴以及经营商品的档案，为采购人员快速而准确的完成采购、补货作业提供依据，避免了不合理库存。

（二）商品销售管理

销售信息的录入、修改、查询、删除，包括销售信息编号、顾客编号、顾客名称、商品编号、商品名称、商品规格、计量单位、商品数量、商品单价、销货日期等；提供各类销售统计报表，畅、滞销商品排行分析，依据历史销售情况作出相关经营销售分析统计。为商品进、销、存、调、批提供可靠的决策依据。根据销售数据、商品库存状况以及商品供应商信息等制订商品购进计划，并进行进货的全过程管理。

（三）商品库存管理

商品库存是指连锁企业的待销商品，它受商品的生产周期、保质期限、进货周期、仓储条件、资金状况、供求及销售情况等一系列因素的影响，应能随时了解库存情况，以减少库存损失。商品库存管理包括物资的入库、出库、盘点、库存账、报盈报亏、打印入出库单以及各种查询统计等管理。

（四）基本资料管理

1. 商品资料管理。包括商品的调拨，应对调拨商品编号、名称、规格、数量、核算单价、金额等信息进行记录，商品进货调整信息处理，商品基本属性处理，单价和批价、调价，搞活动商品和商品进货的选择，商品的损益管理以及对商品进销存的分析统计和决策等。

2. 员工资料管理。包括员工基本属性处理以及人事派遣等。

3. 客户管理。包括顾客信息的录入、修改、查询、删除，主要有顾客编号、公司名称、联系人姓名、公司地址、所在城市、所在地区、邮政编码、电话号码、传真号码等；会员汇总统计、会员消费总额、会员消费优惠控制等。

4. 供应商管理。包括供货商基本信息处理，最优商品供货商的评价与选择等。供应商信息的输入、修改、查询、删除，包括供应商编号、公司名称、联系人名称、公司地址、所在城市、所在地区、邮政编码、电话号码、传真号码等。

（五）财务管理

对进货及营销资金进行管理，并对员工的工资等进行管理。包括对外和内部应收应付账管理，经营财务信息、财务结算信息及其他如资产等财务信息管理。

第五节 EOS 系统

EOS（Electronic Ordering System）即电子订货系统，是指企业间利用通信网络（如互联网）和终端设备，以在线联结方式，进行订货作业和订货信息交换的系统。是连锁企业总部与批发商、制造商、配送中心和连锁门店等之间的商品订购、运输、调配等订货——供货信息系统。在这个系统中由于涉及管理环境以外的社会供货机构，所以要求所交换的数据在商业整体结构下按统一的标准，实现电子数据交换即 EDI 的商业化。EOS 除了适用订货管理之外，还可兼顾盘点管理。

一、EOS 的特点及作用

（一）EOS 的特点

1. 连锁企业内部计算机网络应用功能完善，能及时产生订货信息。

2. POS 与 EOS 高度结合，产生高质量的信息。

3. 满足零售商和供应商之间的信息传递。

4. 通过网络传输信息订货。

5. 信息传递及时、准确。

6. EOS 是许多零售商和供应商之间的整体运作系统，而不是单个零售店和单个供应商之间的系统。电子订货系统在零售商和供应商之间建立起了一条高速通道，使双方的信息及时得到沟通，使订货的周期大大缩短，既保障了商品的及时供应，又加速了资金的周转，实现了零库存战略。

（二）EOS 在物流配送中的作用

EOS 在物流配送中主要有如下作用：

1. 相对于传统的订货方式（如上门、邮寄、电话、传真订货等）而言，EOS 缩短了订货商品的交货期，减少了商品订单的出错率、节省了订货的日常费用。

2. EOS 有利于减少企业的库存压力，提高库存资金周转速度，提高企业的仓储管理效率，同时也能有效地防止商品、特别是畅销商品缺货现象的发生。

3. 对于供货厂商和批发商来说，EOS 可帮助分析零售商的商品订货信息，便于准确判断畅销品和滞销品，有利于企业制订生产、物料、采购、商品库存和销售配送等计划，使产供销一体化。

4. 有利于提高企业物流信息系统的效率，使各个业务信息子系统之间的数据交换更加便利和迅速，丰富企业的经营信息。

EOS 使各批发、零售门店将所需的订货数据输入计算机，并通过计算机的通信网络，将有关数据和资料传送到总部、业务部、供应商或制造商，一旦订货得到确认后，物流、仓储中心根据总部的通知，便将商品配送给各个订货的门店。EOS 的最大优势不仅在于操作简便，更在于能快速准确地帮助零售、批发和制造商掌握订购和批发的趋势以及紧俏商品等相关信息，使订货业务的管理走向规范化、电子化、标准化，并使企业的日常订货作业更迅速、更准确，成本更低。

二、EOS 系统基本构件与功能

（一）EOS 系统基本构件介绍

1. 价格卡（含商品条形码）。EOS 系统是以扫描的方式将欲订货的商品条码输入掌上型终端机，再输入订货数量，来完成一种商品的订货工作。在订货作业中，商品的条码不一定要求贴在商品上，只要扫描商品价格卡上的商品条码就可完成订货作业。EOS 系统采用价格卡的好处是价格卡上的条形码不易变动，其稳定性和准确性好，订货人员可在卖场中随时掌握存货状况，并对是否订货迅速作出决定。

2. 掌上型终端机。掌上型终端机功能是将所需订货的商品条码及订货数量，以扫描和输入的方式储存在掌上型终端机的记忆体中，待订货作业结束，再将掌上型终端机与后台电脑连接，把储存在记忆体中的订货资料存入电脑主机。掌上型终端机具有电脑储存、处理和运算等功能。

3. 数据机。它是连接订货地和发货地两地电脑的主要通讯装置。输入电脑内的订货资料要通过数据机才能输送给供应商或配送中心。它可将电脑内的订货数位化资料转换成线性脉冲资料，通过专用线或拨接方式，传递给对方的数据机，再还原成数位信号，进入电脑产生出发货资料。

（二）EOS 系统的功能

它的功能主要是运用于门店的订货管理和盘点管理。

1. 订货管理。订货是连锁经营管理的起点，订货质量的好坏、成本的多少、效率的高低直接关系到连锁经营的效益。电子订货系统在连锁门店、配送中心、连锁总部和供应商之间建起了一条信息高速通道，使各方能及时沟通，不仅提高了订货效率，使订货周期大大缩短，保证商品及时供货，而且减少了订货差错，提高了订货质量，降低了成本，有利于实现规范化、电子化、标准化。

2. 盘点管理。盘点是连锁企业加强商品管理的重要手段，但由于连锁企业所经营的商品品种成千上万，采用电子订货系统可迅速准确地做好盘点工作，将连锁企业营业场所和库存商品降到最低限度，为连锁企业的科学管理奠定好基础。

三、EOS 系统的作业流程

（一）EOS 订货流程

1. 订货人员进行订货作业时，需先到卖场查看商品的销售状况，确认订货方可进行订货作业。要特别注意是否有未上货架的库存商品。

2. 订货人员若确认后仍有订货需求，则可以在下列两种方式中任选其一进行：（1）在订货簿上记入订货量，再持掌上型终端机登录储存订货资讯；（2）手持掌上型终端机，直接到卖场，扫描所需进货的商品价格卡，以登录商品条码及数量。

3. 订货人员将储存在掌上型终端机的订货资讯输入电脑，再由电脑通过数据机，把定货资讯传至总部电脑。

4. 连锁总部的电脑汇总各门店的订单后，可以下列三种方式向供货厂商（或物流中心）订货：（1）以数据机将汇总订货资讯传至供货商的电脑，此种方式较适合大型供货厂商。（2）将连锁总部的订货资讯，自动传给供货厂商的传真机。此种做法可针对中小型供货商，可节省作业时间，正确性高。（3）将连锁总部电脑汇总的订单资料列印出来，交给供货厂商的业务人员带回，或者派人直接送出。此种方式最费时，在上述前两种方式均未采用时方可使用。EOS 订货流程如图 7－11 所示。

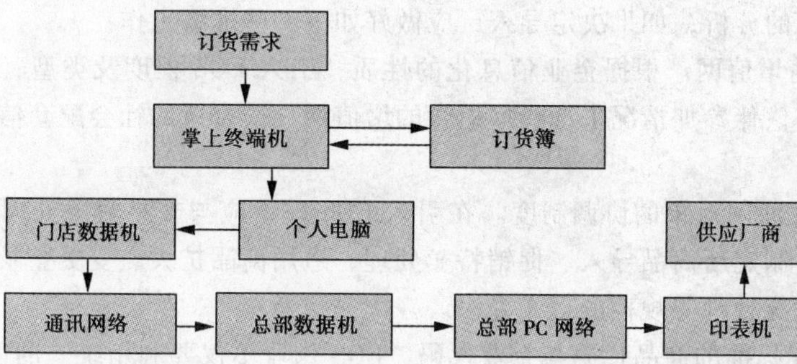

图 7－11　EOS 订货流程图

（二）盘点流程

1. 当进行盘点作业时，盘点人员手持掌上型终端机到仓库及卖场，逐一扫描货架标签卡或商品上的条码，再输入清点的商品数量。

2. 把所有商品存货数量清点输入完毕之后，再将掌上型终端机连接到店内电脑上，并进行统计分析，以便传输盘点资料。

3. 通过数据机把盘点资讯传至总部电脑，总部电脑经过汇总、运算之后产生盘点统计表、盘盈（亏）表及其他管理报表。

EOS 系统从以往单纯的订货作业，发展到盘点作业，甚至其他管理资讯的传递，应用层面甚广；另外由于 EOS 投资小、可控制因素多、成功率大，对实行连锁企业自动化作业，EOS 系统发挥着很大的作用。盘点流程见图 7－12。

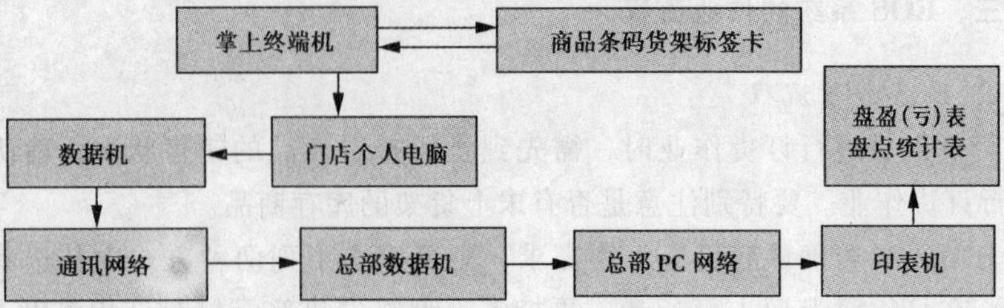

图 7－12　盘点作业流程

四、EOS 的实施

（一）EOS 应用条件

应用 EOS 必须具备以下前提条件：

1. 商品条形码是 EOS 系统的实施基础；

2. 订货商品目录账册是 EOS 系统成功实施的重要保证；

3. 计算机及订货信息输入和输出终端设备及 EOS 系统的精心设计是企业实施 EOS 系统的必备条件。

（二）电子订货系统准备工作

导入电子订货系统首先要对本连锁企业的情况以及社会配套条件等方面的问题进行全面的分析，如果决定导入，应做好如下一些准备工作：

1. 申请增值网。根据企业信息化的性质，引入 EOS 程度及类型、服务、性价比及交易伙伴参加情况来选择最适合的增值网、最合适的社会配套信息管理系统。

2. 建立联网对象的协调制度。在引入 EOS 前，应与交易对象共同建立 EOS 运作规范，制定新商品导入、促销特卖处理、适用商品扩大、变更登录、标签发付、意外状况处理等规范的运作办法。

3. 建立标准的商品代码与企业代码。EOS 作业不仅要利用统一的商品条码，还必须对商品分类码、企业代码、店内码等标准化。包括建立公共企业代码、自有商品代码、通用商品代码、条形码作业和后续代码的管理体制等。

4. 建立商品目录。商品目录是商品数据库的书面形式，扫描后即可进行电子订货，必须登录商品代码与名称、供应商代码与名称、售价等基本数据。建立商品订货簿和货架卡。订货簿和货架卡至少应标示的项目有：商品代号、商品条码、商品名称、售价。

5. 货架卡定位。货架卡是 EOS 作业的必备条件，通常由连锁总部（或供应商、增值网络中心）制作发行，门店得到货架卡后应放置到指定的货架上，并随时注意其位置的变动。

6. 建立标准的订货模式。主要包括：（1）订货方式，如利用货架卡、订货簿，或两者并用，或采用安全存量订货法；（2）订货时间，如固定式或不定式；（3）订货周期，如每日、隔日、每周两次等；（4）订货人员，可选择专业订货人员、商品群负责人或店长；（5）根据订货作业量来确定电子订货系统终端机台数；（6）设备操作，应制作标准的作业手册。

7. 建立商品交易档案。根据商品目录建立交易对象对照表，增值网络中心、供应商、连锁总部才能据此进行分单处理和数据分析。

8. 建立统一的传票。使用统一的传票有利于交易各方交换信息，这也是EOS 作业的基础。

9. 培训作业人员。电子订货系统必需在导入前进行必要的教育培训，以建立共识，同时应对直接相关的人员针对维护、操作、例外处理等问题进行训练指导。

10. 指定对外联络人，以便协调零售商、供应商、增值网络中心间的例行事务和意外状况的紧急处理。

11. 意外状况处理的对策。应事先制订硬件设备故障、订货错误及通信线路问题等各种意外情况处理的方案，将延误损失降到最低程度。

12. 引入测试。在正式上网作业前，除对系统和通信线路进行测试外，还应在门店对货架卡、订货簿、终端机等，选定少量商品进行 EOS 实地测试，待操作作业准确无误后，才可选定日期正式引入。

在寸土寸金的情况下，要求供应商及时补足商品数量且不能有缺货，更有必要采用 EOS 系统。EOS 内涵了许多先进的管理手段，越来越受到商界的青睐。

第六节 ECR 系统

ECR（Efficient Consumer Response），即有效客户反馈系统，是连锁零售市场导向的供应链策略，商品供应商、制造商、物流配送商、销售商、门店之间紧密配合，由客户引导补货，使高品质的商品和正确的信息经过无纸化的 EDI 系统，把生产商的生产线和零售商的结账平台连接起来。其本质是连锁企业和供应商以满足顾客要求和最大限度降低物流过程中的费用为原则，充分利用信息技术，通过高效门店的商品品种、高效补货、高效促销和高效新产品引进等策略，对消费者需求及时做出准确反应并提供更好的服务，是现代供应链管理的一种全新模式。

有效客户反馈系统的信息流，在所有供应链的节点上，都是双向的，使信息和货物的交换更快捷、更有效、更可靠，不仅提高了企业的效率，更提高了整条供应链的效率，在降低物流成本的同时，使客户有更多的选择高质量、新鲜货物的机会，大大提高了客户的满意度和忠诚度。

要最高效率地满足消费者不断增长、多样化的需求，那么就要求连锁经营企业加强商品管理，并驱动供应链的优化，这是 ECR 的目标。只有更好地满足消费者的需求，零售商、分销商和制造商才能生存和发展，才更有竞争能力。ECR 的最终目标是连锁企业和供应商组成联盟，一起为消费者最大的满意度以及最低成本而努力，建立一个迅捷的消费者驱动系统，实现精确的信息流和高效的实物流在整个供应链内的有序流动。

一、ECR 系统的特点

（一）重视采用新技术、新方法

ECR 系统采用了先进的信息技术，并采用了种类管理和空间管理。种类管理的基本思想是不从特定品种的商品出发，而是从某一种类的总体上考虑收益率最大化。就软饮料而言，不考虑其品牌，而是从软饮料这一大类上考虑库存，柜台面积等要素，按照投资收益率最大化原则去安排品种结构。其中有些品种能赢得购买力，另些品种能保证商品收益，通过相互组合既满足了顾客需要，又提高了门店的经营效益。空间管理指促使商品布局、柜台设置最优化。通过两者的结合实现单位销售面积的销售额和毛利额的提高。

（二）建立了稳定的伙伴关系

ECR 系统在生产者、批发商、连锁企业之间建立了一个连续的、闭合式的供应体系。改变了相互敌视的心理，使他们结成了相对稳定的伙伴关系，实现了共存共赢，是一种新型的产销同盟和产销合作形式。

（三）充分利用了信息处理技术，使产购销各环节的信息传递实现了非文书化

无论是企业内部的传票处理，还是企业之间的订货单、价格变更、出产通知等文书都通过计算机间的数字交换（EDI）进行自动处理。由于利用了电子数据交换，生产企业在出产的同时，就可以把出产的内容电传给进货方，作为进货方的连锁企业只要在货物运到后扫描集运架或商品上的条码就可以完成入库验收等处理工作。由于全面采用了电子数据交换，可以根据出产明细自动地处理入库，从而使处理时间大大缩短，这对于迅速补充商品，提高预测精度，大幅度降低成本起了很大作用。

相关链接：

电子数据交换即 EDI（Electric Data Interchange），是一种利用计算机进行商务处理的新方法，它将贸易、运输、保险、银行和海关等行业的信息，用一种国际公认的标准格式，通过计算机网络，使各有关部门、公司和企业之间进行数据交换和处理，并完成以贸易为中心的全部业务过程。

二、ECR 系统要素和实施原则

（一）ECR 系统要素

有效客户反馈系统具有四大要素，如图 7－13 所示。

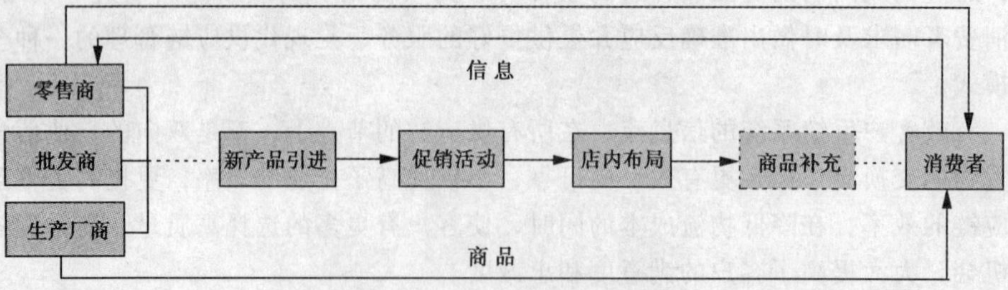

图 7－13　ECR 和供应链过程

1. 快速的商品引进。最有效地开发新产品，制订产品的生产计划，以降低成本。

2. 快速的门店分类。通过二次包装等手段，提高货物的分销效率和使库存及商店空间的使用率最优化。

3. 快速的促销。提高仓储、运输、管理和生产效率，减少预先购买、供应商库存及仓储费用，使贸易和促销的整个系统效率最大化。

4. 快速的补货。以需求为导向通过 EDI 系统进行自动连续补货和计算机辅助订货，降低订货成本，使补货的时间和成本最优化。

（二）ECR 的实施原则

应用有效客户反馈系统要从连锁企业高层开始，就要坚持以消费者为中心，以数据为基础，保持与业务伙伴的协作关系，强调整体系统推进，这是 ECR 成功的保障。ECR 的两个主要原则是以消费者为核心和合作。持续的连锁经营成功靠的是提供给消费者的商品与服务持续满足和超过他们的需求与期望。此外最大化的消费者价值只有在供应链上的公司手连手才能克服妨碍效率的障碍。ECR 的实施原则包括如下五个方面：

1. ECR 要求必须以低成本不断致力于向消费者提供高价值服务，这种高价值服务表现在产品性能更优、质量更好、花色品种更多、现货服务更好以及更加便利的服务。

2. ECR 要求供需双方必须从传统的输赢交易关系转变为双赢的联盟伙伴关系。这就需要企业的最高管理层对本企业的组织文化和经营习惯进行改革，达到获利的目的。

3. ECR 要求及时准确的信息必须在市场营销、生产制造、物流配送等决策方面起重要作用。ECR 要求利用行业 EDI 系统在组成供应链的企业间交换、分享信息。

4. ECR 要求产品必须随其不断增值的过程，从生产至包装，直至流动至最终客户获得商品，确保客户能随时获得所需产品。

5. ECR 要求即时配送、交叉配送、自动的连续补货和门店直送等，必须建立与供应链匹配的绩效评估体系，它着眼于系统整体的效益，明确地确定可能的收益，进行公开利益分配。

三、ECR 系统的主要策略及实施方法

（一）ECR 系统的主要策略

有效客户反馈系统具有四大策略：

1. 使连锁门店的空间最大化。

2. 使新产品的导入效果最大化。

3. 使补货系统的时间和成本最佳化。

4. 使交易和促销系统的效率最大化。

国外在建立新型的物流供应链战略合作方面采用的典型方法有两种：ECR（效率型消费者对应）和 QR（Quick Response，快速反应）。它们的共同特征表现为超越企业之间的界限，通过合作，追求物流效率化。ECR 和 QR 两种方法，对我国的零售企业和供应商都是挑战。零售企业要成功实施 ECR 和 QR，提高物

流效率和管理水平，除了要改变观念和供应商建立战略合作伙伴关系外，还要高层决策者有热情和决心推动这项工作，正确地把握顾客的价值和需求，制定明确的目标和标准，积极改革传统组织机构。ECR 战略涉及的有效门店空间管理、有效商品补充、有效促销和有效新产品导入四个核心领域，主要目标则包括以低成本向消费者提供高价值的服务、从传统型交易关系向双赢型交易关系转化、利用准确适时的信息支持有效的市场、生产以及物流决策、产生最大商品附加值，确保消费者可以及时获得所需要的商品等内容。

(二) ECR 的实施方法

要实施 ECR，首先应联合整个供应链所涉及的供应商、连锁门店，改善供应链中的业务流程，使其最合理；然后，再以较低的成本，使这些业务流程自动化，以进一步降低供应链的成本，并提高作业效率。具体地说，实施 ECR 需要将条码、扫描技术、POS 系统和 EDI 集成起来，在供应链（由生产直至付款柜台）之间建立一个无纸系统，以确保产品能不间断地由供应商流向最终客户，同时，信息流能够在开放的供应链中循环流动。ECR 的实施离不开信息标识及表示技术。建立 ECR 系统需注意的几个问题：

1. 系统运行前要做好培训工作。
2. 系统运行初期输入问题较少，质量部门要带头输入。
3. 只要是问题就可输入系统，不必考虑问题大小与信息是否非常全面。
4. 各部门尽量设立专、兼职的 ECR 系统维护人员。
5. 必须成立由管理、技术及经验丰富的开发、制造、质量人员参加的专家小组，一般由 3 ~5 人组成。
6. 充分考虑 ECR 系统与其他系统的兼容性。

复习思考与练习

一、思考题

1. 你认为连锁企业管理信息系统与其他管理信息系统有哪些异同点?
2. 调查了解你所在地区连锁企业信息管理的流程，并比较各有何不同。
3. 试述连锁企业管理信息系统中总部的功能。
4. 请为某中小连锁零售企业设想一种管理信息系统。
5. 试述连锁企业管理信息系统中配送中心管理的内容。

二、案例分析题

沃尔玛：利用信息技术成全其零售业霸主地位

沃尔玛的全球采购战略、配送系统、商品管理、电子数据系统、天天平价战略在业界都是可圈可点的经典案例。可以说，所有的成功都是建立在沃尔玛利用信息技术整合优势资源，信息技术战略与零售业整合的基础之上。

早在 20 世纪 60 年代中期，山姆·沃尔顿只拥有几家商店的时候，他就已经清醒地认识到：管理人员必须能够随时随地获得他所需要的数据。比如，某种商品在沃尔玛的商店里一共有多少？上周的销售量呢？昨天呢？去年呢？订购了多少商品？什么时候可以到达？在管理信息系统应用之前，这样的工作必须通过大量的人工计算与处理才能得到。因此实时控制处于任何地点的商店的想法只是一个梦想而已。要在现有的基础上扩大经营规模，只有密切追踪信息处理技术的进步。

在信息技术的支持下，沃尔玛能够以最低的成本、最优质的服务、最快速的管理反应进行全球运作。1974 年，公司开始在其分销中心和各家商店运用计算机进行库存控制。1983 年，沃尔玛的整个连锁商品系统都用上条形码扫描系统。1984 年，沃尔玛开发了一套市场营销管理软件系统，这套系统可以使每家商店按照自身的市场环境和销售类型制订出相应的营销产品组合。

在 1985 至 1987 年之间，沃尔玛安装了公司专用的卫星通信系统，该系统的应用使得总部、分销中心和各商店之间可以实现双向的声音和数据传输，全球 4000 家沃尔玛分店也都能够通过自己的终端与总部进行实时的联系。

管理信息系统的应用使沃尔玛有关各方可以迅速得到所需的货品层面数据、存货水平和订购信息，观察销售趋势甚至更多。沃尔玛每销售一件商品，都会即时通过与收款机相连的电脑记录下来，每天都能清楚地知道实际销售情况。沃尔玛各分店、供应商、配送中心之间建立的卫星通讯网络系统使沃尔玛的配送系统完美无缺。这套系统的应用，使配送中心、供应商及每一分店的每一销售点都能形成在线作业，在短短数小时内便可完成“填妥订单——各分店订单汇总——送出订单”的整个流程，大大提高了营业的高效性和准确性。通过采用最新的信息技术，员工可以更有效地做好工作，更好地作出决策以提高生产率和降低成本。

沃尔玛零售业的经营与信息技术战略很好地相结合，使我们看到信息技术始于战略，而非系统。只有明白信息技术为企业业务所带来的影响，并由此作出信息技术决策，才能产生最佳方案。因此，公司不应把“我们需要多少信息技术业务”当做首要的问题来考虑。相反，最应该探讨的问题是：“信息技术能为我们带来什么，我们该如何利用信息技术创造商业价值？”成功的企业着重于将信息技术资源投入到战略应用中，而不是将其投入到大量低价值的维护与运作事宜中。

资料来源：姚贤涛：《沃尔玛：利用信息技术成全其零售业霸主地位》，http://www.cko.com.cn/，2004 年 11 月 15 日。

问题：本案例给你带来什么启示？

第八章

连锁企业的人力资源管理

连锁企业人力资源管理涉及整个企业总部和门店人员的招聘、培训、考核、奖励、福利待遇等内容，管理范围广，方法多，技术性强。人力资源具有流动性特点，必须实施动态管理，这又进一步增加了管理的难度，因此更注重实践经验的积累。

案例导读

麦当劳的人力资源管理模式

吃过麦当劳快餐的人都知道，在任何一个麦当劳店，你所得到的汉堡都是一样的。这就是麦当劳的连锁标准化管理。麦当劳的人力资源管理也同样有一套标准化管理模式，包括如何面试，如何挖掘一个人的潜力，等等。

一、天才是留不住的

麦当劳不用天才，天才是留不住的。麦当劳请最适合的人才，努力去工作的人。

二、鼓励员工永远追求卓越

麦当劳的管理人员 95% 要从员工做起，包括人力资源部经理。每年麦当劳北京公司要花 1200 万元用于培训员工。包括平时培训或去美国上“麦当劳汉堡大学”。麦当劳在中国有三个培训中心，培训中心的老师全都是公司有经验的营运人员。餐厅部经理以上人员要到“麦当劳汉堡大学”学习，北京 50 家连锁店已有 100 多人去学习过。不单去美国，日本、新加坡，一些比较好的城市他们也会去。麦当劳给每一个员工规划一个很长远的计划来改善现在的情形，鼓励员工永远追求卓越，追求第一。当然，他们会给每个人平等的机会，不搞裙带关系。

三、没有试用期

麦当劳的面试分三步：最初由人力资源部门去面试；第二步由各职能部门面试；第三步请他来店里工作三天，这三天也给工资。一般企业试工要三个月，有的六个月，麦当劳三天就够了。

没有试用期，但有长期的考核目标。考核，不是一定要让你做什么，而是希望发展你。麦当劳有一个叫 360°的评估，就是让你周围的人都来评估你：你的同事对你的感觉怎么样？你的上司对你的感觉怎么样？

四、升迁必须先培养接班人

麦当劳公司的一项重要规则强调，如果事先未培养出自己的接班人，那么无论谁都不能提级晋升。这是一项真正实用的原则，可以想象，麦当劳公司因此而成为一个发现、培养人才的大课堂。

资料来源：人力资源开发网。

【问题】

1. 连锁企业人力资源管理的主要内容是什么？
2. 如何进行人员岗位设置、职责设计、编制设计和工时设计？
3. 人员招聘和培训的流程和方式是什么？

这一切问题将在本章解决。通过本章的学习，你将会实现以下学习目标：

总目标

□ 能进行连锁企业总部、门店人力资源的基础性管理工作

知识目标

□ 掌握连锁企业人力资源管理的内容
□ 掌握岗位分析方法
□ 掌握人员管理的流程与方法

技能目标

□ 能进行岗位设置
□ 能制定人员招聘、培训标准

能力目标

□ 能进行岗位职责设计、编制设计和工时设计
□ 能制定人员招聘、培训方案

第一节 人力资源规划的制定

正确的连锁企业人力资源规划流程，必须先有企业的经营目标，在明确的目标下，拟定经营策略及规划营运计划，因此连锁企业的人力资源发展策略必须配合企业的经营策略、营运计划、组织规模与组织需求，做阶段性的调整与配合。人力资源发展策略依据企业的经营规模、经营策略及短、中、长期营运计划，有不同的发展策略，一般可分为短期、中期及长期三种：

第一，短期策略（1 年内）。解决立即性或短期性的人员需求及配置问题，作好基本的人力资源管理，如招聘、考勤、薪酬、考核、升迁等作业，以继续维持现有经营为主。

第二，中期策略（1 ~ 3 年）。人力资源的培养不能一蹴而就，尤其是符合企业本身需求的人才。因此必须配合企业的中期发展计划，预测未来三年内人员供需状况，作好人力资源规划，并配合企业发展需求，进行人才培训。

第三，长期策略（3 ~ 5 年）。企业的持续经营需要优秀的人才，如何能留住人才，并能适才适量发挥所长，是人力资源规划的重点，因此，必须配合企业长期性策略发展的人员需求，进行职务历练的轮调管理、人员晋升的承续计划以及员工的前程管理等长远性规划。

连锁店经营中各层级组织，到底需要设置哪些职位，其职位的职能是什么，必须明确订定，才能针对其职位进行编制需求的衡量。职位设置目的不清楚，易造成用人不当与人员控管不力。另外，必须进行职位管理，作为人员招聘的参考工具及教育训练发展的依据，使人力资源规划更精准，职业生涯路径更明确，并作为工作职责与绩效目标的检核及规划合理的薪资制度。

在进行职位规划与管理时须有下列步骤：

一、工作分析

工作分析是协助了解职位设置必要性的最佳方法，一般应在职位设置前就先进行工作分析，设置后仍需定期进行检视是否有修正的必要。以下为主要考虑点：

1. 该职位设置的目的是什么？对其他职位有什么帮助与影响？
2. 该职位需要什么知识或技能？有哪些学历或体能要求？
3. 该职位要做什么工作？
4. 该职位负担的责任与影响度是什么？在组织中的位置是什么？
5. 该职位需要多少人，如何衡量？

一般而言，企业中的每项工作都应该有两份文件，即工作描述（job description）和工作规范（job specification），它们都是进行工作分析的成果。其中，工作描述也被称为工作说明，它是以书面叙述的方式来说明工作中需要从事的活动，以及工作中所使用的设备和工作条件的信息，而工作规范则被用来说明对承担这项工作的员工所必须具有的特定技能、工作知识、能力和其他身体和个人特征的最低要求。

二、建立职位说明书

经由工作分析后对于各职位的设置目的、基本条件要求、在组织中关系、功能职责均能明确的规定，对于以后的人员编制、人员招聘、调动与晋升、培训、薪资给付、绩效管理等，才能依照职位说明书来实施，因此建立书面化的职位说明书有其必要性，而每一个职位都必须有相对应的职位说明书，以利于职位管理制度的推行。如表 8－1 所示。

表 8－1　门店销售员的职位说明表

职位名称	门店销售员
学历要求	高中以上
工作经验	无特别要求
专长技能	熟悉收银机操作及商品销售包装技巧
体能要求	能久站及搬动 5 公斤以上商品
工作职责	1. 执行门店销售及提供顾客最佳服务品质； 2. 维持门店商品及机器设备清洁； 3. 正确操作收银机； 4. 提供顾客商品包装服务； 5. 维持商品陈列整齐及标准正确； 6. 遵守企业各项上班规定及接受店长工作分派
从属关系	直属主管为店长

三、设定人员编制

随着连锁店经营的扩张，人员需求将成为最迫切的一环。尤其是如何计算人员编制，作适当的人员编制安排，以使人员成本降至最合理，而服务水准仍能维持，成为人员控制的重点。一般人员编制衡量标准可分为可量化人员编制与非量化人员编制两种方式。

（一）可量化人员编制

可量化人员编制是指可用营业额、顾客数、平均客单价、店数等量化数据，以数学方程式表示的人员编制衡量方法（此方法又称为生产力分析法），一般常用的公式如下：

1. 以店数作为衡量标准。

$$编制人数=\frac{总目标店数}{每人目标店数}$$

适用于开店人员、设备维修人员、商品盘点人员、物流配送人员等，可以店数作为生产力指数衡量标准。

2. 以每人目标营业额或每人目标服务顾客数为衡量标准。

$$编制人数=\frac{目标营业额}{每人目标营业额}或\frac{目标顾客数}{每人目标服务顾客数}$$

适用于门店卖场等与营业额、来客数有关联的人员编制，每人目标营业额或每人目标服务顾客，须事先以工作法或经验法制订出可衡量指标。

3. 以各项作业工时为衡量标准。

编制工时＝固定常数工时＋营业额×a＋顾客数×b

其中，固定常数工时指不论营业额高低均使用的固定工时，a、b为营业额及顾客数增加而增加工时的系数。

此方法适用于门店卖场，将门店卖场所有各项工作所需花费时间，以作业研究方式计算出，再以回归分析方法得出这一方程式。此方法较单纯的目标营业额衡量更接近实际需求，并考虑门店卖场运作的基本工时需求，且是采用工时概念而非人数概念，对于正式人员及兼职人员在人员的运用上较具弹性。

4. 以可用薪资费用额度为衡量标准。

$$编制人数=\frac{目标营业额\times目标人事费用率}{平均个人薪资标准额}$$

此方法是以成本费用及预算控制作考虑，在可用的薪资额度内进行人力编制。但是在门店运作中，即使营业额未达标准，也必须有最基本的人力编制，因此基本人力编制的薪资费用仍无法避免。

（二）非量化人力编制

非量化人力编制适用于无法直接以营业额、店数等数量化标准衡量的人力编制（此方法又称为工作分析法），如后勤的企划幕僚人员等，只能以其职位说明书的工作内容进行工时分析，或是参考相关同业的标准分析，具有较主观的判断，且易受组织功能需求、作业流程及资讯化程度等因素影响，也是最不易控管的人力编制，因此明确的职位说明书是有必要的。

一般在进行工作分析时，多将所负责的各项工作内容逐条列出，再针对不同的工作内容进行作业时间（小时/每次）与作业频率（次数/月）的研究，可以得出完成该项工作的作业时间。

四、进行人力资源的成本分析

进行人力资源计划的目的之一就是为了降低人力资源成本。人力资源成本是指通过计算的方法来反映人力资源管理和员工的行为所引起的经济价值。通过人力资源成本分析可以更加精确的标明人力资源的各项工作和员工的各项工作行为对企业所造成的影响，有利于管理者对人力资源管理的实际状况和人力资源政策的影响力进行评估。

人力资源成本可分为直接成本和间接成本两部分。直接成本是指实际发生的费用，如招聘费用、培训费用等；间接成本是指以时间、数量和质量等形式反映出来的成本，如因政策失误造成的损失，工作业绩的低下造成的损失等。间接成本虽然难以用货币来准确衡量，但它的意义和价值可能会远远高于直接成本。所以重视间接成本是非常重要的。

由于人力资源成本的重要性，现在出现了一门专门研究人力资源成本的交叉学科——人力资源会计学。

五、进行人力资源需求预测

人力资源需求预测的目的，在于测评人力资源计划进行的正确性，透过需求预测掌握未来人员供需的状况，避免人员供给过剩或不及，并对人员素质作出分析。因此须先做连锁企业人员现状盘点，配合企业的营运计划，进行人员需求预测，作为人员招聘参考及人员调度的依据。

（一）人员现状盘点

1. 企业内现有各阶层人数。

2. 各部门内职位类别、编制人数、缺额等。

3. 各部门内人员素质、年龄分析、年资分析、知识程度等。

4. 各部门内人员离职率、新进率、流动率等。

5. 各部门现有生产力指数。例如：每人服务店数、每人负担营业额、每店负担后勤费用、每工时创造营业额等。

（二）人员需求预测

人员需求预测须掌握下列几项要素：

1. 应有人数。以可量化人力编制及非量化人力编制标准，订出应有编制人数。

2. 留任人数。现有人数扣除人员损耗（如离职、异动）。人员损耗可以历年的离职率、异动率估计出来。

3. 需求人数。应有人数减留任人数得出需求人数作为人员招聘参考，并应考虑新进人员应有的流失率，才能掌握实际应招聘人数。

詹斯·沃克曾经在“人力资源计划：90年代的模式”一文中，对人力资源计划的发展趋势做了科学的分析。沃克认为，人力资源计划正朝着灵活、高效、实用、短期等方向发展。具体的趋势为：

1. 为了保证企业人力资源计划的实用性和有效性，人力资源计划将更加注重对关键环节的阐述；

2. 对人力资源计划中的长期计划而言，也倾向于将计划中的关键环节明确化、细致化，并将它们提炼成具体的可执行的计划，最好明确计划的责任和要求，并且有相应的评估策略。

3. 由于人力资源市场和企业发展的变化周期增快，企业更倾向致力于编写年度人力资源计划和短期计划；

4. 企业的人力资源计划将会更加注重关键环境的数据分析和量化评估，并且将明确限定人力资源计划的范围。

第二节 人力资源管理职责

连锁经营人力资源管理是对整个企业人员的招聘、培训、考核、奖励、福利待遇等进行计划、组织、指挥、监督和协调的一系列活动的总称。其管理的内容主要包括：第一，制定有关管理的规章制度、考评标准和原则。如劳动和服务纪律、员工工资、福利待遇、保险及奖惩制度、员工聘用、考评标准及原则等，并汇编成员工手册；第二，进行人力资源规划，组织人员招聘、培训、考评等活动；第三，负责人员任免，促进企业内外人员的合理流动。即采取切实可行的办法，吸引优秀人才，淘汰不合格人员，提高人才利用效率；第四，做好人际关系协调工作。即协调好总部管理人员同门店人员、上级与下级、员工与员工之间的关系，从而提高企业凝聚力。

一、连锁企业各级人力资源管理职责

从职能的角度来看，人力资源管理作为连锁总部的一项重要管理职能一般由总部的管理部或独立的人力资源部来统一规划、宏观调控。但从权限划分来看，除总部掌握绝大部分人事管理权外，门店店长手中又掌握着一定的人事管理权。比较而言，总部的人力资源管理强调全局性和统一贯彻性，门店店长负责的人力资源管理则注重局部性和配合实施性。

（一）分店店长的职责

一般说来，分店店长的人力资源管理职责主要包括：

1. 执行总部的人力资源管理制度，严格要求店员配合实施，使门店人力资源管理目标同总部相一致。

2. 按总部人力资源部门规定的招聘要求和标准组织招聘门店所需员工，并上报总部人力资源管理部门审核录用。

3. 按总部规定的统一标准实行门店人力资源管理，并上报总部审批。

4. 负责调配门店人力资源。

5. 协调总部与门店职员之间的关系。

（二）区域管理部的职责

采取三级组织模式的连锁企业，其区域管理部门的人事管理权限介于连锁总部与各门店之间：

1. 执行连锁总部有关人员招聘、培训、奖惩、晋升等人力资源管理制度。

2. 有权任免管辖地区内各门店店长、业务和财务骨干。

3. 有权代表总部审核各门店招聘的员工，并报总部审批。

对连锁企业来说，随着每一个新店的开张，都会伴有相应的人事调整活动发生。因此，做好企业的人力资源规划是人力资源管理的重点。

相关链接

麦当劳是世界最大的快餐连锁企业，它的成功在很大程度上依靠它完善的劳动管理制度。麦当劳采取的是小组分担制，因此有关员工的招聘、录用到辞职，所有的管理工作权限都由各个店铺自行负责。至于各店内的职权如何分配，则完全由各成员店店长做主。各店长在他的管辖范围内，选出一名执行经理（也称企划经理），这名经理对劳务管理及员工就业规则非常熟悉，具体负责员工的招聘和培训工作。

二、对在职人员的管理

连锁企业的人员虽然视各分店人员状况进行调动、互相支援，但是人员的调动有时会受区域性以及员工个人意愿的限制，因此各店应保持现有人员的稳定，减少人员流失，避免招聘成本增加。

（一）新进期间

由于新进人员中，以社会新人占多数，根据调查统计显示，一般新进人员流失率最高期在1—6个月内。这期间，可借各种辅导办法等提高其对工作的认知，并帮助新人做好生涯规划，适应各店及门市生活，增进对工作的了解，如开迎新座谈茶话会、进行员工生活咨询辅导等；当然最重要的是各店应使新进人员尽快熟悉环境，并多加关照以避免人员流失。

（二）在职期间

新进人员工作6个月后逐渐稳定，但是根据离职问卷调查发现，造成职员离职的主要原因以管理方式及未来发展性为主，薪资问题反而是其次。因此，如何避免管理方式的不当，以及建立明确的训练计划与晋升制度，是稳定人员的有效办法。

（三）离职前后

当员工有离职意愿产生时，主管的慰留经常能发挥功效，最重要的是能让员工感受到你是在协助他解决问题，当慰留无效时，事后面谈也能协助搜集员工离职的原因，作为管理改善的依据。

三、升迁与轮调管理

员工的未来发展与升迁公平，是造成员工离职的主要原因，因此明确的升迁路线及公平的晋升原则，是留住人才和人员维持的有效方法之一。尤其是当连锁店的组织层次越来越庞大时，如何有效公平地晋升与人员轮调是非常重要的。

（一）明确的晋升渠道

员工进入一家企业后的未来升迁发展，经常是员工最关切的，因此企业内的晋升路线必须制度化，并且能让员工充分了解，使员工对其生涯发展有明确的依循方向，并建立企业内部各级职务人才的培育渠道。一般对晋升制度的设计多考虑下列各项因素：

1. 资历限制。晋升不同职级所需具备的资历，如年龄、成绩、担任现职的年资要求、须经历何种职务或完成何种训练等。

2. 晋升时机。制度化的晋升管理对于晋升时机予以明确规定，一般可分为职位出缺及固定时间晋升两种方式。

（1）职位出缺。职级的晋升在职位出缺的情形下进行，对职位管理者来说，是最佳的方法，可避免职位泛滥，晋升提报时间较不固定，会随着人员的变动或组织的调整而发生变化。

（2）固定时间。当同一职级内再细分不同的职称时，如部门主管内分为副经理、经理，则需要有每年固定的提报时间，以免造成内部不公平。

3. 晋升人数。一般主管职位多采用职位出缺晋升的方式，一般没有人数限制问题，而此原则上大部分按照各企业需求与晋升政策制定。

4. 晋升方式。晋升方式是采用资格符合即给予，还是需经由主管提报及筛选后才给予，也需要进行清楚地制定。

（二）公平的选拔方式

晋升过程中最大的问题在于是否公平的选拔，而非领导个人喜好，因此，应事先明确规定须具备何种资格条件、受过何种训练或通过何种考试才能得到晋升，避免员工不当的揣测。一般常用的选拔方式有笔试、面试、才能评鉴或主管评议会决定等方式，再配合考绩及年资等条件规定。

1. 笔试。较适用于基层一般领导的选拔方式，一般采用共同考试科目作为衡量标准。优点是具有公平性，可测验其对基本技能的了解，缺点为考试成绩与管理能力并不相等，易造成一些人才的流失，所以一般仍会搭配主管的面试。

提示：

上述的选拔方式可以互相搭配使用，如何选拔人才与能适才适岗及避免用人不当，是企业持续经营的必要条件之一。

2. 面试。较常用于中层主管以上的选拔方式，优点是可由面谈了解其表达能力、组织能力、专业知识及发展潜力等，使主管对被面试者有更进一步的了解，缺点为主考官的主观意识会影响选拔的公平性。

3. 才能评签。这是一种较先进的选拔参考方式，着重于未来的潜能发展，以模拟工作情境演练展现特质，较具客观性，但是评选项目需经由专家设计，故设计较为困难。

4. 主管评议。常适于高层主管的选拔，属于非公开的选拔作业，只有参与评议的主管知道，当事者本人并不知道。一般采用提名选拔讨论的方式，较着重于过去或现在的工作绩效，依评选人主观认定而有不同的标准，故采用多人评选方式，可避免由单一主管的主观意识影响决定。

（三）晋升与训练相结合

在人员晋升的选拔过程中，如果能将教育训练与晋升进行相关联的结合，则可使人员在各阶层的训练落实，在完成相关的训练后，再经由考试测验合格才有晋升资格，这样对人员素质的提升才有助益。

（四）轮调管理

1. 任职期限。考察各职位人员对该职位工作的成熟度，或避免某些职位人员任职过久产生弊端，对部分职位必须限制其最短及最长的任期，以作为轮调管理的依据，并可适度进行人员轮调培训。

2. 轮调比率。当不同职种人员在轮调时应如何做相应的职级比照，也必须作出明确规定，以免阻碍人员轮调。

3. 门店与后勤轮调处理。连锁店的经营规划中，最担心的是规划人员不了解实际业务运作需求，尤其是有些企业对于中层以上的干部及后勤规划人员任用倾向于外聘，致使实际与理想落差较大，而中层干部的实务经验不足，无法有效管理基层干部，使基层员工认为缺乏未来的发展而流动率变高。有些企业的主管与后勤规划人员均从门市基层人员中提升，虽然实务经验丰富，但在进行晋升与轮调制度时，须考虑到企业的特性及未来的发展，使基层人员在轮调相关的职位后再晋升，故有的企业会在用人政策中，明确规定储备主管与基层人员晋升的百分比，以作为人员晋升的参考。另在轮调规定内制定相关职位需具备的轮调资格，这样既能保障晋升途径通畅，又可培育企业发展所需的中高层人才。

第三节　人员招聘和培训

一、人员招聘

（一）用人政策

企业的人员构成及招聘任用，会受用人政策不同的影响，甚至因用人政策不同而形成不同的企业文化。

1. 基本条件。包含工作时段、学历要求、科系限制、年龄、语言能力及工作专长等，可依不同职位制定。如商店的柜台人员或服务人员，对于仪容及应对技巧应特别要求；收款人员对数字观念应清晰；电脑操作人员应具备基本电脑操作技巧等。不过在门店人员部分，经常会因为招聘的不易而逐渐放宽要求条件。

2. 法令规定。法令规定应给予的劳动保障如劳动保险、最低基本工资等，或担任该项工作须具备的国家认证资格的要求如驾驶执照、技师执照、药剂师执照等。职位的必备条件，是无法放宽的，且会因某些具有认证资格的人才有限，造成招聘不易。

3. 其他要求。如希望任用具有工作经验者或以创新人才为主的，则人格特质是以具有创意勇于挑战优先考虑；还是以勤奋负责服从性为主？此部分的要求，一般企业多未有文字描写，且随着不同的企业文化而要求不同，但常是企业决定录用与否的潜在因素。

（二）员工来源

1. 正职人员。以应届毕业生、退伍人员、中途转业人员、二度就业人员为主要来源。

2. 兼职人员。以在校学生、上班族兼职人员、家庭主妇、银发族、待业青年为主，以及与学校建立校企实习合作的人员，这部分也同时是各种连锁企业未来在员工管理上最困难却也最为重要的一环。

（三）招聘方式

1. 店内招聘。通过店头 POP、DM 传单或游说门店内适合的顾客成为招聘对象，此方式所招聘对象一般以门店兼职人员及门店的基层人员为主。

2. 员工介绍。通过企业员工介绍并配合介绍奖金的提供。此方式所招聘对象一般稳定性较高。

3. 校园招聘。每年学生毕业期间，选择就业率高及配合度高的学校进行校园招聘，活动方式可搭配企业参观、学校说明会、演讲等形态，此方式所招聘人员可解决门店运作所需的大量人员。

4. 人才招聘会。招聘会与校园招聘类似但对象较广，通常运用于毕业期、特定对象的招聘活动。

5. 离职员工复职。针对离职员工进行筛选，挑选工作表现良好的员工，予以拜访游说复职，此方式所招聘复职员工，因熟悉作业成熟度较佳可立即使用。

6. 刊登广告。通过各种媒体刊登招聘广告，此方式运用最为普遍，但是要花费较多时间在筛选及人员面试上，且较为被动。

7. 校企合作。与学校建立校企合作关系，可提供稳定的人才来源，并可于毕业后转换为正式员工，一般在工作期间可提供奖、助学金或补助学杂费用，以增加吸引力。

8. 其他方式。通过人才中介企业介绍，一般以主管或专业人才较适合，对于门店卖场的基层人员因流动率高，这种方式较不符合成本控制原则。

（四）员工录用

当人力编制出缺，进行招聘作业后，接下来的工作就是面试录用的安排，连锁店发展初期对于门店基层人员尚可由总部集中面试，随着店数的扩张，门店基层人员的面试应该逐渐授权门店店长或区经理处理，一般连锁店对于加盟店的招聘任用，均由加盟店店主决定，直营店则多由授权店店长面试任用兼职人员，门店正职人员则由店长或区经理面试任用。

实例

麦当劳零工招聘的主要方式

1. 改善店铺面貌，在店头张贴招聘海报。维持店铺的良好形象，通过店铺的自我推荐来吸引人们来店工作。这既省钱又见效的做法，是麦当劳店铺多年来乐此不疲的一招。

2. 请店铺零工介绍亲戚朋友。这种方法是最奏效的，也是店铺经常使用的招聘方法。但是要保证让零工认真负责地将自己周围值得信任的合适人员介绍过来，店长和经理平时就应注意加强与零工的交流，培养信任感。

3. 对来店用餐顾客进行劝导。对具有良好素质的店铺常客，可以作为零工发展的对象，由店长和经理进行劝导，或者请顾客介绍自己的亲戚朋友。

4. 请员工、零工的母校以及当地文化交流中心进行介绍。店铺的这种学校访问活动的开展频率较高，但是一般来说，经过一次性访问的学校其后每年都会自动将学生介绍过来。

5. 在公共场所张贴招聘海报。可以通过地铁、公共汽车站、浴室、地区活动中心等处的提示板进行店铺零工的招聘，但是要注意的是利用地段和宣传方式的不同会影响招聘结果。

6. 在报纸和杂志等处刊登招聘广告。

二、员工培训

要使连锁经营企业人员达到要求，除了在招聘时注意按要求选拔人才外，还应加强员工培训。培训能提高员工的技术能力、提高员工的操作熟练度，相应地也提高了工作效率；培训是实现人才储备的重要手段；培训能促进企业各门店、各部门的合作，培养团队和整体作业精神。培训是达到门店操作标准的途径；是员工了解工作职责和胜任工作的途径；员工接受培训的多少和质量将会影响员工的工作表现以及企业的人才流失率，因此，正确有效的培训会给企业带来利润。

有效的培训能够为所有参加培训的员工提供一样的学习与发展机会，增强员工互相学习的氛围，提高工作绩效，使员工有提升个人能力的需求，争取好的发展机会，发掘并培养新的人才资源，帮助企业完善整个人才系统。

(一) 连锁企业员工培训的特点

1. 系统内克隆。在一个连锁企业内，各分店遵循统一的标准，如服务标准、外观装饰、商品质量、价格等，每家分店就像从同一个模型中复制出来的。因此，在整个系统内，对各分店的店长和其他的工作人员的工作范围、工作任务、工作技能等要求并无二致。连锁企业在扩张发展时，培训人才的一条关键途径就是将新员工送到各家分店顶岗见习或者将老店中有能力的员工派遣到新设的分店担任重要角色，指导和训练新员工。通过这样一种方式，连锁企业可以在企业系统内成功克隆出它的各级员工。

2. 层次性差异。连锁企业对不同职位的人才，要求是有差异的。如一般的理货员只需要初中以上的文化水平即可；而一个店长就需要协调能力、对突发性问题的处理能力等；企业的高层人员还必须掌握国内外同行业的最新成就和发展动向。企业在对员工进行培训时，要针对不同层次的员工，采取不同的培训方式，这就是人才培训的层次性差异。这一特点要求培训要有针对性和实用性，强调干什么学什么，学以致用。因此，层次性差异反映在具体的培训工作中就是培训方式的多样性和灵活性，培训内容的丰富性和实用性。

3. 战略性投资。培训工作是关系到企业今后发展和在市场竞争中能否取得胜利的一个重要因素。这不仅为了培养和训练企业眼前岗位上空缺的员工或眼前发展分店所需要的各种人员，更重要的是服从于企业的长远发展战略，并与企业各领导阶层的培训机制结合起来。满足这一要求，关键在于做好人才预测和培训计划。其中包括对企业员工进行持续培训和再培训的工作。要考虑其最终效益，这是人才培训成功与否的标志。人才作为一种资源，存在着优化配置的问题，必然受到边际收益递减的制约。培训的组织者要具有成本、收益分析的经济理念。

4. 周期性波动。连锁企业在经营过程中对门店人员的需求有很强周期性，并形成一定规律。在一天中的各个阶段，诸如大型连锁超市，它的客流量是各不相同的，通常在中午 11 点左右到傍晚 5 点开始形成一天客流量的两个高峰期。从一周来看，十分明显，双休日的客流量要比平时多出几倍，形成一周内购物的高潮。客流量的大小会随着时间的变化而形成波动。因此，对于连锁企业来说，如何合理地在各时间段根据客流量的不同来安排工作人员，是一个需要重视的问题。人才培训中，在职培训是一个棘手的问题。连锁企业可以在客流量少的时候，轮流组织部分员工和钟点工进行培训。一来可以充分利用社会化服务体系时间，二来可以合理安排工作人员人数。这是连锁企业与其他企业相比的独特之处。利用这一点，连锁企业可以解决在职培训组织难、缺时间的问题。

（二）员工培训的方式

员工培训基本上可分为职前培训、在职培训、脱产培训和自我教育四种。职前培训主要针对新招聘的员工，使其具备能够上岗的基本素质和能力，因此在整个培训体系中，职前培训居于基础地位。在职培训、脱产培训、自我教育可以说是人力资源培训的几大支柱。

1. 职前培训。职前培训主要是针对新员工进行的。在所谓教、考、训、用的人力资源管理体制中，培训是员工任用的前提。不仅使新员工学识丰富，见闻广博，而且也要充实特定的实际工作经验与认识来配合未来的工作。在培训过程中可准确考察新进人员的才能及专长，以便在任用时充分量才使用，发挥潜力。

职前培训的内容主要包括两部分。一部分是基础教育，另一部分是行为培训。基础教育进行的主要内容包括：讲解企业历史、规章制度、企业文化、知识、新技能与新观念，综合素质得到提高，培训也就达到了目的。

了解工作流程、企业发展目标、企业现状、工作手册等，以此培训员工对企业的归属感，帮助员工适应新的环境，融入企业文化。有些企业把此项内容看得过于简单，往往只分发一些手册或带新员工在企业中走马观花地走一圈，这样的培训是达不到应有的效果的。一个新员工从一种环境到另一种环境中，往往会受到各方面的冲击，加之人与人之间关系的协调，学识和经验与工作的不适，理想与现实的差距等，会感到较大的压力。这会导致员工在实际工作中不能全身心地投入，既不利于企业的经营管理，也不利于员工自身发展，因此，基础教育的培训时间一般可为一周左右。

实例

某连锁店零工经理的训练程序

程序 1：观看录像，了解必要的工作内容。

程序 2：阅读必要的工作内容的训练项目。

程序 3：与零工训练员商量，共同解决工作疑难点。

程序4：确认各个工作岗位的作业基准。

程序5：与零工训练员一起作业。

程序6：实习完毕后，阅读作业手册。

程序7：再次实习后，站在店铺经理的立场上进行自我训练。

程序8：对商品的烹调时间、制造温度、尝味时间以及完成品基准进行理解。

程序9：进行重要事项的确认试验。

程序10：接收零工训练员的检查。

程序11：接受店长的检查。

程序12：设定和实行工作目标。

2. 在职培训。在职培训往往由上级寻找出每个人需要加以培训的部分，有计划地进行指导。从时间上来说，在职培训可理解为边工作边接受培训，不脱离工作岗位，按照每个人的能力进行实践性教育并直到学会为止。在职培训主要包括两个方面的培训内容：一是职务转换；二是随着时代的进度、环境的变迁需随时灌输新知识、新技术、新观念给员工。具体采用的培训办法根据培训需要的不同而各有侧重。

职务转换包括两个方面，一是员工在各个岗位每隔一段时间调动一次，进行横向交流。这样做的好处是一来可使员工对企业的经营管理活动有个全面了解，有利于各员工之间相互协调工作和培训员工之间的相互沟通。二来上司也可发现下属最为适合的发展方向，以便做到人尽其才。通常上，这种职务转换可采用我国最常用培训方法：师带徒式培训。由岗位上的熟练工人给职务转换的员工进行指导，或者指定专人来做这项工作。师带徒式的传统方法具有很强的实用性，在麦当劳，人们实际上也采用这种方法，他们每8个员工必须配有一位训练员。在我国的传统大企业中，这个工作可由班组长来担任，这样不会导致员工过多和人员成本过大；另一种职务转换是员工晋级前的培训。晋级是企业人力资源管理的必然过程，一个员工晋升到未曾担任过的新职时，总是需要一个适应与学习的过程，因此组织必须对其加以培训。这种培训称为个别培训，可由企业派出一位管理人员专门对其进行指导。

在职培训的常用方法包括四种：

(1) 座谈式。员工在培训负责人的主持下，坐在一起提议、讨论、解决的一种方式。此种方式可以就某一具体问题或某一制度进行提议、讨论，然后达到解决的目的。

此种方式让每一位员工都能参与其中，并能发挥自己的独到见解。作为负责培训的人员，也可以集思广益。但方式并不是散乱无序，培训负责人一定要事先列好提纲和议题。

此种方式是门店内部培训中最常见和行之有效的方式，它不但可以教会员工许多知识或技能，达到培训的目的，还能提供给门店内部员工交流的机会，并达到促进员工友好合作，门店内部协调团结等效果。

此种方式要定时间、定议题（或定题目）。这里要强调的是，培训的结果是要解决问题，不能不了了之，所以作为负责培训的人员一定要经过充分的准备，不能到时候让学员带着问题离开。

（2）课堂培训。课堂培训是最普遍、最传统的培训方法。它是指培训负责人确定培训议题后，向培训部申请教材，或自己编写相应的培训教材（培训前要请培训部审定教材），理论、实际操作、岗位技术专业知识都可以在课堂讲解、分析。对于门店来说各岗位的工艺流程的标准、门店的劳动标准、消防安全知识等都可以通过此种方式进行培训。

课堂培训对门店负责培训的人员有特殊要求：要求培训人员表达清楚、通俗易懂、口语流利通畅。要求培训人员善于引导学员的思路，能控制课堂气氛，掌握学员情况。没有人生来就是培训师，取得成功唯一的途径是：多加演练。要求培训人员对培训内容的重点和难点要充分理解和分析、不能模棱两可，似是而非。

（3）模拟培训。模拟培训主要用于工艺流程复杂和施工要求严格的培训。比如汽车贴膜、烤膜，隔音工程的仪表盘拆卸，仓库收发货流程等内容，都需要通过此种方式进行培训。另外电脑系统的培训，在原始系统里进行培训可能会造成整个系统的混乱，我们可以设置一套模拟系统，用于培训，就不会再影响原始系统。

模拟培训仿真程度要高，其步骤、内容、设置都要与真实情况相同，否则，即使接受了模拟培训也不敢实际操作。模拟培训的指导都是实际操作的技术专家，只有这样他们在模拟培训中才可能将实际操作中出现的问题与模拟培训对应起来，并加以提示和解决。

模拟培训需要模拟的设备和道具；作为培训人员要在培训之前准备好，并要让模拟道具尽量真实可信（对于部分设备，各门店可以向培训部申请借用）。

（4）“肩并肩”帮带培训。此种培训主要用于各门店对新员工进行的培训，各门店培训负责人将本部门新进的员工与资深技术员工结成“肩并肩”帮带小组，并给出培训清单（上面列出培训标准内容和要求等）。

此外培训方式，可以采取一带一或一带多，但最好采取一带一。此种方式考核要求将新员工与资深技术员工一起考核，这可以让资深技术员工有责任心。

3. 脱产培训。脱产培训指企业的员工暂时离开现职脱产到有关学术机构或学校以及另外的企业参加为期较长的培训。脱产培训的主要对象是管理人员，他们是企业生存发展的中坚力量，必须不断充电。进行脱产培训的一个重要途径是把受训人员送到高等院校内深入学习一段时间。因为对于管理层来说，重要的是理论上的进一步深入学习，而不是实际的操作培训，因此，企业应当与大专院校建立稳定密切的长期联系。除院校培训外，另一个途径是送员工到外单位接受培训，开展企业之间的合作与交流。通常这种方法适合于合作单位之间，如华联连锁集团与邻近县市的商业企业合作开设连锁分店，那么分店员工就可到华联总部接受较为先进的系统培训。

4. 自我教育。自我教育也称为自我启发式培训，指企业鼓励员工利用日常的空余时间学习。实行自我教育的最大特点就是在不知不觉中已经在做训练员工的工作了。这正是自我教育在员工训练中的价值所在。自我教育的方式有多种，以下两种易于采用，且效果较好。

（1）企业为员工创造一定的条件，如订一些报刊，购置一些书籍，定期组织员工交流心得，对其中的优秀者予以一定的物质和精神奖励，或者把这一活动与员工奖金制度挂起勾来。

（2）鼓励员工接受函授或进夜校、职校等进修。当然，员工是完全利用自己的空余时间来进行。作为企业来说，可考虑这方面费用的一部分由企业来承担。但是，这是有前提条件的，要以员工最后的成绩为依据。另外，员工取得的资格证书也是考核的一个依据。资格证书说明员工自学的质量，其中所含水份几乎是不存在的。对于那些付出巨大努力、积极进取的员工，企业完全可以承担全部费用。这样做，就会极大地激励员工进行自我教育的积极性。

（三）培训考核

1. 考核的重要性。内部培训是否成功，学员培训结果怎样，接受了多少，掌握了多少，只有通过培训考核才会知道。

从培训考核的侧面也能了解员工接受新技术、新思想的适应能力，以及动脑动手的能力。通过对这方面的分析，可以对部门员工因材施教，发掘有用的门店人才，组成门店主要骨干。

2. 笔试考核。培训内容如果是有关理论知识方面的，都可以进行笔试考核。笔试考核试题要注意掌握培训内容的尺度，不要出偏题，要注意实效性，重点要突出。

基础笔试题可以体现学员在培训时接受的基本内容，因此基础笔试题是必不可少的。基础笔试题要灵活，多注重实际操作的运用，要将培训内容充分表现在试卷上。

除基础笔试题外，要在员工灵活应变、自由发挥上下功夫。比如安排一些自由论述题，对某理论知识的认识、对某重要工艺流程的理解等。这样的论述题，可以考核员工的分析、判断能力。

笔试题试卷分析及解答。学员完成试卷后，并不知道结果，更不知道试题的正确答案。因此，作为培训负责人要对试题进行分析及解答，让学员知道正确的答案是什么。

3. 实际操作考核。为了更全面地考核员工的培训情况，仅是笔试考核是不够的。员工的实际操作能力，只有通过实际操作演示并考核，才能了解清楚。

实际操作考核可以从员工的操作程序、动作熟练、标准程度上进行。作为监考的培训负责人一定要在员工演示现场，对每一个动作都要严格把关。实际操作演示中每一个步骤可按比例给予评分，并事先列好一个评分标准。

4. 口头式问答考核。口头式问答考核的特点在于灵活、现场解答、全体学员都知道问题答案。此种考核，全体学员都是考评老师。此种考核的结果仍然要记录在成绩单上，作为有效考核。

5. 培训考核评分。不管什么考核方式，作为培训负责人都要对考核结果进行评分，评分是一件严肃的事情，培训负责人一定要本着公正、严谨的态度对学员进行评分。

培训负责人，在将各种考核试题和考核方式安排好以后，就要确定一个合理的评分标准。

作为考核结果，要保持透明性，让学员知道自己的成绩和目前的成绩，会让学员清楚自己的位置。

（四）培训工作流程

1. 明确培训需求。所有的培训工作发起于培训需求。培训需求来自于两方面，一方面是为满足来自企业对员工工作能力提升的要求而确定的培训；另一方面是员工为提高自身工作能力而提出的培训需求。作为门店管理的负责人，要有战略性的眼光，对人才储备及人才培养有一定的前瞻性，及时发现、明确培训需求。根据两种不同的培训需求，填写《培训需求调查表》、《员工培训需求调查表》。

2. 制定培训计划。根据培训需求制定培训计划。培训计划要有针对性、实效性，要明确培训目标、培训时间、培训方式，要将培训资源最大化利用，包括培训师、教材、培训费用等。制定培训计划后填写《培训计划表》。

3. 准备培训。制定培训计划后，要进行培训前的充分准备。作为培训负责人要在培训前申请培训所需的费用、教材、资料、培训设备、培训讲师等。培训费用的申请应填写《培训费用申请表》。

4. 实施培训。实施培训，要提前通知到受训员工培训的内容、时间、地点、课堂纪律、培训讲师等情况。所有培训的出席、考勤应同正常上班一样对待，要求学员填写《培训签到表》。

5. 培训评估。每次培训后要及时进行评估，要在培训结束后给现场每个学员发一张《培训评估表》。评估对象包括：培训师的表达能力，培训教材是否符合实际、培训时间安排是否合理等。

6. 培训后的追踪与考核。培训不是目的，千万不要为了培训而做培训。培训的目的是希望员工通过培训后在工作中能得到提升，提高绩效，从而增强了企业的核心竞争力。所以培训后的追踪、考核就显得尤为重要，员工参加了培训只是培训流程的开始，真正能使培训的作用得到体现关键在于培训后的考核。所以每次培训后都要阶段性地对受训员工进行追踪、考核。

7. 培训总结报告。每次培训后都要进行总结，要收集不同角度的总结报告。包括员工的总结结果、讲师的总结结果、主管以及店长的总结结果。一次完整的培训进行之后，要把完整的培训档案提交到企业培训部。如在培训前申请了培训费用，必须对培训费用进行结报。结报包括：讲师的培训费、学员用的教材费等。

8. 员工培训记录。员工培训记录的工作很重要。作为门店管理人员，要很清楚员工通过培训在工作中的变化有多大、员工一年接受了多少次培训、总共有多少小时、员工接受了哪些方面的培训、每次培训的考试成绩如何、考评记录如何等情况。所以，门店管理人员要对每一名员工建立一份培训资历表，具体填写《员工培训资历表》。

第四节　人力资源的绩效考核和薪酬管理

一、连锁企业的绩效考核

（一）考核流程

企业员工根据岗位职责进行了工作，而工作的水平高低、质量好坏、效率效益大小均需做出绩效评价，然后作为员工考核奖惩的依据。在这里绩效管理是基本工作，进行绩效管理必须注意以下方面的内容：

1. 确定绩效管理的时间范围、项目内容和评价标准。

2. 确定绩效评价的具体时间和次数。

3. 实施绩效评价。（1）把实际绩效与评价标准进行对比以确定是否完成项目内容；（2）分析被评价对象的工作态度；（3）分析被评价对象的环境氛围和协作关系。如果这两点不好，会有损于企业的形象，使企业无形资产遭受损失。

4. 绩效面谈。评价结果得到双方确认，才有助于后面工作。

5. 确定评价项目的权重及所占分数。评价后加以统计，做出排序。然后依据企业的调薪计划和升迁规划作出调薪和升迁决策。

（二）衡量人员效率的指标

连锁企业各店的经营好坏，除了营业目标及利润目标外，在人员生产力方面还有其他的方式可以衡量，一般常用的衡量指标如下。

1. 人事费用率。

$$人事费用率=\frac{人事费用}{营业额}$$

用人成本是最常被用做生产力衡量的指标，不同的行业有不同的人事费用，连锁店中考虑各单店的人事费用率时，还需考虑其各店应负担总部后勤的费用率，故门店与后勤总部的人事费用率，应予以分开计算并有不同的衡量标准。

2. 聘雇成本。

$$聘雇成本=\frac{招聘费用}{招聘人数}$$

聘雇成本也是用人成本之一，招聘费用包含广告刊登费用、面试选拔费用等，平均每人的聘雇成本过高时，应该检查是否在稳定人力的因素上进行修改，会比不断地招聘更加有效。

3. 服务店数比。

$$服务店数比=\frac{门市店数}{总雇用人数}$$

服务店数比经常被用做衡量后勤生产力的指标，不同时期的比较及同业间的比较是衡量的方法，服务店数比会随着组织变化、流程简化、资讯化程度而改变，当服务店数比不断下降时，后勤生产力在下降，也是人员膨胀的前兆，不过在店数未达经济规模前，后勤人力的增加大于店数增加是不可避免的。

4. 工时费用比。

$$工时费用比 = \frac{人事费用}{总工时数}$$

工时费用比用于衡量每一工时费用成本，一般用于各店之间的用人成本比较，经常与工时营业额比共同使用。

5. 工时营业额比。

$$工时营业额比 = \frac{营业额}{总工时数}$$

工时营业额比用于衡量每一工时所创造的营业额效益，一般用于衡量各店之间工时效益，经常与工时费用比共同使用。

6. 加班工时比。

$$加班工时比 = \frac{加班时数}{总工时数}$$

加班费用经常是单店管理中不易控制的部分，尤其是当正职人员人力不足而兼职人力也未补齐时，经常会采用加班方式弥补欠缺工时。当加班工时比偏高时，须检视其整体人力资源费用是否正常、正职与兼职人员结构比是否合理、是否有正职人员借故加班情形等，故部分职位如店长等采取责任制方式可避免加班泛滥。

7. 流动率。

$$流动率 = \frac{一定时期内离职人数 + 新进人数}{一定期间内平均在职人数}$$

流动率包括离职率与新进率，合理的流动率有助于人员的新陈代谢，但是过高的流动率则是管理问题的警讯，尤其是当各店的流动率超过内部的标准值时，必须对该店进行了解，当离职率一直大于新进率时，表示人力供需有失调的现象。

二、连锁企业的薪酬管理

（一）总体报酬的概念

建立连锁店的薪酬奖励制度，首先要理解员工总体报酬的概念。目前国内的企业除了支付给员工日常工资外，大概还有日常工资的50%是花在员工身上的各种福利费用，比如说交通、伙食补贴、住房福利等。但是如果员工感觉不到这些，就肯定不会起到积极作用。做薪资管理工作就要把员工感觉不到的福利变成一种真正激励员工的薪资。企业花在员工身上的每一分钱，都要让员工感觉到是对员工的回报，这样才能起到对员工的激励作用。这是做薪资管理工作的一个目的。

总体报酬包括工资和福利支出。其中，福利支出的计算标准政府都有明文规定，一般来讲，医疗费用通常占工资水平的7.5%或者10%；养老基金占20%；综合福利费用占10%或者14%～20%；还有住房公积金等。这些都是企业花在员工身上的钱。此外，组织员工活动、教育费用、工会的费用，所有这些都是员工总体报酬的一部分。

除了员工总体报酬，还需要了解员工总体回报的概念。员工总体回报是指企业提供的对员工有补偿奖励效果的所有项目的总和，包括货币、物质性质的总体报酬和投资于员工的非货币、物质项目。主要有：

1. 员工培训。

2. 员工个人发展和晋升的机会。

3. 员工参与企业经营管理的民主决策权。

4. 各种名誉和精神上的嘉奖。

总体回报和总体报酬有什么区别呢？总体回报中包括直接或间接的货币形式，即总体报酬；但是除了货币形式，企业在员工身上还花费了其他一些东西，这些东西也是企业对员工的回报，比如培训，对员工来讲，培训、职业发展，也是他从企业得到的，是企业对他的回报之一。所以从价值的角度来讲，钱是价值的一种形式，培训、职业发展也是员工认同的有价值的另外一种东西，把这些放在一起，就叫做总体回报。

有些企业每年年底有一个总结，薪资福利工作者也可以给员工提供一个有企业回报的一揽子报告（是保密的，给员工个人的），上面写着这一年里，企业提供了哪些工资，员工拿到了多少工资，企业给了哪些福利，就是员工的总体回报。有这个一揽子报告员工感觉很不错，他再做职业选择的时候，就不仅仅会考虑到工资，还会考虑到福利、培训、职业发展。换句话说，总体报酬中的其他部分，非钱的部分跟钱的部分是一样的东西，对员工都有实质意义。

（二）薪资政策

薪酬制度是连锁企业人力资源管理的重要内容。作为一个有一定规模的企业，薪酬制度必须有明确可循的薪资政策，以作为给付依据。薪资政策包括国家的工资政策、企业的薪资制度两个层面。在具体操作上要考虑企业效益、地区水平、行业特点、个人情况等因素。判定薪资政策应考虑的因素如图 8－1 所示。

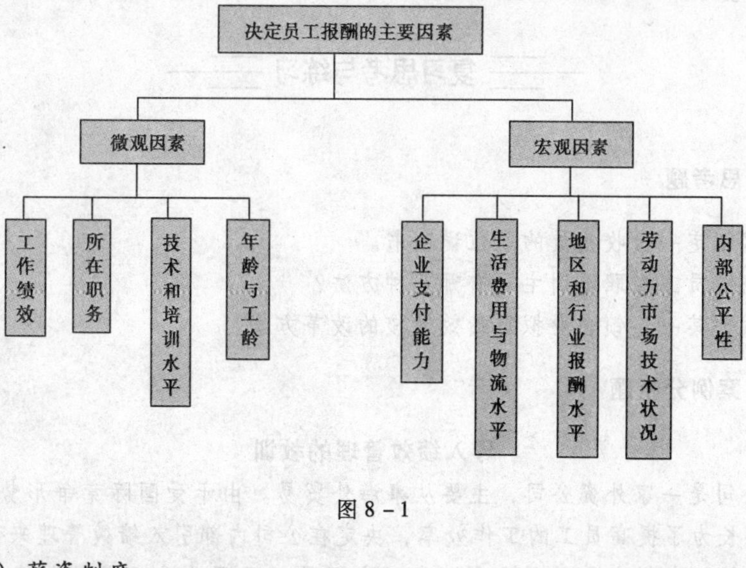

图 8－1

（三）薪资制度

连锁企业的薪资制度不是统一的，而是根据岗位的不同，大多数采用不同的薪资制度，薪资制度主要有以下几种类型：

1. 固定薪资制。特点是给薪固定但缺乏激励，适用于后勤正职人员。

2. 薪资加奖金制。其特点是既有保底，还有一定程度的激励，较适用于门店的营业人员。

3. 奖金制。特点是无保底工资，只须销售提成奖金，不确定性大，适用于敢于冒险、雄心勃勃的销售人员。

4. 钟点计薪制。计算公式为：工资 = 工作时数 × 每小时薪资

每小时薪资可变化也可不变。若变化可根据员工连续工作的时间，满足一定标准进行调整，适用于兼职人员。

5. 计件工资制。计算公式为：工资 = 生产件数 × 每件工资额

适用于物流系统的员工工资。

（四）福利制度

连锁企业的人力资源管理部门必须明确国家和企业的福利内容，依企业的财务能力决定福利的大小。福利主要包括以下几点：

1. 社会保险。主要包括养老保险、失业保险、医疗保险、工伤保险、住房公积金。这是国家要求企业必须履行的职责。

2. 休息。在我国企业员工有权利享受国家规定的节假日。企业在这一时间要求员工上班，应给以不低于平时工资 2 倍的报酬。

3. 休闲。国内外旅游、社团活动，休闲俱乐部会员等。

4. 补助。婚丧喜庆补助、子女教育补助、急难补助、节庆福利品等。

5. 进修。在职进修、国内外研究考察、报销学费、内部学历承认。

6. 奖励。红利、股份、退休金、工龄奖励等。

7. 其他。提供住房、健康体检、法律服务、儿童托管、主管配车、燃油报销、员工餐厅。

复习思考与练习

一、思考题

1. 试拟定一份收银员的职位说明书。
2. 企业员工在职培训主要有哪几种方法？
3. 试为某一连锁企业拟定绩效考核的改革方案。

二、案例分析题

导入绩效管理的教训

W 公司是一家外资公司，主要从事海外贸易。由于受国际竞争形势的影响，公司董事长为了提高员工的工作效率，决定在公司内部引入绩效管理来代替多年的单纯职级工资制度。听到这个消息，全厂员工无不欢欣喜悦，尤其是基层员工。当月公司的生产效率就有了比较明显的提高。

因为按照以前的制度，员工在公司所处的层级直接决定薪水，基层员工处于公司中比较低的层级自然会影响到每月的薪水。但若是实行绩效管理体制，薪水除了与职级别挂钩之外，也与其工作绩效紧密相连。于是人力资源部门在董事长的授权下，开始紧锣密鼓地制订绩效管理制度。经过人力资源部门全体成员6个月的艰苦奋战，绩效管理制度终于在众人的期盼中出台。

新制度规定，为了对员工进行有效激励，提高工作效率，公司将每半年实施一次绩效考评，普通员工与主管及以上人员分开进行评估。考评成绩与奖金相连，绩效考评最优秀的普通员工可以获取其考评前6个月平均工资3倍的奖金，绩效考评最优秀的主管及以上人员可获得其平均工资2倍的奖金。董事长由于迫切想知道新制度的实施效果，要求人力资源部门依据新制度对全厂员工过去6个月的工作绩效进行评估，并依据评估结果发放奖金。人力资源部门原本以为这肯定会受到员工的欢迎，毕竟可以发奖金。然而，事与愿违，随着新制度逐渐被人认识，人力资源部门面临的压力也越来越大，首先是有相当一部分普通员工抵制对其进行绩效考评，接着出现新来销售人员（公司销售队伍一直都很不稳定）离职。主管层人员也有了不满情绪。

总之，由于实行新制度，公司出现了怨言颇多的局面。最后在董事长的亲自干预之下，不断与员工沟通和许诺才稳住了这壶“沸腾的开水”，责令人力资源部门停止实施新制度，大手笔地修改和完善它。可以说这次改革弄得人力资源部门不知所措。正如后来人力资源组长半开玩笑而无奈地说：“我们得罪谁了，没有功劳也有苦劳啊？”

资料来源：贺炳红：《导入绩效管理的教训》，人力资源开发管理网。

问题：W公司在导入绩效管理过程中存在哪些失误？

第九章

连锁企业的财务管理

连锁企业必须建立和健全现代企业财务管理制度，按照责、权、利相结合的原则，简明账目环节，规范工作流程，充分采用计算机管理，严格内部考核，实行统一核算制度。通过动用财务手段对连锁企业的各部门，经营的全过程，商品进、销、存的每一个环节进行监督、检查和控制。充分运用销售时点管理系统和管理信息系统等对企业的经济效益进行分析，判断出哪些是企业的长期效益和稳定效益，哪些是降低成本、减少费用的因素，哪些是企业的短期效益和虚假效益，哪些是增加利润、提高效率和效益的手段，从而为决策提供及时、准确、务实的财务分析，达到依法自主理财，约束企业经营行为、管理企业各项经营活动的目的。连锁企业的财务管理应遵循以下要求：

1. 按照《企业财务通则》、《企业会计准则》和《商品流通企业财务制度》等有关分行业财会制度的规定，全面系统地组织本企业的财务管理，及时向有关部门报送财务报告，并向投资者、债权人等有关方面通报重要的财务信息。

2. 根据内部经营管理的特点，按照不断提高经营管理水平的要求，建立适合企业经营特点的内部财务管理制度。

3. 建立完整的财务监控体系。通过建立制度监控、会计监控、实物监控和指标监控等方式，使总部及时掌握销售、价格、存货、纳税、资金等方面的信息，了解各门店的外部或内部情况，并及时采取调整调控措施。

4. 逐步实行财务会计电算化，建立计算机分析和管理系统。

连锁经营是在总部的领导下，通过“规模化、标准化、统一化、专业化、单纯化”，达到提高协调运作能力和规模效益的目的。连锁经营企业财务管理总体而言有如下特点：①统一核算，分级管理；②统一纳税；③票流、物流分开；④资产统一运作，资金统一使用，发挥规模效益；⑤地位平等，利益均衡。

案例导读

中国企业和沃尔玛的差距

2003年华联超市国内加盟店总数达到1100家，是沃尔玛的24%左右。但是，华联超市的销售收入、净利润和每股收益分别仅为沃尔玛的0.2%、0.09%和2.67%。2003年沃尔玛的毛利率为21.55%，比华联超市15.53%的毛利率高出6个百分点。沃尔玛的净资产是华联超市的881倍，但是，其净资产增长速度仍然超过12%。这是为什么？

沃尔玛的一个经理一语道破了其中的天机，她说其实采购、办公、差旅、人力资源省下的成本永远只是小头，而运营和物流费用才是最大的一块。

中国的企业，一直以自己的成本控制能力为自豪。这也是“中国制造”目前能够无敌于天下的主要原因。但是这种成本控制能力，更多地属于“毛巾拧水”——摊开公司的财务报表，逐项地看再能从哪里面榨出些钱来。从某种意义上看，这颇有些自虐的含义。这种低成本基本上不需投入，效果直接，称之为“简单低成本”毫不为过。而那种通过对业务模式创新、流程优化、提高员工技能和能动性而达到的低成本，需要持续的投入和改进，是系统性的低成本。而中国企业和沃尔玛的最大分别，就是简单低成本和系统低成本的分别。

资料来源：刘湘明：《沃尔玛的成本控制》，西祠胡同。

【问题】

1. 连锁企业要不要加强财务管理？如何通过管理出效益？
2. 连锁企业财务管理有哪些内容？如何进行成本管理？
3. 如何加强连锁财务管理？我们需要什么样的财务管理流程？

这一切问题将在本章解决。通过本章的学习，你将会实现以下学习目标：

总目标

□ 能根据连锁企业实际情况，建立财务管理制度及有效的财务分析

知识目标

□ 掌握财务管理方法

□ 了解财务管理业务

技能目标

□ 能健全财务管理制度

□ 能制定财务管理流程

能力目标

□ 能对财务活动科学决策

□ 能对财务管理进行分析

第一节　连锁企业的资金管理

一、资金筹集

资金管理是财务管理的核心。连锁企业持续的经营活动会不断地产生对资金的需求，要根据经营需要，通过一定渠道，运用一定方式，合法、合理、及时、足额有效地筹措和集中所需资金，调整资本结构。根据国家法律法规规定，可以采取吸收货币资金、实物和无形资产或发行股票等方式筹集资本金。

(一) 资金筹集的渠道

连锁企业的资金筹集主要有直接筹资和间接筹资。直接筹资是指资金供求双方通过一定的金融工具直接形成债权债务关系或所有权关系的筹资形式，间接筹资是指资金供求双方通过金融中介机构间接实现资金融通的活动。短期筹资为使用期不超过1年的筹资；长期筹资为使用期在1年以上的筹资。按所筹资金的范围有内源筹资和外源筹资，内源筹资是把连锁企业内部积累作为筹资来源，是对一定时期净收益的留置和分配，包括提取公积金和保留收益；外源筹资是利用外部来源筹集资金。企业所有者投入所形成并积累起来的反映连锁企业净资产归属的资金为权益资本，属权益筹资；连锁企业依法筹措的需按期归还并支付利息的资金是负债资金，属负债筹资。我国连锁企业的筹资渠道主要有以下几种：

1. 国家财政资金。这是过去国有企业最主要的资金来源渠道。通过改制改组，现在多种所有制共存的国有参股、控股连锁企业中其资本部分还有历史上所形成的财政资金，国家是这些连锁企业的所有者或所有者之一。

2. 银行信贷资金。银行作为我国金融机构的最重要的主体，为各类企业提供最主要的资金来源。商业性银行为各类企业提供商业性贷款。政策性银行为特定企业提供政策性贷款。

3. 非银行金融机构资金。非银行金融机构包括信托投资公司、保险公司、租赁公司、证券公司等。这些机构通过一定的途经或方式可为连锁企业直接提供部分资金或为企业筹资提供服务。

4. 其他法人单位资金。其他法人单位资金来源主要有两个方面：一是其他单位通过联营、入股、合资、合作等形式向连锁企业的投资；二是连锁企业在购销业务中因形成债权债务而造成的债务人对债权人的短期资金占用。

5. 民间资金。是指企业职工和城乡居民个人手中的节余资金，企业可以通过一定的方式如发行股票、债券等，把这些资金集中起来形成连锁企业的资金，这是有较大潜力的资金来源。

6. 企业自留资金。这是指连锁企业通过各种途经和形式积累的属于企业自有的资金，如提取的公积金、未分配利润和计提折旧费等形成的资金。

7. 境外资金。这是指外国投资者及我国港、澳、台地区投资者所投入的资金。利用外资是弥补资金不足、促进连锁企业发展、推动技术进步和提高管理水平的重要手段。

（二）筹资中应考虑的因素

1. 经济性因素。连锁企业筹资中应考虑的经济性因素主要有：筹资规模、筹资来源及成本、筹资风险、投资项目及其收益能力、资本结构等。

2. 非经济性因素。非经济性因素包括筹资工作效率、筹资的使用约束、筹资的社会影响、筹资对连锁企业控制权的影响和筹资相关的法规。

二、资金管理的原则与办法

连锁企业的资金管理应遵循一定的原则和采取科学的管理办法。

（一）资金管理的原则

1. 总部统一使用与授权使用相结合的原则。连锁门店资金由总部统一筹措、集中管理、统一使用。门店采用的鲜活商品和其他保管期短的商品，经请示总部同意后或在总部授权的范围内可动用银行存款，门店存入银行的销货款，未经总部批准不得擅自动用。

2. 总部统一控制费用的原则。连锁总部、门店及其他部门的费用由总部统一核定、统一支付。部门、门店的工资等日常费用的支出，由总部统一开支。店长有节约费用开支的责任，总部有审查费用使用情况的权力。

3. 统一银行存款和贷款的原则。门店在总部指定的银行办理户头、账号，只存款不出款，收支两条线，门店每日必须将销售货款全额存入指定银行，不得坐支销货款，同时，门店应向总部报送销售日报表。

（二）资金管理的要求与办法

1. 提高资金的运营效率和效益，积极采取措施盘活资金存量，加速资金周转。这不单是资金筹措，还要扎实地管理日常资金收支，按照实际正确预测资金需求。财务部门要同信息、配送等部门密切合作，通过销售时点管理系统对企业的进、销、存实行单品管理。加强财务对门店经营的指导、监督和制约作用，有计划地筹措、使用资金，是维护连锁企业信用和形象的保证。为使资金有计划地周转，必须做好以下工作：

（1）确实管理好现金和银行存款，要编制每一期间现金剩余与不足的情况，编制现金预算，规划未来的现金流入量和流出量。

（2）协调好信贷关系，保证商品流转资金的取得。

（3）控制合理库存，扩大销售，增加资金周转次数。

（4）保持收支平衡，研究筹措资金、延长支票和赊购支付期限的对策。

2. 积极引进现代预算管理、成本核算和投入产出分析制度。加强投资决策和投资项目的管理，建立投资责任制，提高投资回报率。财务部门要同企划开发部门紧密合作，在确定建立门店、配送中心、计算机系统的规模等投入问题上要使投资更加合理化、制度化、科学化。

3. 在内部资金运转过程中要严格执行各项结算制度，完善企业内部审计制度，形成有效的监督机制。

4. 树立勤俭办企业的精神，开源节流。在门店装修、计算机等设备的投入以及其他方面的投资上切忌相互攀比，脱离实际。

5. 加强资金集中收付管理。连锁经营具有资金流量大、闲置时间长、沉淀多的特点，这些特点要求必须加强对资金收付及营运资金包括投资资金、流动资金、货币资金的管理。为加强总部、地区总部的资金融通和调度力度，在内部资金管理上，应通过建立内部资金调剂中心，以门店实行统一开户、统一结算、统一管理、统一调度。

（1）总部统一调剂使用。各门店资金由总部统一调剂使用，门店采购鲜活商品和其他保管期短的商品，提前向总部申请备用金，经同意后，由总部直接调拨到门店的备用金账户，采用现金支票方式、转卡或现金支付，其他在本地采购的货款和费用，由独立核算地财务部在网上银行提交支付单据，由总部审核后付出；门店的营业款，在没有非常的特殊情况下，必须按时存入指定的收款账户，其他情况未经总部同意不能动用银行存款。

（2）建立不同层次的货款结算流程和制度。根据本企业的实力和供应商的承受能力与实力，在不影响商品采购和企业信誉的前提下，设计一套切实可行并且根据不同等级的供应商实行不同的结算政策，结算时间要尽可能地延长，而且在财务部门收到供应商税票后也要有一定的复核和资金调剂时间，保证供应商的货款能够在约定时间内付款，在供应商中建立起企业的良好信誉是财务部的重要职责。

（3）建立内部网上银行制度。由于各个地区的门店是单独核算，企业资金集中后，各个地区门店在付款时需向总部申请划拨资金，由此而来各地区账户仍滞留一部分余额。因此大型连锁企业集团应该考虑开发内部网上银行系统，由各门店财务在内部网上银行提交付款单据，由内部银行自动将各地区提交的付款单据汇总成一笔并生成商业银行的付款单据文本，再导入商业银行的网上银行支付。这样既可减少资金在各地分散沉淀，又可以节约大量的汇款手续费。

（4）总部做好资金理财业务。连锁零售业最大特点是货币资金流量大，而进货款一般实行约期付款方式。所以，企业从上次付款结束到下次付款期间，资金始终会有短时间的沉淀过程。当连锁门店发展到一定规模时，短期运作的资金量会相应增加。总部每日通过总部销售系统及网上银行了解门店资金情况，采用主动收款方式，将各门店账户多余的资金实时划回总部，这样总部就有一笔可观的流动资金在总部账户里周转，通过银行理财专家设计的理财业务进行组合。

三、资金的风险控制

（一）投资资金的风险控制

投资资金的风险控制首先要看总成本，成本太高将影响盈利和增大经营压力。其次要考虑投资资金筹措方式的选择。为了规避企业筹措投资资金的财务风险，应把握好以下四点：

1. 职工集资款用于投资资金，成本最高，风险最大。若投资失败会导致直接的政治风险，引发不安定事件发生。

2. 银行资金的借贷必须考虑有足够的偿还能力，并且具有可支配的抵押物，商业房产的按揭方式应充分引用。

3. 连锁企业的改制是吸引投资资金的好方式，但要选择经营状况良好的企业。需要进一步扩大投资时，通过变革企业制度来引入投资资金是我国连锁企业应争取的方向，可使连锁企业实现更大空间的资源共享和资金的运用。但要注意个人所享有的投资股份不应平均分摊给每个职工，而应更多地集中在高级管理层，以增强高级管理层的稳定性及效益回报率。

4. 流通企业的负流动资金转入投资资金，必须控制在保证对供应商切实付款的前提下，否则会导致企业的经营危机。

5. 开店的风险越来越大，资金需求越来越多，资金的使用成本将影响企业盈利。财务部门应注重投资回报，协同其他部门，构建投资回报模型，分析每个门店保本、保利点，对销售收入长期在保本点以下的门店及时预警，减低风险。

（二）流动资金的风险控制

流动资金的风险控制可从以下三方面来进行：

1. 商品采购计划资金的控制。流动资金的控制要从商品的采购计划开始，即要控制住商品采购的计划资金。若连锁企业商品采购缺乏计划，财务部缺少对于流动资金的有效控制，将导致对流动资金的无序滥用。财务管理部门对商品采购计划资金的控制着重在以下几个方面：

（1）商品采购计划的制定与批准必须反映财务部门的资金管理、资金保证和资金效益的要求。

（2）商品采购计划只有在财务部门作出相配合的资金供应计划时，才能付诸执行。

（3）财务管理部门对商品采购资金控制和保证的重点是主力商品、季节性商品和促销商品，并对这些商品在商品采购计划中制定出财务控制指标，如毛利率和周转率等。

2. 商品存货的风险控制。商品存货的管理是对流动资金进行控制的重点。从经济学的定义上说，规模的经济性实质之一就是加速库存商品的周转率。

（1）合理控制进货与存货的比例。进货量大或一次性订货量大可以降低进货成本，但如果由此转成的存货没有在一定的时间内销售出去，其存货成本超过了进货订货时的成本，大批量进货和订货也是不经济的。因此财务部门必须对大批量进货和订货造成的存货增加进行审批与控制，制定大批量进货和订货的数量界限及审批制度。

（2）合理确定门店的订货量。如果门店订货量太大，流动资金就会在门店这一环节沉淀下去，财务部要与采购部一起制定门店的订货标准，即最小的订货量、最小的订货金额。一般的门店存货量是其销量的 1.5 ~ 2 倍。如配送中心效率高，则可实行零库存。上海可的便利店公司所使用的电脑自动配货系统使门店平均库存量从 26 万元下降到 10 万元，商品周转天数从 15 天下降到了 7 天。

(3) 强化统一配送，控制社会协力配送。在尽可能条件下采取统一配送，可以减少门店的商品库存量，加速商品周转。从商品库存成本上来分析，减少了门店商品库存就等于减少了商品库存空间，并可将库存空间转化为营业空间。以上海地区前几年为例，门店每平方米日租金是2~3元，而配送中心每平方米日租金是0.5元，采取统一配送可降低租金6倍。当门店铺数不断增加时，这种成本的节约是巨大的。由此，配送中心的规模效益也会充分显现出来。对社会的协力配送必须严格控制，否则，从表面看似乎降低了配送中心的营运成本，但由此会增加以下几方面的营运成本。其一，门店每天要接待大量的供货商直送商品，而无暇顾及门店的管理，从而增加了管理成本。其二，门店管理受干扰导致销售业绩不理想，无形中增加投资成本和降低了流动资金运作的效率。其三，供货商与门店的不规范行为（如堆头指定与改变、赠品的随意支配、回扣的收受、商品发票的违规性走单等）会大量发生，由此使社会协力配送可能成为连锁企业不被人注意的出血点。

3. 货币资金的风险控制。连锁经营资金始终会有一定时间的沉淀，可以通过协定存款率、委托贷款、短期证券投资和资金托管等方法进行资金运作，增加企业效益。对连锁企业来说，商品销售后，商品资金才能转化成货币资金。加强对货币资金管理，是保证连锁企业的经营成果和资金运作开始又一轮良性循环的关键。在门店的收银环节上，财务管理控制的目标是与商品价格相符的现金的完整收受。财务部门要制定控制收银环节的标准制度，并配备相应器具，如现金缺损率、收银企业程序、伪钞识别器等。必须建立对供货商的标准付款制度和付款审核，加强门店收银与付款环节的管理与控制。

资金必须集中管控，可以使分散的资金快速回拢，既保证了资金安全，又加快资金周转，提高资金使用效率。在具体操作上，总部资金管理中心承担资金筹措、使用、调度和管理的职能，门店实施收支两条线，专款专户，专款专用。

独立核算的门店原则上应开设两个账户：一个是基本账户，用于预算内的日常开支，资金由总部资金管理中心划拨；另一个为结算账户，用于日常开支以外的资金收付，如销售款收取，该账户只能存款不能取款，防止门店坐支销货款。

非独立核算的门店，可不设独立的财务机构，实行驻店核算员制度，由总部派驻出纳和核算人员，严格执行定额备用金制度，用于支付预算内的日常开支，而货款资金直接入总部指定账户，该账户同样只能存款不能取款。

四、资金预算和核算管理

（一）资金预算管理

严格财务预算管理，实行全面预算，就是对连锁企业的一切经营活动全部纳入预算管理范围。具体的做法是每年的年末在对当年的财务预算执行情况作全面分析的基础上，会同有关部门和门店对下一年的企业目标进行研究，结合经营计划，编制财务预算。它是连锁企业控制经济活动的依据和考核所属部门、下属单位经营业绩的重要标准。计算机网络的利用及信息管理系统的开发为资金预算和核算管理提供了极大的便捷。

预算以销售业务为核心，预算的编制应以销售为中心，其他预算与销售预算密切配合，协调平衡，最终达到现金流量的平衡。预算的主要内容有：

1. 销售预算。销售预算要结合毛利与现金流量编制。围绕预算目标，业务部门不仅要考虑扩大销售规模，还要考虑毛利额和资金流。每个营销策略必须至少考虑三个问题：一是能增加多少销售；二是相应增加多少成本；三是如何确保现金流量的平衡。

由于市场变化很快，不确定因素增多，在预算执行过程中由于种种原因，常常会有所变动，为了使预算真正切合实际，更好地把未来的潜在因素考虑周到，销售预算可采用滚动预算，一般一季度调整一次。

2. 存货预算。以销售预算为基础，根据门店规模、品类特点的不同，分别确定存货水平及周转天数，将存货保持在较低水平。

3. 进货预算。进货预算 = 预计销售金额 + 期末存货目标 − 期初存货金额

4. 成本预算。在销售预算、进货预算的基础上，对企业成本进行分解，根据项目编制成本预算。

5. 费用预算。在销售预算的基础上，分解企业的各项费用，并结合财务会计准则要求，对费用进行合理分类，并编制预算。

6. 利润预算。在销售预算、成本预算、费用预算的基础上，分析企业的利润构成，结合企业的经营目标，编制利润预算。

（二）资金核算管理

会计核算模式可采用进销分离下的单品进价数量、金额核算。以单品进价核算为基础，辅之以售价控制，综合进价和售价管理对流转过程不同阶段进行管理。

1. 进货核算。每天接收业务部门转来的商品进货单、退货单、进价调整单，查对供应商的送货单、退货单，核对各级人员的签字情况，确认进货数据，按统一的会计科目和会计分录做记录，登记总账、明细账、辅助账三级账。

2. 销售核算。采集销售数据，每日按门店汇总后生成销售日报，财务核算员核对应收金额是否与门店结款到指定账户上的金额相符，如果相符，则登记入账，如果不符，则按应收入账，核算员会同门店管理人员进行检查，对长短款进行跟踪处理。

3. 成本核算。每日进行销售成本的核计，按先进先出的原则匹配，特殊情况下，如促销活动期间，可优先考虑促销批次，这种处理方法，能较准确地反映成本和毛利数据。

4. 存货核算。包括单品明细账，即提供单品存货明细账，详细记录单品的进、销、调、存、退、配、结等业务，不仅要提供进价金额，还要提供售价金额，不仅要提供含税数据，还要提供不含税数据及税额，对不同税率的商品，按税率统计存货数据。

第二节　连锁企业的流动资产管理

流动资金包括现金、各种存款、短期投资、应收及预付款项、存货等。连锁企业的资产应实行总部与门店分级管理办法，建立健全现金及各种存款的内部控制制度。

一、流动资产管理原则

(一) 总部和门店分级负责的原则

总部配送到门店的商品由总部设置总账控制管理，在进入门店以前，一切损失由总部负责；门店自采的商品，由门店自行管理，商品在店内被盗、短缺由门店负责。对低值易耗品的管理，总部可规定在一定价值内的单件商品由门店经理批准购买，超过此价值的商品由总部统一购买或总部批准后由门店购买。

(二) 合理设置库存的原则

对进入连锁企业配送中心的商品加强管理，完善对各门店的配送，减少装卸损失，降低商品损耗率；对进入各门店的商品加强管理，一是统一管理店堂和后场的商品，原则上讲，门店不设库房，后场只设一定面积用于临时摆放上架销售前的商品；二是一般按照“二八”比例原则对商品结构进行调整，对骨干商品的经营要形成系列化，保证不缺货。

(三) 分类指导的原则

总部对各门店的流动资产进行分类指导，如总部要对各门店的订货数量、品种进行监测审核；要定期督促各门店及时根据销售情况调整商品结构；总部有责任督促各门店对超过保值期的商品进行清理，并在规定的商品范围和期限内由总部负责退货处理。

二、连锁经营企业货币资金的管理

货币资金是企业资产管理的重要组成部分，是连锁企业资产流动性最强的资产。连锁企业从事经营活动离不开货币资金的支持，如购买商品、支付工资等，没有货币资金的储备，就无法保证企业经营活动的正常运行。

现金收入要做到日清月结，确保现金的账面余额与库存金额核对相符，银行存款与银行对账单金额核对相符。各门店经营和改造所需资金，由总部或地区总部统一筹措，统一安排。各门店存入银行的款项，要及时通过银行结算划转到总部指定账户。总部对门店可建立备用金制度，门店不得坐支销货款。

(一) 岗位分工控制

1. 建立货币资金业务的岗位责任制，明确相关部门和岗位的职责权限。

2. 出纳不得兼任稽核、会计档案保管和收入、支出、费用、债权、债务账目的登记工作。

（二）授权批准控制

1. 明确审批人对货币资金业务的授权批准方式、权限、程序、责任和相关控制措施。

2. 明确经办人办理货币资金业务的职责范围和工作要求。

3. 严格按照申请、审批、复核、支付的程序办理货币资金的支付业务。

（三）现金控制

1. 明确现金开支范围并严格执行。

2. 实行现金库存限额管理制度，现金收入及时存入银行，严格控制现金坐支，严禁擅自挪用、借出货币资金。

3. 定期盘点现金，做到账实相符。

4. 严格收支两条线管理制度。

（四）银行存款控制

1. 加强银行账户管理，分别设立基本户和一般存款户，并按规定办理存款、取款结算。

2. 定期获取银行对账单，查实银行存款余额，编制银行存款余额调节表。

（五）票据控制

明确各种票据的购买、保管、领用、背书、注销等环节的职责权限和程序，防止空白票据遗失和被盗用。

（六）印章控制

1. 财务专用章应由专人保管，个人名章应由本人或其授权人员保管。严禁一人保管支付款项所需的全部印章。

2. 严格履行签字盖章手续。

3. 制定印章管理规定，下发印章保管人岗位责任制。

（七）监督检查

1. 定期检查货币资金业务相关岗位及人员的设置情况。

2. 定期检查货币资金授权批准制度的执行情况。

3. 定期检查印章保管情况。

4. 定期检查票据保管情况。

5. 通过企业内部银行或企业 ERP 系统及时掌握企业每日货币资金收支情况。

三、连锁企业的存货管理

（一）加强存货管理

存货及低值易耗品是企业在生产经营过程中为耗用或销售而作的资产储备，是连锁企业流动资产管理的主要内容之一。从实物管理的角度出发，需要有一系列严格的入、出库制度；从资金管理看，需要尽可能地降低入库成本，通过严格的成本计算，准确算出当期的出库成本。存货规划、利用与控制的好坏对连锁企业的财务状况影响极大。使存货保持在最优水平上，已成为财务管理的一项非常重要的内容。

对保管期长、销售量大且长期稳定的商品由总部统一采购，统一配送到各门店；对部分保管期短、鲜活商品和不宜统一配送商品、统一配送有困难或不经济时，可由社会化配送中心及其他供货单位向各门店直接配送，由总部统一结算。门店应在总部授权的商品品种及数量金额范围内自采，或指定的生产点取货。无论是总部和门店在结算时应严格根据结算规定，将购销合同、采购单、仓库验收单进行核对，相符合后结算付款。

为了降低存货成本，必须根据企业实际做出最优的存货决策。存货的决策涉及四项内容：决定进货的项目、选择供应商、决定进货时间和进货批量，前二项是产品部的职责，而财务部门要按照存货管理的目的需要通过合理的进货批量和进货时间，使存货的总成本最低，确定经济订货量。各门店要根据商品销售情况及时调整商品结构，对接近保质期的商品要积极开展促销，对超过保质期的商品要及时进行清理。

总部对地区总部的商品配送，作为销售处理。总部或地区总部配送给各门店的商品，作为内部移库处理，其计价可以采取成本加一定费用计价法、成本加一定比例的毛利计价法、市场售价计价法或协议计价法。具体采取哪种计价方式，主要应遵循便于管理、便于考核和调动各方面积极性的要求。

总部或地区总部对门店实行售价金额核算，进价数量控制（不便保管的鲜活商品也可采取进价总金额控制），有条件的企业应实行电算化管理，单品进价核算。门店每月对商品进行盘点，建立实物负责制度。总部要核定商品损耗率，超额损耗部分，由总部或地区总部落实到责任门店或责任人。门店要根据销售情况和市场需求，及时提出调整商品结构的建议。

对低值易耗品等其他流动资产的管理，要明确总部和门店的管理权限，实行分级管理。

（二）建立健全连锁企业存货管理制度

连锁企业存货的管理包括采购、入库储存、发货等环节。为了保护存货的安全、完整，确保会计信息的准确可靠，降低存货成本，必须以职责分工为基础，设计实施对存货管理进行制约和协调的内部管理制度。

1. 采购业务的管理。

（1）职能分工控制。连锁经营企业应将存货采购业务交由专门部门负责，建立采购业务岗位责任制，明确采购工作任务和工作程序，以及工作责任。

（2）授权批准控制。销售部门提出要货计划，包括需货的品名、规格、数量、需货时间，经部门负责人批准后，交由采购部门编制采购计划，经主管领导人批准采购计划书后，由采购部门落实进行采购。采购人员必须按经领导批准的采购清单采购，无论从数量和品种、规格和单价都无权擅自决定。若因市场原因需要修改采购清单时，必须经主管领导人员批准或授权。

（3）采购合同控制。存货采购应尽量与供应商签订订购合同，以保证按期、按量、按质购入，以满足企业经营业务的需要。采购合同应经企业法人或法人授权人签发生效。

（4）建立询价制度。由于市场供需价格千变万化，要有专门业务部门或人员负责存货价格、供需要求等调研、询价工作，以控制成本、降低风险。

2. 存货入库、储存的管理。企业订购的存货送达后，要经质检部门和有关业务部门根据存货的商品运单、发票、采购合同以及产品生产厂家提供的质检单、出库单、说明书加以审查验收，若发现问题，则按所签订的合同，由企业有关部门和人员去处理和解决。

所购商品等存货经审查后验收入库，仓库保管员应依据入库单核对实物，查明其规格、数量，是否与入库单相一致，并签字认可，以建立保管责任制，防止丢失、毁损、变质，以保证存货的安全。存放商品的仓库要做到：(1) 创造安全条件，仓库应具有防盗、防火、防潮、防鼠等具体措施。(2) 规范存放秩序与位置，如分区保管、定位存放、五五成行、快速记数等。

3. 存货发出业务的管理。存货发出要有授权批准制度，仓库保管员凭手续齐全并有主管领导、送货人签字认可的发货单发货。

存货管理可使用 POS 系统，对每种商品实时购销存状态随时记录，管理者可通过该系统及时正确地监控，并做出各种采购及库存决策。

四、连锁企业销售收入的管理

总部对配送中心及门店的全部商品要设置商品管理台账，对门店自采的商品一般实行按商品大类管理，有条件的要逐步过渡到实行单品管理，并建立实物负责制，定期盘点，以保证账实相符。

连锁企业的销售收入分散在各个门店，应通过电脑结算系统进行控制，加强商品销售管理。对于独立核算方式的门店，只对其每日销售收入情况进行监控和掌握；对于非独立核算的门店，应对其收入情况和货币资金同时控制。每日银行下班前，各门店收银员应整理当日所收款项或客人已签信用卡单，核对相符后，填制现金缴款单，将款项存入总部开立的销售收入专户，并负责将整理好的客人已签付的信用卡单送银行将款项划转总部销售收入专户。并编制销售日报表连同现金缴款单等于规定时点前报总部总收款处，财务部可通过“网上银行”随时掌握、监控销售收入情况及各门店存款情况。

对于和总部不在同一城市的非独立核算门店的销售收入，由门店核算员每日将销售款存入总部开设的信用卡内，并通过传真或电子邮件形式将销售日报表和现金缴款单等资料发往总部财务部。总部总收款处每日下班前通过银行或自动取款机查看各门店缴纳销售款情况并与门店传来的销售日报表核对，如有不符，及时进行沟通、调查。总收款在规定时点前将所有异地基层店收入款存入总部销售专户。

对于调拨总部异地销售收入的信用卡应选择不收取省内手续费的金融机构办理。总收款负责信用卡的保管工作，出纳负责信用卡的密码输入工作，每次查询、取款均需两人同时进行。

销售收入应分门店进行核算，以便于总部对各门店销售情况同历史数据、预算数据及各门店之间比较分析，对于销货退回，应建立相应管理制度并经销售主管审批。

第三节 连锁企业的成本管理

连锁经营是为了实现“最少的环节、最低的费用、最高的效率”，以降低流通成本，提高经济效益。连锁企业的成本和费用是指企业在经营活动中发生的与经营活动有关的支出，包括商品进价成本和为经营商品或提供劳务而发生的商品流通费。

一、成本管理的主要内容

连锁企业的成本管理主要是通过商品毛利率、费用开支标准及范围、销售费用率三大指标进行控制。由总部统一进行成本核算，统一管理。其具体内容是：

1. 总部要严格控制自身的费用开支，如宣传广告费、人工费以及其他费用开支等。

2. 总部统一整个企业的资产折旧，统一支付贷款利息。

3. 总部对各门店可采用先进先出法按商品大类计算毛利率；一些规模小的连锁企业也可以过渡性地采用混合平均法或加权平均法计算商品的毛利率。

4. 总部要建立毛利率预算计划管理，对门店实行计划控制。对各门店的综合毛利率进行定期考核，对影响效益大的骨干商品的毛利率进行重点考核。

对达不到毛利率预算计划的门店，总部要建立督导制度，帮助其分析影响原因，及时作出店堂布局、品种结构和商品价格等方面的调整。

5. 总部规定各门店的费用细目范围及开支标准，原则上不允许随意扩大和超标。

6. 总部对如水电费、包装费等费用要进行分解，尽量细划到各门店和商品大类。能直接认定到各门店和商品大类的，要直接认定；不能直接认定的，可参考各门店占企业工资总额的比例、资产的比例或按各门店的人数、经营面积分摊到门店和商品大类。

提示：

一般情况下，每个门店在开张初期的销售费用率可能会高一些，应尽快通过加强管理使之降到企业平均、合理的水平。

7. 总部对各门店的费用通过下达销售费用率进行总体控制，要建立费用率预算计划管理。各门店的直接费用（如业务招待费、人工费等）要同店长的利益直接挂钩。对达不到预算计划的门店，总部通过督导制度，帮助其分析造成费用增长、费用率上升的原因，并提出调整改进措施。

二、连锁经营成本费用管理

连锁企业成本费用是企业为销售商品或提供劳务等日常经营活动所发生的经济利益的流出。按用途分为销售成本和期间费用，销售成本是销售商品的进货价格，期间费用指在一定会计期间发生的管理费用、营业费用和财务费用。

连锁企业成本费用分部门、门店进行明细核算，各部门、门店各为独立的成本控制中心。总部年末将下年的责任预算和其他控制标准下达给各部门，使之以此控制自己的活动，并对各成本中心实施考核，以分析评价执行情况。

实例

沃尔玛的成本控制

沃尔玛的低价策略建立在严格的成本控制基础上。其主要做法包括：

（1）严格控制进货成本。一是靠大量定购不断要求供应商尽可能压低价格；二是越过中间商直接向制造商订货。

（2）严格控制配销成本。沃尔玛有自己的配送中心、自己的送货车队，其他的连锁公司均委托运输公司承担。由于有自己的配送中心、车队和先进的计算机通讯网，沃尔玛的分店提出订货的要求后，两天内货即可送到，而一般的公司需要5天时间，这大大加快了沃尔玛的资金运转。由于装备先进的设施和良好的管理，沃尔玛的配销成本只占总销售额的3%，费用率只为大多公司的一半。

（3）较低的广告促消费。一般折价百货公司将销售额的2%～3%用于广告促销，沃尔玛的这方面的开支低于1%。

（4）人员精简的组织结构和山姆本人崇尚节俭作风的影响。

资料来源：中国营销传播网。

对于进货成本，对各门店主要采用先进先出法核算，按品种计算毛利率，建立毛利率预算计划管理，对门店实行计划控制，定期考核与重点考核相结合。

对于期间费用，规定各部门及门店费用项目范围及开支标准，尽量分解细划到各部门、门店。总部及当地各门店费用由总部统一核定支付，对于异地各门店费用采取备用金形式，根据各店实际情况，分别核准每月备用金定额，为各店在经营地开设一个备用金支出户。在此范围内，所发生费用、支出工资由核算员审核、店长签字审批后支付，店长有节约开支的责任。总部财务部定期、不定期的去各异地店审查费用使用情况。

总之，各项成本费用的控制，总部要建立成本费用控制体系，实行成本费用分级归口管理责任制，将成本费用分解为各项指标层层下达，调动各部门和门店全体员工的积极性，使成本费用预算落到实处，并与工效挂钩。

三、工资和奖罚管理

连锁企业对职工工资、奖金的分配办法应在现行的分配政策法规下，结合连锁经营的特点和企业的实际情况，本着调动职工积极性的合理分配原则制定。

总部、地区总部管理人员的工资按职责确定基本工资，奖金额度根据盈利情况具体确定，并按规定报有关部门。

对门店人员，一般由总部或地区总部根据企业工资总额增长幅度低于本企业经济效益增长幅度、职工实际平均工资增长幅度低于本企业劳动生产率增长幅度的原则，区别不同门店客观条件的优劣，根据综合指标考核情况，制定企业内部的工资分配方案。

实行提成工资制的门店，其提成比例应根据各门店的实际情况确定。可以按门店的销售额确定工资奖金提取比例，实行百元销售工资奖金含量提成；也可以按门店实现的利税确定工资奖金提取比例。实行百元利税工资奖金含量提成。总部有权根据各门店客观条件的优劣对其工资提取比例进行调整。为了保证企业职工的基本收入，可由总部规定职工的月基本工资。

总部的管理人员和各门店店长的工资，按各自职位由总部确定其基本工资，根据不同月份的效益情况确定奖金；对部分岗位的管理人员可实行津贴管理的办法。

连锁企业雇用临时工人，其工资发放办法由总部制定。

各项奖罚规定由财务部门根据不同岗位人员的职责、业绩、过失等因素制定。

四、物流成本控制

物流成本是连锁企业的物流系统为实现商品在时间空间上的转移而发生的各种耗费的货币表现，具体包括订货费用、订货处理及资讯费用、运输费用、搬运装卸费、包装费、进出库费用、储存费用以及由于交货延误造成的缺货损失等等。所以，除了通过节约进货成本，降低人力资源成本，从而产生利润以外，还可通过降低物流成本，使其成为企业的“第四利润源泉”。如何以最少的物流成本“在适当的时间将适当的产品送到适当的地方”这一重要问题，其出路在于连锁企业加强对物流系统即商品采购、储存、配送三个主要环节的成本控制。

（一）采购成本的控制

采购成本的高低对物流总成本有着重要的影响。因此，总部采购部门应想方设法降低商品采购过程中的各项费用支出，主要措施有：

1. 加强集中采购，发挥规模优势。连锁企业的兴起就在于它能充分发挥集中采购、统一进货的优势。总部应当集各连锁门店的零星要货为较大批量的订货，争取供应商在价格上给予尽可能的优惠，从而降低进货成本，降低销售价格，提高商品的竞争力。

2. 确定适当的采购时机与合理的采购批量。采购时机与采购批量是影响物流总成本的重要因素。过早采购，会使库存量增加，加大库存费用；过晚采购，库存不足，又会带来缺货损失。采购批量太大，有可能造成积压；反之，又增加采购次数，增大采购费用。因此，企业应根据各方面的情况，采用科学的方法确定适当的采购时机与合理的采购批量，以降低采购成本。

3. 根据市场状态，确定采购物品，建立稳定的供应伙伴关系。连锁商业作为一种社会化程度较高的组织形式，有可能也有必要建立相对稳定的供货关系。连锁企业若有稳定的供货渠道，与诚实可信、资信良好的供应商合作，就可减少假冒伪劣商品混入的可能性，有利于降低订货费用和缺货损失，确立自身良好的社会信誉。

4. 尽量降低采购风险。采购风险是在采购过程中由于存在不确定因素而造成的可能损失。当商品供不应求而生产周期又长时，由于不确定因素增多，应增大保险储备量；当购买新产品时，如果事先不了解市场反应，应减少购买量。

（二）存货成本的控制

要想保持一定量的存货必然有一定的成本支出，而存货的有关成本主要包括：(1) 采购成本：指从供应商那里获得商品而支出的成本，包括订货成本和购置成本。订货成本主要是信息收集、交流及与供应商谈判的成本。在采用了EOS系统的连锁企业，可大大降低订货成本，提高效率；而购置成本则是购入商品本身的价值，同时需注重商品品质的保证。(2) 储存成本：指对存货保存、加工、分拣、配货等的成本，还包括存货占用资金所应计的利息、及库房建筑物和仓库机械设备的折旧费、修理费、通风照明费、仓库职工工资及办公费、存货损耗、保险费用等。(3) 缺货成本：指由于存货供应中断而造成的损失。当不确定的因素发生后，供应链的某些环节出现问题，导致缺货造成拖欠发货和丧失销售机会的损失及估计的商誉损失。

确定存货的最优水平关键在于如何做到既能满足连锁门店的销售需要，又能满足合理库存控制的要求，即使库存费用与采购费用的总和最低。在实际工作中，可采用如下两种方法：

1. 定量订货控制法。定量订货控制法以库存费用与采购费用总和最低为原则，事先确定出相对固定的经济订货批量和订货点。每当库存量降到订货点，即按预定的经济订货批量组织订货。

订货点 = 日平均需求量 × 订货期

订货期为发出订单到商品入库的时间。这种方法适用于常年销售且销售量比较稳定的商品。

2. 定期订货控制法。这种方法与定量订货控制法的原则相同，不同的是采购为定期采购，采购批量为订货水准（订货后应达到的库存量）与盘存量之差。它是通过“订货周期”、“订货水准”和“每次订货量”来控制库存的，一般用于销售量不稳定的商品。它只预测较短时期内的需求量，根据盘存量来确定日订货数量，可以保持经营的灵活性，降低采购风险。

（三）配送成本的控制

配送成本是指连锁企业的配送中心在进行分货、配货、送货过程中所发生的各项费用总和，包括包装、运输、装卸费用及有关工作人员的工资等。配送成本的控制，应从以下三方面进行：

1. 加强配送的计划性。在配送活动中，临时配送、紧急配送或无计划的随时配送都会大幅度增加配送成本。为了加强配送的计划性，需要建立门店的配送申报制度，针对商品的特性，制定不同的配送申请和配送制度。①对鲜活商品，应定时定量申请、配送。门店一般一天申请一次，商品的采购量应以控制在当天全部售完为宜。②对普通商品，应定期向配送中心订货，订货量为两次订货的预计需求量。实行定期申请，门店需要预测订货周期内的需求量，以降低经营风险。

2. 确定合理的配送路线。配送活动中的一项重要工作是采用科学的方法确定合理的配送路线。可采用方案评价法，拟定多种方案，以使用的车辆数、司机数、油量、行车的难易度、装卸车的难易度及送货的准时性等作为评价指标，对各个方案进行比较，从中选出最佳方案；也可以采用数学模型进行定量分析。无论采用何种方法，都必须考虑以下条件：（1）满足所有门店对商品品种、规格和数量的要求；（2）满足所有门店对货物发到时间范围的要求；（3）在配送中心现有运力的范围之内；（4）各配送路线的商品量不得超过车辆容积及载重量；（5）在交通管理部门允许通行的时间内送货。

3. 进行合理的车辆配载。各门店的销售品种不同，订货的数量和品种也不同，一次配送的货物可能有多个品种。这些商品不仅包装形态、储运性质不一，而且密度差别较大。密度大的商品往往达到了车辆的载重量，但体积空余很大，密度小的商品虽达到车辆的最大体积，但达不到载重量。实行轻重配装，既能使车辆满载，又能充分利用车辆的有效容积，可大大降低运输费用。

4. 量力而行建立电脑管理系统。在物流作业中，分拣、配货一般占全部劳动的60%，而且容易发生差错。如果在拣配货中运用先进管理系统，应用条码，就可使拣货快速、准确，配货简单、高效，从而提高生产效率，节省劳动力，降低物流成本。

第四节　连锁企业的利润管理

一、连锁经营的利润源泉

（一）实行进销分离，中央采购制度，统一进货

连锁经营采取规范化的采购容易与重要的供应商建立长期、稳定、双赢的战略协作伙伴关系，从而降低重复谈判、分散谈判、监督合约执行、违约处理等方面的交易成本。此外，形成区域垄断后还可以制约代理商，获取更为优惠的交易条件。

（二）统一的营销战略，规模化经营

把众多分散销售的门店组织起来，统一为高效运转的连锁体系，实行统一的营销战略，实现商流、物流、资金流直达和信息系统网络化，使中小门店也能实现高效率、高效益的规模化经营，从而以强大的实力和竞争力，扩大市场份额，投资的成本和风险分摊在众多门店。

（三）标准化连续经营，共享技术效益

按照统一标准化的作业流程、方法和条件等，持续地经营同品质的商品或提供同品质的服务，可以给顾客留下良好的印象，有利于建立企业的美誉度，也利于企业本身的日常管理、门店选址、店堂建设、人员的无障碍流动等，降低经营管理费用。成功管理经验的快速复制和在各连锁体系中得到迅速推广和应用，可以节约学习成本，分摊技术开发成本，获得技术共享效益。

（四）专业化经营，易发挥竞争优势

连锁企业实行高度精细的专业分工，专业化程度高，从而使员工形成独特的

工作技能和强有力的工作能力。高度的专业化有利于建立自己拥有、竞争对手没有且难以模仿的企业核心竞争能力，从而在竞争中占有优势，掠取市场份额。

（五）组织化程度高，杜绝利益流失

规范的连锁经营企业组织化程度很高，这有利于杜绝跑冒滴漏现象，预防部门或个人灰色收入产生。

（六）简单化，高效率，低成本

在连锁经营网络的许多环节，在维持既定工作质量的前提下，确定任何人都能够轻松、快速掌握的作业内容，彻底删除工作流程的多余、浪费部分，可提高工作效率，减少培训费，降低人力成本。

二、连锁企业利润及分配

总部将各门店的利润汇总后再扣除总部自身的费用及不需分摊的有关费用，即为连锁企业当月实现的净利润总额。

（一）连锁企业利润

连锁企业利润主要是营业利润，包括主营业务利润和其他业务利润。

1. 主营业务利润是指主营业务收入扣除商品进价成本、经营费用、管理费用、财务费用和营业税金及附加后的净额。

2. 其他业务利润指企业其他业务的收入减其他业务支出和其他业务缴纳的税金后的净额。

（二）企业所得税后利润的分配

企业缴纳所得税后的利润，除国家另有规定者外，按下列顺序分配：

1. 被没收的财物损失、支付违反税法的滞纳金和罚款。

2. 弥补以前年度的亏损（用本年度所得税前的利润抵补）。

3. 按税后利润扣除前两项后的10%提取法定盈余公积金，法定盈余公积金超过资本金总额的50%时，可不再提取。

4. 提取公益金。公益金主要用于企业的职工集体福利设施支出。

5. 向投资者分配利润。企业以前年度未分配的利润，可以并入本年度向投资者分配。其中，股份有限公司按下列顺序分配：(1) 支付优先股股利；(2) 按公司章程或股东会议决议提取任意盈余公积金；(3) 支付普通股股利。

三、连锁企业利润管理

连锁企业由总部统一进行利润管理。

（一）严格门店利润的管理与考核

总部或地区总部应根据内部经济责任制的要求，对各门店的利润分别进行明细核算，并通过配货数量、销货数量、存货数量、售价金额和费用开支数额等对门店的利润进行监控。各门店单独核算内部经营成果，对主要经济指标（包括销售收入、成本毛利率、费用水平、商品周转天数）实行量化管理，纳入考核体系。要抓好以下工作：

1. 总部各部门及门店要严格执行企业内部核算制度。总部在进行自身利润考核的同时要对各门店的利润进行考核。总部通过对门店进货额（包括配送和自采部分）、库存价值量、销售额和费用开支等指标对各门店的利润进行控制，并建立相应的利润控制、考核制度。

2. 各门店要定期将进货额（包括配送和自采部分）、库存价值量、销售额、费用支出情况进行登记，报送总部，为保证核算的准确性和真实性，各门店在总部统一规定的费用项目范围内进行填报，由总部财务部门按规定办法进行利润核算。

3. 总部对各门店的考核重点以考核销售额和利润两项指标完成情况为主，两项指标并重，不可偏废。

（二）强化商品经营方式的管理

商品的折价折让是促销手段之一。总部对折价折让商品品种、范围、折价的时限和幅度，都要严格规定，统一策划，在各门店同期推行。门店无权决定折扣、折让。折扣一般采取指定品种、规格、数量和门店进行不定期折扣；折让一般采取批量折让、节日或节令折让等方式，在各门店同时进行。各门店应根据库存商品的质量、时限等，及时向总部或地区总部提供实施商品折扣、折让的意见。

增加经销商品比重，降低代销商品比重，会大大提高连锁企业的盈利率。对买断商品的盈利率，财务管理部门要作出资金的运作分析。如商品买断后，盈利率低于提前付款或约期付款的资金成本，就一般不能进行商品的买断，财务部门要对采购部门的商品买断时间和买断商品的品种选择进行严格的控制，为决策分析提供依据。

第五节　连锁企业的税金管理

连锁经营是一项综合性业务，促销形式多样，经营方式多种，涉及到税收处理的多个方面，存在着复杂的税收问题，如何做好企业整体规划和管理，最大限度利用国家政策，实现税务利润最大化，是每个企业高层应该高度重视的问题。

一、税金的核算及管理

实例

老板五度入围福布斯富豪榜，企业为何无缘纳税百强排行榜？

商业零售龙头企业——天津家世界集团的杜老板表示，这都是“各地开店，分头缴税”惹的祸。按照2003年1.5亿元的实际纳税额，家世界集团可以在全国私企纳税榜上高居“榜眼”。然而，由于家世界几十家分店分别纳税，纳税额没有被统一汇总，因此未入百强之列。其实，分别纳税正是全国绝大多数连锁企业的共同烦恼。不过可喜的是，如今他们在这方面的不利境况正在改变。国家相关统一纳税政策出台后，不少连锁企业已经从过去的各门店“分别纳税”走向了市一级的各分店“统一纳税”，初步尝到了统一纳税的甜头。首先，统一纳税前他们在天津的21个连锁超市分别归9个区的18个国税局、地税局管理，统一纳税后只归国税局直属分局和地税局直属分局管理，企业不用分头到18个税务局办理纳税手续了。其次，不用再重复处理同样的开票、付款、做账等业务了。以家世界的家乐超市为例，家乐在天津有16家店，每家店就有供货商几千家。拿可口可乐一家供货商来说，如果统一对16家家乐店供货，可口可乐就要开同样内容的发票16份；而家乐就要处理16份发票、做16笔收货付款业务。统一纳税后，同一笔供货业务，只需要处理1份发票、做一笔付款业务就行了。另外还节约了人力成本。原来天津区分部财务人员是79人，统一纳税后减少到了43人。

资料来源：湖北财务总监网。

连锁企业执行统一登记注册、统一缴纳税款的原则。凡在总部领导下统一经营、与总部微机联网并由总部实行统一采购配送、统一核算、统一规范化管理，享有独立法人资格的连锁企业，由总部就地向税务及工商部门登记注册，统一缴纳增值税、所得税及其他各种税赋，统一办理法人执照及营业执照，门店只办理经营执照，实行售价核算。国家对企业在税收上的优惠政策，也由税务部门直接对连锁总部实行，各门店对消费者来说仍然是价内税。总部根据各门店的报表汇总出销售总额，计算销售税金。又根据各业务部及门店的采购发票的抵扣联进行汇总，计算出进项税金，然后根据销项税、进项税再计算出应交增值税。总部设置应交税金总账、明细账，据此编制有关报表申报缴纳、清算。

特殊情况下，总部和所属门店不在同一区域内，门店一般处于委托法人的地位，实行属地纳税。依照《中华人民共和国外商投资和外国企业所得税法》和《中华人民共和国外商投资和外国企业所得税法实施细则》的有关规定，对从事跨区域连锁经营的外商投资企业，由总机构向其所在地主管税务机关统一缴纳企业所得税。

财务部门在支付货款以前，要对进货部门转来的税票和签字凭证进行认真核对，同时，在企业财务制度中要规定与付款金额数量相对应的签字生效权限。

二、纳税筹划

纳税筹划是指纳税人为实现自身价值最大化和使其合法权利得到充分的享受和行使，在既定的纳税环境下，对多种纳税方案进行优化选择的一种理财活动，也是一种策划活动。在纳税筹划中，一切选择和安排都应围绕着企业的财务管理目标来进行。连锁企业应认真研究税收政策法规，针对自身的经营特点，进行有效的纳税筹划，在法律法规许可的范围内，在不妨碍正常经营的前提下，找到能够为自己所利用的途径，达到尽可能减少纳税成本、谋求最大税收利益的目的。

（一）纳税筹划的程序

纳税筹划不同于偷税漏税、避税，它具有合法性、超前性、综合性和时效性等特点，应按一定的程序进行。

1. 搜集信息。包括搜集内、外部信息，这是纳税筹划的基础，只有充分掌握了信息，才能进行纳税筹划工作。

2. 目标分析。要确定纳税筹划的方向和范围，需综合考虑连锁企业的要求和目标的限定。要遵循成本效益原则，还应考虑税种的限定、特定税种的影响，以及连锁经营参与者各方的税负情况。

3. 设计与选择方案。可设计多种纳税筹划方案，并对此进行筛选、选优。

4. 实施和反馈。企业应按照选定的最佳纳税筹划方案，对相关事宜作出相应的处理或改变，如组织形式、会计处理等，并且要特别注意纳税筹划方案中特殊的法律法规安排。要做好实施信息反馈，以便了解实施的情况和达到的效果。

（二）纳税筹划的方式

在税务征收监管越来越严格的条件下，社会也更需要诚信来经营，连锁企业不能靠偷漏税来增加收益，但是充分利用国家有关税收政策进行合理的税收筹划，是增强企业盈利能力的途径之一，同时也是对财务工作提出的挑战，是财务工作的一项重要内容。较为常见的纳税筹划方式有：

1. 税率式纳税筹划。是利用税法制定的高低不同的税率，连锁企业通过制订适用国家规定的低税率的纳税计划，以达到总体上减轻税收负担的方法。有如价格转移纳税筹划、选择低税率行业纳税筹划和低税率地区纳税筹划等。

2. 税基式纳税筹划。是指连锁企业通过缩小税基的方式来减轻纳税的筹划方法。税基是计税的基础，在税率相同的情况下，税基越小，纳税人实际缴纳的税款就越少。常见的有选择筹资方式、费用摊销、存货计价和资产租赁等纳税筹划技术。

3. 税额式纳税筹划。是指连锁企业通过直接减少应纳税额的方法来减少自身的税收负担，主要是利用减免税优惠达到减少税收的目的。

（三）纳税筹划应做好的几项工作

一般来说，纳税筹划要做好如下工作：

1. 积极学习税法及相关政策，利用好适用于连锁企业的国家相关税收政策。

2. 利用好各地的招商引资政策。

3. 制订每一项促销方案时，先要进行相关的税务问题筹划，以便降低税收成本，获取最大的经济效益。

4. 做好农产品核算的筹划工作。

5. 利用会计政策进行税收筹划。

6. 企业内利润在各分支机构内合法转移。

连锁商业企业属于劳动密集型企业，既能有效解决失业人员的再就业工作，又能为消费者提供了一站式购足、价格低廉、质量可靠的优质商品，还能因诚信纳税而提高当地财政收入，因此连锁经营也日渐成为政府重点支持发展的行业之一。

复习思考与练习

一、思考题

1. 你认为连锁经营财务管理与其他企业的财务管理有哪些异同点?
2. 调查了解你所在地区连锁经营财务管理流程，并对其进行分析。
3. 连锁经营财务管理的主要内容有哪些?
4. 试为某中小连锁经营企业进行纳税筹划。

二、案例分析题

沃尔玛：抠门公司如何贯彻平价策略

沃尔玛何以获得如此巨大的成功?这要归因于它在财务上一以贯之的价格策略——平价策略。

沃尔玛创始人山姆·沃尔顿的哲学是，如果我以单价 80 美分买进东西，以 1 美元的价格出售，其销量是以 1.2 美元出售的三倍!单从一件商品上看，少赚了一半的钱，但卖出了三倍的商品，总利润实际上大多了。通过降低商品的价格推动销售，从而获得比高价销售更高的利润。这就是沃尔玛坚持平价背后的哲学。为达到这一目标，沃尔玛采用的方法不是降低商品质量，而是在质量保证的情况下，努力从其他方面节省开支，从进货渠道到分销方式再到营销费用、行政开支等，这家公司精打细算。

(1) 低价快速采购。沃尔玛从进货渠道入手，严格控制商品进价。沃尔玛以进货量巨大、帮助供应商进入世界市场等理由，要求供应商提供最低的价格。一般来说，它是直接从工厂以最低的进货价采购商品。厂商要为其提供发货服务，将货品发送到配送中心。沃尔玛高效的信息管理系统帮助其解决了总部与分店之间的沟通问题，加快了决策传达和信息反馈的速度，一旦某种货品库存量减少到某一个点，电脑就会向总部要求进货，不超过 28 小时，商品会被补充到相应的商店。信息管理系统使沃尔玛的配送中心、供应商及每一分店的每一销售点都能形成连线作业，提高了业务运转的高效性和准确性。由于避开了代理商等中间环节，直接从制造商进货，从而使拿出代理商的一部分利润给制造商成为可能；此外，沃尔玛实力强大，能够保证给供应商一些优惠政策，比如更短的现金付款期。这样做对于沃尔玛的好处在于，库存小，降低风险，降低资金积压的额度，保证资金高速运转。

(2) 采取仓储式经营。规模效应使得商品的销售成本降低，在沃尔玛的山姆会员店，毛利率极低，这要求它单店的销售规模低则上千万美元，高则上亿美元。因此，山姆会员店一般选址在那些非商业繁华地带，周边人口达到 40 万 ~ 50 万。租金便宜，装修简洁，所有的货架空间被用于储存和陈列商品。商品单位销售规模大，品种单一，多用大包装，降低单独包装的成本。

(3) 降低营销费用、行政开支等支出。沃尔玛的营销成本仅占销售额的

1.5%，商品损耗率仅为1.1%，而一般美国零售商店这两项指标的平均值分别高达5%和3%。以天天平价的口号作为最好的广告，沃尔玛很少做促销广告，相对于一般的大型百货公司，沃尔玛的电视或者报纸广告少得可怜，但这不意味着它没有竞争实力。节省广告费用，推出更低价的商品，沃尔玛通过这一做法来获取更多的客户。

在沃尔玛，行政办公条件和陈设都以简单著称，这里没有豪华的装修、昂贵的家具以及厚厚的地毯。为了保持低价位，沃尔玛将损耗降到最低限度。对于员工来说，他们熟知的不仅有大型削减成本的措施，还有上百条削减成本的小技巧。沃尔玛要求采购费规定不超越采购金额的1%，公司整个管理费为销售额的2%，而行业平均水平为5%。但所有工作都高效运转。

资料来源：王立伟：《沃尔玛：抠门公司如何贯彻平价策略》，智典网，2008年3月16日。

问题：沃尔玛通过哪些方面节约开支？

第十章

连锁经营在中国

连锁经营在中国的发展还处于初级阶段，西方发达国家连锁经营发展已经有150年历史，其中有许多成功经验值得中国借鉴。中国巨大的市场潜力将为连锁经营发展提供新天地、开启新篇章。

案例导读

连锁企业应该向欧美同行学什么？

国家信息中心市场信息处对全球几个重点商业地区北美、欧盟、东亚以及新兴市场家用电器销售市场的研究，认为同欧美商业发展水平相比较，目前国内家电连锁企业的发展无论从规模上和管理水平上依然处在起步和逐步发展阶段，并且差距明显。一是连锁企业规模化发展水平仍然存在差距；二是占社会消费品零售总额比例较低；三是现代化管理水平需要进一步提高；四是服务内容单一、服务水平有待提高；五是全球性市场竞争能力偏弱。从目前国际化连锁企业的发展经验来看，至少以下几点值得国内企业借鉴：（1）企业内部设立专门的部门研究和落实提高顾客、供应商忠实度的各种问题。（2）加大金融和理财服务内容，争取使相当比例的顾客成为终身客户。（3）跨行业合作开拓服务空间。（4）在新的管理模式上，要在以消费者为中心、商品优化、需求同步网络和精益零售等方面重点加以探索和研究。（5）在内部管理上，要尽快实现高科技的导入与应用。

资料来源：中国连锁经营实战网，2006 年 3 月 13 日。

【问题】

1. 你了解西方主要国家的连锁经营发展状况吗？
2. 国内连锁企业与国外相比还存在哪些差距？
3. 中国连锁经营会出现哪些发展趋势？

这一切问题将在本章解决。通过本章的学习，你将会实现以下学习目标：

总目标

□ 了解国内外连锁经营发展状况，把握中国连锁经营未来发展趋势

知识目标

□ 认识国内外连锁经营发展特点

技能目标

□ 能分析我国连锁经营发展存在的问题并提出发展对策

能力目标

□ 能判断我国连锁经营今后的发展趋势，并用于指导连锁企业经营

第一节 美、日、欧连锁经营发展道路的比较

一、美国：连锁经营的开创者和领导者

连锁经营于1859年产生于美国。在以后的150多年里，连锁经营从零售业开始，发展到餐饮、酒店、房地产、汽车销售、服装、咨询、教育等几十个行业，带来了零售业的革命。从全球范围看，美国在世界连锁经营的发展过程中始终充当着领导者的角色。迄今为止，美国仍是世界上连锁经营最发达的国家。

美国连锁经营的发展具有以下四个特点：

第一，美国是世界连锁业的开创者和领头羊。许多业态的连锁都是从美国开始的。如世界第一家连锁企业大西洋与太平洋茶叶公司，第一家折扣店沃尔玛，第一家餐饮特许加盟店肯德基，世界特许经营的鼻祖美国胜家缝纫机公司，以及开创了便利店概念先河的修士兰公司（后改名为美国7－11）等都发源于美国。

第二，连锁企业销售额占商品零售额的比重大。20世纪70年代后，美国国内经济的发展和超级市场的出现，推动美国连锁业进入黄金时期，连锁销售在美国商品零售中占据主要地位。

第三，美国连锁企业积极开拓国际市场。美国连锁企业国内市场趋于饱和后，很多大型连锁企业从1991年开始向海外大肆扩张。

第四，推销“美国文化”是美国连锁企业在世界各地扩张的惯用手法。美国各大连锁企业根据世界各国的经济发展水平，有针对性地进行市场定位，其中文化定位于市场定位之前进行，以达到接受“美国文化”就不得不接受美国连锁的目的。如肯德基、麦当劳、必胜客等。

二、欧洲：连锁经营的竞争者

欧洲连锁业的地位紧随美国居世界第二位。与美国相比，欧洲的连锁经营在产生、机制及功能方面都独具特色，它对欧洲各国生产的扩大、技术的革新及统一市场的形成起到了推动作用。欧洲的连锁经营具有以下特点：

第一，欧洲各国善于向美国学习而相互之间借鉴不够。这主要是由美国的经济地位决定的，同时美国连锁经营总是在不断创新中发展。

第二，欧洲主要国家连锁经营的特色并不相同。在英国，多种业态的连锁系统并存且发展迅速，连锁企业形成了巨大的销售网，其营业额、从业人员等均在整个零售业中占很大比重。在德国，公司联号是普遍存在的商业组织形式，规模也日趋集中。德国连锁业的显著特点是薄利多销，如德国著名的阿尔迪公司出售的商品价格比超市还低20%，德国连锁企业十分讲求缩短收付款之间的时间差，从而达到以较少资金运营较多物资商品的效果。法国连锁业主要有两大特色：一

是中小型连锁店居多，二是大型连锁店在总营业额中占较大的比重。

第三，欧洲连锁业重视技术创新。欧洲对世界连锁业的最大贡献是 1963 年由家乐福创建的大卖场这一购物业态。麦德龙集团的“未来商场”计划，引入无线射频技术，成为全球零售业技术创新的领导者。

三、日本：连锁经营的发展者

日本的连锁经营具有以下特点：

第一，重视学习美国经验。日本很重视学习和借鉴美国连锁经营的成功经验，其连锁经营的发展具有美国特色。如日本伊藤洋华堂的铃木通过对美国市场的调查，注意到开设在高速公路旁、进入居民区道路口的 7－11 便利店经营非常成功。又如，大荣的中内功善于借鉴美国的先进经验，并不断总结自身经验。1962 年，中内功出席在芝加哥召开的全美超市协会创立 25 周年大会。当时美国食品的 70%～75% 由连锁超市销售，超市正处于兴盛期。中内功认为日本超市时代一定会到来。从美国回来后，中内功加快扩展经营规模，增加店铺和商品种类数量。1963 年元旦，中内功向员工公布了公司发展规划，提出三条誓言作为大荣员工的宗旨，从而形成了“中内功主义”。从那时起，“为所有顾客的美好生活服务，诚心诚意地以大量廉价出售优质商品为最大乐趣，爱人、爱店，天天作出美好的努力”，这三条成了大荣的经营思想。

第二，重视将美国经验与本国情况相结合。与作为连锁经营创始人的美国相比，日本连锁业的发展具有后发优势。日本企业以较低成本引进成熟而完善的连锁体系并加以改造，在较短的时间内完成了日本商业连锁化的进程。(1) 日本将美国连锁业的市场推进模式改为政府推进模式。以政府为推动者，大大加快了日本商店的连锁化进程。日本政府制定零售商业连锁化政策，建立了社团法人“日本自由连锁协会”，制定《中小零售业连锁经营管理振兴法》，从税收、贷款利率、设备更新、营业场所选择等方面扶持自由连锁发展。(2) 日本不仅引入美国连锁商业购物程序简洁、方便、价格低廉、适应大量消费的优点，同时还全面引入了以消费者为中心的经营理念，而美国连锁商业发展初期的经营观念是以销售为中心的。(3) 由于美国连锁店与超市产生的年代不同，连锁店与超市的关系经历了一个由竞争到结合的过程。而日本的正规连锁店在引进美国连锁技术的同时，便将超级市场与廉价商店的做法加以结合，发展成具有日本独特风格的大型综合超级市场连锁店。

第三，敢于创新。特许经营主要是由母公司对加盟商、分公司进行品牌、产品的特许，而日本则有“加盟商重构授权商的特许连锁”。1971 年，日本伊藤洋华堂与美国修士兰公司总部签订特许转让合同，从此诞生了日本 7－11。1991 年，伊藤洋华堂收购了向日本 7－11 提供特许经营权的美国修士兰公司的股份，并接受该公司的要求，再建美国 7－11，这反映日本连锁业敢于创新的特点。20 世纪 90 年代中期，日本要应对日元升值、国际市场冲击、众多制造业外移造成的压力。日本流通业不得不改变传统经营方式，开始寻求以变求存、以新求生、以廉求利的振兴之路。部分企业率先打破了原有市场秩序，缩短流通过程，减少流通环节，开拓新渠道。日本在连锁经营的实践中，进一步发展了自由连锁理论，在深刻认识自由连锁本质的基础上，提出了“同志联合体”的新概念，即认为自由连锁组织的总部和加盟店是分工合作的统一体，各连锁店不仅要联合开展各项连锁活动，而且要具有共同的价值观念，抱着“依靠有组织的经营提高竞争力最终对自己的店铺也有益处”的共同目的来经营。在这种观念的指导下，日本在不断创造新的连锁经营方式，如探索把自由连锁与特许连锁结合起来的有效方法等。

第二节　连锁经营在中国的发展

一、连锁经营在中国的发展

中国是涉足连锁经营较晚的国家之一。由于历史和一些现实的原因，当美国第一家连锁公司——大美国茶叶公司建立的时候，中国还处于自给自足的小农经济占统治地位的封建社会后期，商业自身的发展尚处于被漠视阶段，商业营销方式也处于原始的起步状态。尽管此时中国与美国已经具有往来关系，但并未能将美国连锁经营这种新型的营销方式加以注意和引进。

进入 21 世纪，连锁经营企业以其卓越的竞争优势和雄厚的实力，向传统商业经营发起冲击，并一跃成为零售业的霸主。至今，中国连锁企业无论在规模上和数量上都已经有了长足的发展，连锁经营在中国显示出强大的生命力和发展潜力。较大的连锁企业集团公司纷纷建立，连锁企业的行业整合日见成效，地区性的封锁开始打破，连锁经营已经成为关乎百姓生活的重要经营方式，连锁经营在开拓市场、扩大销售、促进产销结合、规范流通秩序、满足消费需求、吸纳就业等方面发挥了重要作用。中国商业企业也随之进入到连锁经营的新时代。

二、我国连锁经营的发展具有以下特点

（一）快速扩张、发展较快

中国连锁业的发展无疑是快进型、跳跃式的，仅用短短二十多年的时间就走完了西方百年的历程。自 20 世纪 80 年代以来，连锁经营模式被批发、零售、餐饮、其他服务等部门广泛采用，并取得积极成效，创造出了快速发展的奇迹。中国的连锁经营企业已经产生了一批具有较强实力的巨型连锁企业，一些连锁企业如联华、华联、苏宁、国美、三联、三九药业等企业正在不断扩充实力，开始向世界级连锁企业集团的目标迈进。

（二）地区覆盖面广

自天津第一家正规连锁企业——天津立达集团建立起，中国的连锁企业就发展起来了。自 20 世纪 80 年代中期到 90 年代末，中国连锁企业的发展和扩张主要集中在上海、北京、广州、天津、武汉、南京等大城市，并在上述城市得到迅速发展，门店数量、销售金额不断攀升。同时，国外一些连锁企业如沃尔玛、家

乐福开始进入中国，并迅速在上述地区设立门店，成为中国连锁行业一支不可忽视的力量。进入21世纪，中国连锁行业开始在全国范围扩张。连锁企业在中小城市展开了竞争，一些连锁企业还在城市郊区、农村扩张。无论是在城市还是乡村，连锁经营这一现代化的营销方式正日益为大家所认可和接受。

（三）呈现多业态综合发展的趋势

目前我国连锁经营的发展已经呈现多业态综合发展的趋势，而且各种业态形式经过自身的不断完善和发展正日益走向成熟。其形式主要有：（1）超级市场连锁。这是中国连锁企业最先和优先发展的业态形式，这些连锁超级市场主要经营食品、生鲜蔬菜、日用百货，联华、华联以及苏果等企业主要属于此种类型。（2）便民连锁店。主要经营粮油制品、副食品、日用必需品，这一部分连锁企业一般营业时间较长，主要集中在居民较为聚集的地区，与居民生活休戚相关，在连锁经营中也占有重要位置。（3）精品专卖连锁店。这一连锁店以其投入的资金相对较少、门店建立较为简捷、经营管理起来较为容易而最早在全国范围内展开。这些精品专卖连锁店或经营国外知名品牌商品，如苹果专卖店、皮尔·卡丹专卖店等，或经营国内品牌商品，如李宁专卖店，上海“三枪”，浙江的“雅戈尔”以及联想、清华同方等电脑专营店等。（4）大型、综合型商厦。从事这一经营业态的企业集团一般都拥有较为雄厚的资金和较大的发展经营规模，在扩张过程中一般采取并购、改组等方式，是中国连锁经营中的主力军。（5）餐饮业连锁店。如肯德基、麦当劳、天津“狗不理”、北京“全聚德”等。这类连锁店一般都采用特许经营的方式展开连锁。（6）照相、洗染、修理等服务业连锁店。（7）药业连锁店。药业连锁店也是最近几年发展较快的连锁行业之一，成为最近几年连锁经营领域新的经济增长点。如三九集团、重庆太极集团等。

（四）多种所有制同时并存

目前国有企业仍然是中国连锁经营的主体，居于主导地位，在全国历年百强连锁企业中，国有流通企业一直占绝对优势。与此同时，集体、私营、股份制、外资等其他经济成分连锁企业所占比重呈现出逐年增长的趋势。国外零售集团进入国内的速度加快，美国、法国、德国、英国等国家的著名连锁经营商业企业已在我国投资建店。股份制企业呈增加态势，其中一些已成为当地的连锁经营龙头企业，如武汉中商集团股份有限公司、山东三联商社、宁波三江集团股份有限公司、太原大龙集团股份有限公司等。

第三节 中国连锁经营发展存在的问题与对策

一、中国连锁经营发展所存在的问题

尽管连锁经营在中国取得了突飞猛进的发展，但同时我们也有必要透过连锁

经营红火的表面，去探求中国连锁经营所面临的困境，并以此去理性地思考连锁经营发展的出路。目前我国的连锁经营存在的主要问题是：

（一）连锁企业发展的外部行政环境尚待优化

众所周知，连锁企业的效益在于规模，通过适度合理的大规模化借以降低流通成本，但我国现行“分灶吃饭”的财政体制、地区所有的管理体制、部门所有的企业体制、造成连锁网点发展“跨地区难”、“跨部门难”、“跨行业难”。因插手管理的部门过多，各个部门都不愿放弃已经拥有的权力，增加了连锁店管理上的难度。连锁经营本应是与市场经济紧密相联的，市场在资源配置中应起主导地位，而现行行政体制却限制或者干扰了市场的资源配置作用，尤其是对一些国有大中型连锁企业手脚束缚得更为严重，大大限制了连锁企业的发展。由于地区之间的限制，加上各地经济发展水平尚不平衡，许多连锁企业发展仍局限在同一城市或地区，跨地区、跨部门、跨行业的连锁经营还不很多。目前，国内支持和规范连锁企业发展的政策法规还远远不健全和完善。现有法规缺少对连锁经营的标准、管理条件、服务规范标准的界定，许多政策都是以意见的形式下达，没有形成很强的约束力，也加剧了连锁经营活动中许多不规范经营行为的出现。

（二）连锁经营缺乏规范化

连锁企业经营的最大优点在于合理有序地管理之中实现资源、物流快速运营。一般来说，连锁经营要做到统一店名、统一店貌、统一采购、统一价格、统一配送、统一核算、统一管理、统一服务、统一广告宣传等，通过实现效率的最大化而实现效益的最大化，而这一过程的成功实现直接取决于管理的规范化、效率化。然而绝大多数中国的连锁企业在规范化方面存在着严重不足，问题颇多。一些中小经营规模的连锁企业过分依靠政策的倾斜，不按照连锁经营规范办事，甚至规避职能部门的监督和管理。有的连锁企业根本做不到集中进货，经营分散，各自为政，总店和分店之间产权不清晰、责权不明确。有些连锁店只是统一了店名、装饰、标识，而连锁的核心——统一采购和配货却没有完成，统一核算、统一管理就更无从谈起。有的连锁企业没有独立的配送中心，或即使有配送中心却不能实现高效运作。连锁经营的优势在于统一进货，以降低成本，获取规模效益，而配送规模的大小对规模效益的取得起着关键作用。目前我国大多数连锁企业统一采购、统一配送的比例只有30%～60%，远远低于国际标准的80%。许多世界著名连锁企业都有较为成熟的运营手册，如总部运营手册、配送中心运营手册、店铺运营手册、（店长）店员守则等等，并有相关制度保证这些手册的贯彻落实。而据中国连锁经营协会的调查，我国有近30%的连锁企业没有加盟手册，有20%的企业没有运营手册，即使有运营手册，也没有很好地贯彻执行。

（三）连锁经营规模普遍偏小

通过规模经营以降低经营成本是连锁企业经营方式的根本所在。目前我国许多连锁企业规模达不到国际公认的拥有14家店铺的盈利点。高效的商品配送是连锁企业尤其是连锁超市生存、发展的关键和获利的基础。只有开展合理的商品配送，才能实现连锁企业的多品种、少批量、低经费、高周转和高效益经营。国外连锁商业发展情况表明，一个功能完善的配送中心可以为100家中型店铺配送商品，但目前我国能为超过 20 家店铺提供配送的配送中心还不多。

（四）信息化步伐的滞后抑制了连锁经营功能的发挥

现代科技对连锁经营的发展具有重要的推动作用，POS、EOS、卫星通信、电脑电话及互联网的应用大大提高了连锁店自动化的水平和整体联系的水平，极大地提高了连锁经营企业运营的效率和效益。据美国连锁店统计，仅 POS 系统就可节省成本 22%，增加资金流 54%，减少坏账 45%。世界著名连锁企业的管理大多运用最先进的信息技术，西方发达国家的连锁企业里 EOS 系统的建立一般与 POS 系统同步。我国目前连锁企业 EOS 系统的建立远远落后于西方国家，POS 系统也尚处于初级使用阶段，大部分超市将 POS 系统仅仅当做收款机使用。由于我国连锁店条形码的使用率还不高，而且大多数是店内码，通行的原印码不多，这样 POS 系统和 EOS 系统的效率就难以发挥，导致连锁系统运作效率低下。信息管理系统建设与应用方面的滞后，直接导致了连锁经营效率的低下，使得国内的连锁企业在货物配送乃至管理方面都远远落后于国际连锁经营水平，增加了运营成本。

相关链接

沃尔玛领先于竞争对手的秘诀就在于其先行对零售信息系统进行了非常积极的开发使用：最早使用计算机跟踪存货（1969 年），全面实现 S. K. U. 单品级库存控制（1974 年），最早使用条形码（1980 年），最早使用 CM 品类管理软件（1984 年），最早采用 EDI（1985 年），最早使用无线扫描枪（1998 年），最早与宝洁公司等大供应商实现 VMI－ECR 产销合作（1989 年）。在信息技术的支持下，沃尔玛能够以最低的成本、最优质的服务、最快速的管理反应进行全球运作。尽管信息技术并不是沃尔玛取得成功的充分条件，但它却是沃尔玛成功的必要条件。这些投资都使得沃尔玛可以显著降低成本，大幅提高资本生产率和劳动生产率。

资料来源：李曙明：《构建你的连锁王国》，中国商业出版社 2005 年版。

（五）高级连锁经营管理人才不足

高级管理人才能够以有限的资源和合理的成本，完成高水平的店面营运业绩和利润目标。拥有一大批高素质的管理人才是连锁企业得以发展的智力基础。但目前我国的连锁企业管理人才却远远不能满足连锁企业快速发展的需要。这一方面是因为连锁企业在我国的发展历史还不是很长，人才培养的经验不足，人才储备不够。另一方面是由于近几年国内连锁企业的迅速发展和扩张，使高层次管理人才需求迅速上升，加上国外大型连锁企业的进入，吸引了相当一大批具备成熟管理经验的管理人才，加剧了国内高级管理人才的短缺。目前，有实际运作经验的店长十分紧缺，已成为连锁经营扩张中的一大瓶颈。

（六）本土连锁企业与外资企业的竞争中明显处于劣势

从目前国内连锁企业发展状况来看，绝大多数连锁企业的发展还未成熟，而此时外国连锁企业已纷纷挺进中国，开始抢占国内连锁经营的地盘。这些外资企业以其丰富的商品和高雅便捷的购物环境吸引了国内广大消费者并得以快速发展。中国市场无疑是全世界潜力最大的市场之一，近期几乎所有的外资连锁企业均有在我国各地再扩张、再投资的强烈愿望。从 2004 年 12 月 11 日开始，中国取消外商投资商业企业在地域、股权和数量等方面的限制，并允许设立外商独资零售企业，这标志着中国零售业对外资全面开放，外资零售企业开始以更快的速度在国内市场不断扩展。这些为数众多的跨国连锁集团纷纷在中国抢滩登陆，给中国连锁企业带来了巨大的冲击。而目前我国本土连锁经营企业还存在着行业集中度低，企业盲目扩张、管理水平不高、与供应商关系不稳定、专业人才缺少、资金匮乏、配送机制不健全及信息化程度不高等诸多问题，本土连锁经营企业在与外资企业的竞争中处于明显劣势。

二、中国连锁经营的发展对策

上述存在问题正制约着我国连锁经营的进一步发展，需要采取有效措施加以解决，以促进我国连锁经营健康、快速、有序发展。

（一）优化政策环境，健全相关法律，为连锁经营发展创造良好的外部环境

政府应制定和出台一些有利于连锁经营进一步发展的政策，在资金融通、基础设施建设、信息服务、技术应用等方面给予连锁企业一定的政策倾斜。要进一步简化连锁经营企业的审批手续，相关部门应该互相协调、相互配合，消除一切不利于连锁经营发展的障碍。要借鉴国外先进的经验，建立健全相关法律法规，为连锁经营的发展创造良好的法律环境。与此同时，地方政府要消除狭隘的地区观念，树立全局意识，消除地区间的贸易壁垒，积极支持跨地区的连锁经营行为，为连锁企业经营规模的扩大提供良好的行政环境，以打造出具有更强竞争能力、具有更大发展规模、具有更好社会和经济效益的跨地区甚至跨国的连锁企业集团。政府还应在基础设施建设上给予更多的帮助，解决一些连锁企业自身不能解决的关键问题，包括加强公路网、铁路运输网的规划和建设，为连锁企业经营和扩展提供便利的交通环境；加强信息化建设，为连锁企业建造一个信息化的基础平台等等。

相关链接

美国连锁经营的快速发展与美国相关法律法规的健全和完善密不可分。比如在 20 世纪 70 年代，为促进连锁企业的进一步发展，加利福尼亚州制定了第一部连锁经营领域的《连锁加盟投资法》，为连锁经营活动的展开奠定了法理基础。不久又有 14 个州出台类似的连锁加盟法规，15 个州还共同制定了《连锁店统一加盟须知》。1979 年美国联邦政府也正式颁布了《联邦贸易局 FTC 法规》，其中规定所有的连锁总公司必须发行全国性的公开说明，交付给有意投资的加盟者，即使该州并无明文法规来管理连锁业也要遵照执行。美国正是通过了一系列相关法律法规来保障连锁经营业的运作秩序，确保美国连锁业的辉煌。

日本连锁经营的成功发展也是与其完备的法律法规建设密切相关的。日本政府从 20 世纪 60 年代开始制定了一系列的法律、法规支持本国连锁店的发展。1962 年日本成立了中小商业振兴委员会，1963 年又颁布了《振兴中小企业基本法》和《中小企业现代化促进法》，鼓励中小企业发展包括自由连锁在内的各种联合形式，以对抗大企业的竞争。进

入70年代，为了吸引占零售企业比重最大的“夫妻店”、“家庭店”加入连锁行业，日本政府开始把《百货店法》改为《大店法》，把正规连锁这一经营业态列入限制发展范围。进入90年代以来，随着世界级跨国集团公司的纷纷涌现，日本商业界要求日本政府重新对正规连锁经营给予评价，要求改变连锁超市在市场竞争中受到的不平等待遇，取消《大店法》对发展大企业的各种限制。目前，《大店法》已修改完成，放宽了对超级市场在审批程序、营业面积等方面的限制，促进了日本正规连锁的进一步发展。

资料来源：李曙明：《构建你的连锁王国》，中国商业出版社2005年版。

（二）扩大连锁企业经营规模，增加国际竞争力

目前，国内多数连锁企业普遍规模偏小，要增强竞争力，就必须进行扩张，但资金匮乏严重制约了企业进行规模扩张。要突破这个瓶颈，可以采取联合、并购、加盟等方式，向规模要效益，通过资本经营吸收多元化的资金，扩大连锁经营规模，有效提升连锁企业的竞争力。因此，要鼓励连锁企业充分发挥资本运营、资源配置、技术创新和市场开拓等方面优势，以资产、品牌、经营技术等资源为纽带，通过股份制改造、兼并联合、参股控股、重组等方式，组建具有国际竞争力的大型连锁企业集团，创建国内知名的连锁品牌。

相关链接

连锁企业的可持续发展要进入资本运作阶段

连锁经营的魅力在于它是一项无限的事业，对以食品、快速消费品和家用电器这些依靠规模取胜的行业来说，不断地实现规模的扩张是十分重要的。用什么方式来实现规模的扩张是中国连锁业下一阶段的发展要解决的问题。在市场经济的条件下资本的力量在连锁企业的下一轮整合发展中将起到举足轻重的作用。通过对连锁业销售规模排名研究发现，在超市、家电、百货这些业态中排名前列的企业都是通过上市、购并等资本运作的手段迅速地实现了规模扩张，如国美、苏宁、华润万家、大商、王府井等。目前在中国连锁业中的资本运作体现出两个特点：第一，大企业在实行更大的手笔运作；第二，区域性强势企业在积极地引进战略投资或争取上市。可以说，连锁企业资本运作的方式方法和效果将在很大程度上决定未来中国连锁业中各行业、各企业的市场地位和市场份额。

值得注意的是连锁企业的资本运作客观上是存在着风险的，大企业的资本扩张要更注意购并对象的选择、购并后整合的方式、原有管理团队使用等问题。对区域性强势企业来说引进战略投资或选择上市要注意的问题是，上市是一把双刃剑，在募集到资金后必须对股东有回报，只想通过上市募集资金来扩大规模而没有准备接受市场检验的想法是非常幼稚的。另外，上市公司有一系列规范的要求，特别是财务体系上的规范要求是十分严格的，我们是否做好了准备？

对中国的连锁企业来说，资本运作的方法我们是必须要去学习的，连锁企业经营和发展必须贯彻“两手都要硬”的方针，即商品经营和资本运营。

资料来源：中国连锁经营实战网。

（三）提高连锁企业管理水平，促进经营效率提高

管理水平直接影响企业的经营效率。要提高管理水平，连锁企业必须深入开

展连锁经营管理理论和现代营销技术的研究，推广先进的经营理念、营销技术和管理方法。要加强国内连锁企业和国际大型连锁企业相互交流与合作，鼓励内资连锁经营企业积极引进和吸收国际先进的连锁经营技术和管理经验，促进连锁企业在竞争中发展。要按照连锁经营标准化、专业化的要求，逐步建立完善经营管理体系和作业标准，加强对企业经济活动的计划与成本控制，不断提高管理水平和经济效益。要加强硬件建设，强化信息化管理，引进先进的信息化管理手段，依靠先进的技术和手段来实现效率的最大化，并通过效率的最大化实现效益的最大化，把普及 POS、EDI、EOS 等电子信息管理系统作为连锁经营零售企业的重要经营战略。要进一步普及 POS 系统的应用以代替大量的手工劳动，缩短顾客结账时间，实施对商品从进货到库存、配货、送货、上架、售出全程的监控。要在完善管理信息系统（MIS）的基础上，利用电子数据交换技术（EDI）与供应商建立自动订货系统（EOS），开发客户关系管理、供应链管理、财务核算管理系统。

（四）加强人力资源的开发与管理，提高从业人员素质

企业竞争的核心是人力资源的竞争，维持和提升人力资源的质量成为连锁企业持续经营和发展的战略和动力。能否拥有一支知识结构合理、实践经验丰富、管理才能突出、工作态度勤恳的从业人员队伍，直接关系到企业的发展前途和命运。目前，我国连锁企业高级管理人才奇缺、员工素质较低，人力资源市场上相关人才供应不足，这已成为制约企业提高核心竞争力的关键因素。为化解人才供求矛盾，企业应积极创造条件加强人力资源开发与培训，提升从业人员的整体素质。

相关链接

日本、美国等一些知名连锁企业通过各种手段实现职工的自我教育，为员工创造一个容易实现自我学习、自我启发的良好环境，鼓励员工主动提高自己的从业素质。使员工在自我教育的过程中增强对企业的归属感，并通过内部自我教育把企业宗旨、经营目标、企业制度等内在的企业精神灌输给员工，有利于形成自己的企业文化。

（五）加强物流配送中心的建设和管理，逐步提高统一采购、统一配送的水平

连锁经营的科学性，重点体现在建立一套高效率的物流系统，实行规范化管理和标准化服务。连锁企业通过统一采购配送商品、分散经营，使采购同销售分离，从而达到节约流通费用、提高流通效率的目的。目前我国连锁企业配送中心建设相对滞后，这已经成了影响连锁经营业发展的一个重要原因。因此，连锁企业必须加强物流配送中心的建设，建立严格的统一采购与配送制度。配送中心的功能主要表现为汇集连锁门店的订货信息进行采购，从供货商手中接受商品并进行储存、保管、配货、分拣、流通，按众多门店的要求配齐商品，以令人满意的服务，迅速、及时、准确、安全、低成本地进行配送。大型连锁企业要重视配送中心建设，根据企业的经营状况合理确定配送中心规模，提供安全可靠、高效率的配送体系。对于规模较小的连锁企业，可以积极发展社会化的第三方物流配送中心，充分利用和整合现有物流资源，通过资产联合、重组和专业化改造等途径，打破行业界限和地区封锁，满足各类连锁企业的需要，形成社会化的高效运

转的配送网络，最大限度地提高配送效率。

（六）强化品牌意识，建立自己的民族品牌

美国广告研究专家莱利·莱特有一句名言：拥有市场将会比拥有工厂更重要，拥有市场的唯一办法是拥有占市场主导地位的品牌。品牌是连锁企业核心竞争能力的重要组成部分，品牌高度地凝聚了它所代表的产品的信誉和质量、企业形象、企业理念、满足消费者的程度等丰富内涵，消费者通过品牌认识企业及其产品、服务，又通过企业、产品、服务的接触认识其品牌。随着连锁经营的进一步发展，对品牌的运用、管理、推广已经成为企业重组和资源重新配置的重要机制。好的品牌直接代表着企业的经营形象，品牌的广泛被接受和认可反过来也会更加促进连锁企业的发展和扩张。目前我国连锁企业自有品牌数量极小，因此，加强自有品牌的培育和扶持就显得十分重要。

相关链接

企业如何经营自己的品牌

第一，对自己的品牌进行正确的定位。品牌定位是一切品牌营销行为的第一步，如果找不准自己的品牌核心价值，一切品牌建设与推广工作都无异于在进行慢性自杀。品牌定位在一定程度上就是要为企业在市场上寻找一个独特的位置，目的就是要让市场对企业进行自主观察、认识并接受。精确的品牌定位能够更为有效、有力、有节地把握住市场需求，并像手术刀一样直击市场“要害”，为企业品牌和市场的空间扩张起到重要的作用。

第二，深入挖掘企业的品牌文化。品牌文化是品牌的“魂”，它是品牌精神情感境界的体现。消费者购买产品，不仅只是选择产品的品质和功效，更注重品牌的文化品位。优秀的品牌无不蕴含着丰富的文化内涵，品牌文化赋予消费者情感体验，也造就了品牌的价值。在越来越激烈的市场竞争中，文化渐渐成为市场竞争的主要导向。企业要竭尽全力为品牌插上文化的翅膀，使其尽展文化魅力，徜徉于文化的海洋，享受文化带来的利润。麦当劳和肯德基都有一个传奇的故事，而且都非常能够使人感动。我们在逛马路的时候，一眼看到麦当劳或肯德基，就想起了这个故事，心中就有了食欲，不知不觉地走进了麦当劳或肯德基，喝一杯咖啡，吃一点特色点心，既满足了生理需要，又满足了心理需要，这就是文化的力量。

第三，深刻领悟赫兹伯格双因素理论。赫兹伯格双因素理论是美国心理学家赫兹伯格于1959年提出来的，全名叫“激励、保健因素理论”。赫兹伯格认为：人类有两种不同的类型需要，他们之间彼此是独立的，但能够以不同的方式影响人们的行为。双因素理论：双因素理论认为满意的对立面是没有满意，而不是不满意；同样不满意的对立面是没有不满意，而不是满意。赫兹伯格提出，主要由两类因素影响人们的行为：保健因素和激励因素。保健因素：是指那些与人们的不满情绪有关的因素，如企业政策、工资水平、工作环境、劳动保护。这类因素处理得不好会引发工作不满情绪的产生，处理得好可预防和消除这种不满。但它不能起激励作用，只能起到保持人的积极性，维持工作现状的作用。激励因素：能够促使人们产生工作满意感的因素叫做激励因素。激励因素主要包括以下内容：(1) 工作表现机会和工作带来的愉快。(2) 工作上的成就感。(3) 由于良好的工作成绩而得到的奖励。(4) 对未来发展的期望。(5) 职务上的责任感。

资料来源：中国连锁经营实战网。

（七）连锁企业要实现从关注竞争对手到深入地关注消费者的转变

调查显示，绝大多数国内的连锁企业没有建立常态性的顾客调查制度、不具备将顾客调查数据与企业商品与服务数据对比找出差距改进的技术方法、POS 系统中的顾客销售数据被分析运用到指导企业经营中的比重不超过 5%，而更多地是作为财务统计数据，这是因为数据挖掘技术运用的滞后和“顾客是上帝”的理念没有真正体现在企业经营之中，造成顾客研究和顾客管理的投资收益无法在深度上扩大成果，其结果就是千店一面，同业的恶性竞争。因此，连锁企业要从关注竞争对手向深入地关注消费者的转变。这除了连锁企业的领导要实现观念的转变外，服务于连锁企业的 IT 行业也要改变服务的方式提升服务技术的针对性，突破技术上的瓶颈。目前已有企业运用网络平台建立起了服务于连锁企业的数据库经营分析系统，通过网上和网下的双向服务可直接指导企业的经营管理的改进。这种网络平台为连锁企业更关注顾客、完成消费能级提升之后业态的转型和商品结构的调整，体现差异特色、提高效益，提供了可行、有效和低成本的技术手段，尤其是对广大的中小连锁企业是十分有益的。

第四节　中国连锁经营的发展趋势

21 世纪中国连锁经营又迎来新的发展机遇：连锁经营环境得到改善，政府不断加大扶持力度，政策、法规不断健全和完善；市场空间不断扩大，市场竞争更加有序、规范；连锁企业自身经营水平不断提高，企业经营的内部环境得到优化。中国连锁经营正在进入一个崭新的阶段，呈现出更加亮丽、更为多姿、更为理性的发展趋向。

一、连锁经营发展的区域分布更为合理，行业范围持续扩大

如前所述，我国连锁经营经过二十多年的发展，在大城市已经基本实现了全面扩张，进一步发展的空间有限。因此拓展中小城市、市郊以及农村地区的市场成为连锁企业必然选择。目前国家已明确要重点推进中西部及其他欠发达地区连锁经营的发展，同时积极鼓励有条件的连锁企业利用成熟的经营管理技术和市场拓展经验，积极向中西部及其他欠发达地区延伸，通过兼并、联合、重组、参股控股或通过输出商标、商号和经营管理技术等方式发展特许经营，整合商业和其他服务业资源，把中西部和其他欠发达地区的企业纳入现有的连锁企业体系中，减少过度竞争和资源浪费，带动这部分地区连锁经营的发展。与此同时，国家还积极鼓励连锁企业开拓农村市场，建立较为完善的农村连锁系统，在连锁经营空间不断得到拓展的同时逐步改善和提高农民的生活质量。可以预期，在未来的中国连锁经营发展中，现有的地区发展不平衡问题会得到很好改善，连锁经营的区域分布更趋合理，沿海和内地之间、大城市和中小城市之间、农村和城市之间的差异会逐渐缩小。

二、连锁经营的业态形式更趋合理化、多样化

近年来，便利店由于其经营形式的“便利”而得到很快的发展，目前中资的便利店发展已超过外资，成为可以与国外连锁企业一决高低的业态形式。符合中国国情的现代大型综合超市也将会得到进一步发展，而且企业通过并购、重组等途径，自身经营规模会不断扩大，抵御外资企业冲击的能力会不断加强，一些具有国际竞争能力的跨国连锁企业集团必然会很快出现。专卖店在服装等领域也会得到较快发展，将与百货商店一争高低，一批特色的专业店和专卖店将出现在人们的生活和视野之中。大卖场（Hypermarket）和仓储式商店（Warehouse）也都会得到合理的规划和发展。传统百货商店也已经开始利用连锁经营组织形式进行改造和功能创新，在不远的将来必然会重新在商业经营和发展中占有重要席位。

相关链接

大型购物中心是由各种商店和服务设施组成的商业中心，在经营上表现为开发商、管理商、经营者三权分离。它大多建立在城市郊区、住宅区，里面除了有百货商店、超级市场、专业商店、饭店以外，还有休息、娱乐、健身等设施，有停车场、托儿所和学校，是消费者购物、餐饮、娱乐、度假的场所，是国际市场上发展势头较好的业态，其在我国未来的连锁经营发展中也会占有重要位置。

三、连锁经营更趋规范化

我国自 1997 年以来，已不断出台相关的管理办法和法规，推动连锁业的发展，规范其走上正轨，但长期以来监督力度还远远不够，加上一些连锁企业自身对监管的规避，经营规范性较差现象在连锁经营行业中普遍存在。目前困扰我国连锁业发展的规范性缺失现象在未来将会得到改进，连锁经营无论是在管理还是在技术手段上都将更趋规范。(1) 作为连锁企业的监管部门会加大对连锁经营的监管力度，正确引导连锁企业朝着健康有序的方向发展。特别是相关行业组织（如连锁经营协会）也将在今后规范连锁业的发展中发挥重要作用。(2) 目前连锁企业已深刻地认识到规范化管理与企业生存发展之间的利害关系，企业对规范化管理的自觉性提高，很多企业都希望通过经营的标准化、专业化、规范化，以达到提升企业形象、提高整体效益的目的。(3) 外部竞争压力也促使连锁业更加趋于正规化。规范性的管理是提高企业经营效益的最佳方式和途径，竞争压力的增大促使一些大的连锁企业，尤其是较为正规的连锁企业开始在管理方面下功夫。随着国外正规连锁企业的大量涌入，先进的管理经验和企业经营理念也开始在中国广泛传播，其经营和管理的正规性让中国连锁企业耳目一新，为中国连锁企业的规范性管理树立了标尺，这也大大推进了中国连锁企业的规范性发展。

四、竞争会更加有序，但同时也会更趋激烈

在未来的连锁经营发展中，政府应对连锁市场加以规范，使得连锁经营的竞争更加秩序化、合理化、科学化，为连锁经营企业发展创造较为合理的外部环境。由于市场日益成熟，连锁企业的扩张步伐将放慢，企业之间的竞争会越来越集中在企业核心竞争力上。按照适者生存的商业原则，一部分业者会因为经营、管理不善而被淘汰出局。此外，中国很快会成为零售业的国际市场，外国连锁企业包括美国的沃尔玛、德国的麦德龙、法国的家乐福和欧尚、荷兰的万客隆和阿霍德等著名零售企业，正在以低价位的商品价格和优质、快捷的服务吸引着我国的众多消费者。外国连锁企业的竞争会使国内连锁企业之间的竞争日趋国际化。

五、特许连锁将成为最具增值潜力的连锁经营形态

特许连锁是连锁经营发展到一定阶段的必然选择。随着我国连锁经营的发展不断走向成熟，连锁业在积极开展正规连锁、自由连锁经营的同时，也积极涉足特许经营。在未来的连锁经营发展中，特许连锁将会得到充分发展，成为最具增值潜力的连锁经营类形态。西方连锁经营的经验和我国连锁经营的实践都表明，在连锁经营发展初期，直营店是一种合理选择，但完成了直营示范的功能后，必须转入特许连锁，才有可能形成规模化经营。近年来，尽管特许连锁经营在中国得到了初步发展，但就其发展程度而言还处于初创阶段，而且洋品牌的特许经营发展远远超前于国有品牌的特许经营，所以特许连锁还拥有非常广阔的发展空间。国家也在积极鼓励探索特许连锁经营的发展道路，鼓励实力较强的企业通过区域特许等方式，引进国际著名特许品牌，学习借鉴其成功经验和模式，缩短与国际先进水平的差距。目前一些连锁企业集团开始增加其在特许经营方面的投入，同时社会上的一些闲散资金也将目光锁定在投资风险低、管理模式简单、由总店统一供货的连锁经营方式，将特许经营作为理财投资的一个重要手段。近年来我国加强对知识产权的立法、宣传和保护，这为企业发展特许连锁提供了保障，也增进了国外大型特许组织进入我国的信心。

相关链接

中国目前便利店发展最大的两个地区就是上海和广东，而广东是以东莞地区为代表。上海的便利店公司几乎都是国有的大公司投资发展的，而广东的便利店公司都是民营资本或国有改成民营的公司发展的。上海的便利店基本上实行的是直营连锁的方式，而广东的便利店基本上实行的是特许加盟的方式。世界便利店发展的一条成功经验就是用特许加盟的方式规模化地改造传统的小型店铺。比较上海和广东便利店的发展发现，上海与广东在便利店发展上的理念、市场条件存在着大的差异，产生这种差异的重要原因是不同的所有制结构，但两地的消费者结构和市场条件确实大不相同。研究认为，广东东莞

是中国发展加盟便利店的最佳地区，85%以上的便利店加盟店主都是外来人口，靠前期打工积累的小资本经营“士多店（store）”谋生，他们需要依靠某一品牌来树立形象和寻求商品采配和管理的支持；在供货商市场条件上东莞的批发市场的力量要胜过便利店连锁公司的商品配送力量，使得便利店加盟主自主地经营商品具有相当的宽松度，这种以批发市场为主导力量的供货商条件促使了众多的便利店公司的出现，而且以单一的授牌加盟为主，授牌式便利店公司对加盟店的竞争导致了加盟费用的低廉。广东的便利店公司用特许加盟的方式现将传统的“士多店”整合到连锁体系中来，然后逐步转变其业态的功能与传统店一起成长的方法具有很强的中国特色。在坚持特许加盟发展方向的同时如何在采购体系上整合供应链，加强对加盟店的管理与服务是能够健康发展的关键，也就是说，要将特许加盟从虚做到实。上海的便利店在特许加盟的发展上的难点是客观存在的：第一，在经营管理的综合体系上还没有形成坚实的盈利模式，加盟商的投资存在着较大的风险；第二，高端地区适合开设便利店的店铺由于租金高而被利润回报更高的专业专卖店所占有；第三，中低端地区适合开便利店的店铺有可能被“模糊灰色”收入率较高的洗脚店、按摩店和美容店所占有；第四，最适合转化为加盟店主的现有的各便利店公司的员工由于受投资资本的限制而不敢大胆加盟。因此，上海便利店的特许加盟事业还必须进行新的探索。

资料来源：中国连锁经营实战网。

六、大型综合超市的发展将出现转型

大型综合超市在中国的一线大城市里其生命周期已走上了峰顶，但在中国的二三线城市还处在导入或成长期，它的发展能走的路还很长，在不断的竞争中它的转型和创新将会持续地进行着。但是，大型综合超市在中国的发展将面临转型。这种转型可能体现为四个方向：

第一，大型综合超市百货化的方向，即从欧美式的大型超市 Hypermarket 向日本式的大型综合超市 GMS 转型。大型综合超市里的百货是弱品牌百货或者称平价性折扣百货，为了适应消费者品牌化消费的趋势，提升大型综合超市的百货商品的品牌档次是必需的。

第二，大型综合超市小型化的方向。由于大型综合超市的选址越益困难，也由于未来中国城市的商业规划管理限制大型综合超市进入社区，以及大型综合超市公司为完成城市的店铺网络的密集型布局，大超市的小型化可能是一个发展方向，小型化的大型综合超市的营业面积一般会在 3000 平方米～5000 平方米之间，更类似于综超。小型化的大型综合超市会更接近社区和目标顾客，因此在商品结构上要强化生鲜食品和快速消费品。

第三，购物中心组织者的方向。大型综合超市的发展已经受到其他业态的发展竞争，大型综合超市是在食品和一般生活用品上的一次性购足的商店，但它不可能满足进一步的差异和个性化细分的消费者需求，因此利用中国城市商业地产特有的条件将大型综合超市发展成为购物中心中的主力店，并进而成为购物中心组织者，这是中国大型综合超市发展的一个重要方向。

第四，从低价定位向品质和服务提升转型的方向。大型综合超市在中国迅速发展是以大众消费品的低价销售策略为竞争利器的，当消费者的消费能级开始提升的时候，当更低价的品类专卖店连锁店开始对大型综合超市产生强竞争的时候，大型综合超市在中国的发展就必须从单一的“低价”取向向品质和服务的提升转变。

相关链接

食品超市的生鲜型转型的市场空间与机会

从中国连锁超市发展的现状来说，超级市场的发展正开始从小型的300平方米至500平方米的食杂型超市向1000平方米至2000平方米的生鲜超市转型。

今天我们已经看到在北京、上海等大城市食杂型超市和生鲜超市已经出现了此消彼长的好势头，这种势头的背后到底是什么在起作用呢？是消费者的变化，这种变化其特征是在追求邻近便利性的同时，追求食品的安全性、可追索性和现代冷链技术所实现的食品的高品质，以及超市能为消费者提供食品消费方面的加工、组合组配等家务劳动社会化的服务。从2005年起上海的超市就开始实施超市的生鲜转型，取得不菲的成绩，转型后的生鲜超市营业额平均提升了30%，北京市转型后的生鲜超市营业额平均提升了35%。京沪两地的超市生鲜化转型已经开启了中国超市新的发展阶段的市场空间。京沪两地的超市生鲜化转型已经得出的经验是，超市的生鲜化转型必须具有传统菜市场的经营内容，但在品质、安全性和便利性上要比传统菜市场更高。

资料来源：中国连锁经营实战网。

七、连锁企业经营方式将从招商经营向自主经营转型

当零售业中出现了连锁经营企业之后，连锁的零售商就与供应商展开了流通终端主导权的竞争。目前一些连锁企业以统一采购为标志的连锁企业自主经营的原则存在着向招商经营异化的现实性和可能性。这种异化是以各种潜移默化的形式反映出来的，比如，当连锁企业各业务部门尤其是商品采购部门在销售业绩和盈利业绩的双重压力下，在对手的竞争压力下，当商品经营管理的技术还没有取得质的突破时，往往会简单地将体现连锁企业统一采购自主经营所产生的一系列业务活动，如商品选项、定价、促销、商品组合、布局与陈列等主导权实际上交给了供应商，而统一采购这一核心业务被剥离成下订单和取得业绩考核所要达到的毛利率和费用等。连锁企业这种从自主经营向招商经营的异化会严重削弱自己对核心业务的经营能力，表面上看起来自己的业务经营轻松了，但放弃了实际的自主经营权，损害的就是自己的核心竞争力。核心业务特别是核心商品的经营必须是自主经营，否则，就是“将未来的竞争力让给了竞争对手”。连锁经营在中国十多年的发展，在经营方式上发生异化的企业和行业不在少数，现在是到了“拨异规正”的时候了。要明白，要发展强壮的、有规模的、可持续发展的连锁企业，面对经营的难点不能采取逃避的方式，一定要知难而进，核心业务上必须自主经营。

相关链接

中国连锁企业中的一些清醒的决策者已经认识到经营方式的异化对企业造成的伤害，并开始向自主经营转型。以连锁超市企业为例，据对参加2006年8月在福州召开的“中国超市生鲜食品经营模式研讨会”的97个企业调查统计，41%的企业坚决地实行生鲜食品的自营，16%的企业建立了直接对接农村田头的生鲜农产品采购基地，有些企业开始生鲜食品加工配送中心的建设，这使生鲜食品的经营比重大幅度提高，毛利率大幅度提升，对顾客的吸引力增强，企业的综合和效益得到明显提高和改善。

资料来源：中国连锁经营实战网。

八、连锁企业管理方式将从粗放管理向品类管理和人性化管理转型

连锁企业的管理是多店铺、多业态、跨区域的管理，管理难度大、技术要求复杂，并且在运用物流技术和信息技术之后，连锁经营进入了全新的数据化和信息化的业务领域，这就要求连锁企业必须从粗放型管理向精细化管理方向转型，这一转型必须有明确的技术指向：品类管理。因为品类管理的出发点是建立在基于消费者需求之上商品和服务的快速反馈系统，这一管理的目的是通过连锁企业商品采购部门（商品结构、组合、价格、促销、布局、陈列等）、营运部门（卖场形象、标示、商品维护、服务等）、配送系统和信息系统的改变来适合消费者现在和未来的需求。而这些改变的依据是建立在对消费者行为特征的科学分析，建立在对商品数据资料的科学处理基础上的。品类管理要求连锁企业的改变不是一个单一的商品采购部门或营运部门，而是企业的整个经营管理系统，各管理部门在同一个数据平台上交流信息，大家为了一个共同的目标来改善企业的管理。

任何现代化的管理模式都必须建立在人的基础上，因此，中国连锁企业要向人性化管理模式转型。人性化管理的核心应该是对员工权益保护，具有发展的机会，并使之具有对企业价值的认同。对连锁企业而言实行人性化管理首要的是解决其生存的权益和发展的权益，连锁企业的员工薪资水平在低水平上长期运行的方式不能长久地持续下去了。

九、连锁经营的“电子化”

近几十年来，发达国家连锁经营的迅速发展，一个重要的方面是得益于计算机技术和通讯技术的发展，得益于条形码的开发和应用，得益于销售时点系统、电子转账作业系统、电子订货系统和物流配送系统等的发展。比如，美国“西尔斯罗巴克百货公司”投入巨资建立起有数百台小型计算机和5万多台销售时点系统全日制工作的计算机控制系统，并引进最先进的多媒体技术、卫星通讯网络，充分利用电脑使总部与各地的连锁分店以及供应商传递各种信息，做到其所属的连锁分店都处于实时控制管理之下。日本的连锁店在总部（本部）与各连锁分店、物流配送中心之间都实现了计算机网络化，使庞大的连锁店网络得以高效运作。日本“西友”公司在国内各地建立了11个物流配送中心，承担本公司

及邻近地区其他连锁分店的进货、配货和送货任务。日本的“桔高”公司也利用设在全国各地的23个物流配送中心，向各加盟店提供近2/3的商品。可以断言，随着科学技术的进步，连锁经营手段将更趋现代化和电子化。

复习思考与练习

一、思考题

1. 美、欧、日连锁经营发展各有什么特点？
2. 我国连锁经营发展存在哪些问题？有何对策？
3. 今后我国连锁经营发展将有哪些趋势？

二、案例分析题

美国、日本和欧洲的物流配送体系发展状况

（一）美国现代物流配送的发展状况

从20世纪60年代起，货物配送的合理化在美国普遍得到重视。为了在流通领域产生效益，美国企业采取了以下措施：一是将老式的仓库改为配送中心；二是引进电脑管理网络，对装卸、搬运、保管实行标准化操作，提高作业效率；三是连锁店共同组建配送中心，促进连锁店效益的增长。美国连锁店的配送中心有多种，主要有批发型、零售型和仓储型三种类型。首先是批发型，该类型配送中心主要靠计算机管理，业务部通过计算机获取会员店的订货信息，及时向生产厂家和储运部发出定货指示单。其次是零售型，以美国沃尔玛公司的配送中心为典型。该类型配送中心一般为某零售商独资兴建，专为本公司的连锁店按时提供商品，确保各店稳定经营。第三是仓储型，美国福来明公司的食品配送中心是典型的仓储式配送中心，它的主要任务是接受独立杂货商联盟的委托业务，为该联盟在该地区的若干家加盟店负责货物配送。

（二）日本现代物流配送的发展状况

在日本，零售业是首先建立先进物流系统的行业之一。便利店作为一种新的零售业迅速成长，现已遍及日本，正影响着日本其他零售商业形式。这种新的零售业需要利用新的物流技术，以保证店内各种货物的供应顺畅。因此，日本的物流配送具有以下特点：第一，分销渠道发达。许多日本批发商过去常常把自己定位为某特定制造商的专门代理商，只允许经营一家制造商的产品。为了保证有效地供应商品，日本许多物流公司不得不对旧有的分销渠道进行合理化改造，更好地做到与上游或下游公司的分销一体化。第二，频繁、小批量进货。日本的物流配送企业的很大一部分服务需求来自便利店，便利店依靠的是小批量的频繁进货，只有利用先进的物流系统才有可能发展连锁便利店，因为它使小批量的频繁进货得以实现。第三，物流配送体现出共同化、混载化的趋势。共同化、混载化的货物配送使原来按照不同生产厂、不同商品种类划分开来的分散的商品物流转变为将不同厂家的产品和不同种类的商品混合起来配送的聚合商品物流，从而得以发挥商品物流的批量效益，大大提高了配送车辆的装载率。第四，合作型物流配送。在日本，生产企业、零售企业与综合商社、综合物流公司之间基本上都存在一种长期的物流合作关系。并且这种合作关系还随着日本工业生产的国际化延伸到国外。第五，政府规划在现代物流配送发展过程中具有重要作用。

（三）欧洲现代物流配送的发展状况

欧洲诸国，尤其是德国，物流配送是指按照用户的订货要求，在物流据点进行分货、配货以后，将配好的货物送交收货人的活动。特别是近十年来，德国的物流配送已经摈弃了商品从产地到销地的传统配送模式，基本形成了商品从产地到集散中心，从集散中心（有时通过不止一个集散中心）到达最终客户的现代模式。德国的物流配送已经形成了以最终需求为导向，以现代化交通和高科技信息网络为桥梁，以合理分布的配送中心为枢纽的完备的运行系统。在总结德国零售业发展的经验时可以看出，德国是十分重视按照连锁经营的规模和特点来规划配送中心的，往往是在建店的同时就考虑到了配送中心的建设布局。

资料来源：中国连锁经营实战网。

问题：

1. 美、日、欧物流配送体系建设对我国有何借鉴意义？
2. 今后我国连锁企业物流配送体系该如何建设和发展？

附录 1

连锁经营规范制度选编

商业特许经营管理条例

（2007 年 1 月 31 日国务院第 167 次常务会议通过）

第一章　总　则

第一条　为规范商业特许经营活动，促进商业特许经营健康、有序发展，维护市场秩序，制定本条例。

第二条　在中华人民共和国境内从事商业特许经营活动，应当遵守本条例。

第三条　本条例所称商业特许经营（以下简称特许经营），是指拥有注册商标、企业标志、专利、专有技术等经营资源的企业（以下称特许人），以合同形式将其拥有的经营资源许可其他经营者（以下称被特许人）使用，被特许人按照合同约定在统一的经营模式下开展经营，并向特许人支付特许经营费用的经营活动。

企业以外的其他单位和个人不得作为特许人从事特许经营活动。

第四条　从事特许经营活动，应当遵循自愿、公平、诚实信用的原则。

第五条　国务院商务主管部门依照本条例规定，负责对全国范围内的特许经营活动实施监督管理。省、自治区、直辖市人民政府商务主管部门和设区的市级人民政府商务主管部门依照本条例规定，负责对本行政区域内的特许经营活动实施监督管理。

第六条　任何单位或者个人对违反本条例规定的行为，有权向商务主管部门举报。商务主管部门接到举报后应当依法及时处理。

第二章　特许经营活动

第七条　特许人从事特许经营活动应当拥有成熟的经营模式，并具备为被特许人持续提供经营指导、技术支持和业务培训等服务的能力。

特许人从事特许经营活动应当拥有至少 2 个直营店，并且经营时间超过 1 年。

第八条 特许人应当自首次订立特许经营合同之日起 15 日内，依照本条例的规定向商务主管部门备案。在省、自治区、直辖市范围内从事特许经营活动的，应当向所在地省、自治区、直辖市人民政府商务主管部门备案；跨省、自治区、直辖市范围从事特许经营活动的，应当向国务院商务主管部门备案。

特许人向商务主管部门备案，应当提交下列文件、资料：

（一）营业执照复印件或者企业登记（注册）证书复印件；

（二）特许经营合同样本；

（三）特许经营操作手册；

（四）市场计划书；

（五）表明其符合本条例第七条规定的书面承诺及相关证明材料；

（六）国务院商务主管部门规定的其他文件、资料。

特许经营的产品或者服务，依法应当经批准方可经营的，特许人还应当提交有关批准文件。

第九条 商务主管部门应当自收到特许人提交的符合本条例第八条规定的文件、资料之日起 10 日内予以备案，并通知特许人。特许人提交的文件、资料不完备的，商务主管部门可以要求其在 7 日内补充提交文件、资料。

第十条 商务主管部门应当将备案的特许人名单在政府网站上公布，并及时更新。

第十一条 从事特许经营活动，特许人和被特许人应当采用书面形式订立特许经营合同。

特许经营合同应当包括下列主要内容：

（一）特许人、被特许人的基本情况；

（二）特许经营的内容、期限；

（三）特许经营费用的种类、金额及其支付方式；

（四）经营指导、技术支持以及业务培训等服务的具体内容和提供方式；

（五）产品或者服务的质量、标准要求和保证措施；

（六）产品或者服务的促销与广告宣传；

（七）特许经营中的消费者权益保护和赔偿责任的承担；

（八）特许经营合同的变更、解除和终止；

（九）违约责任；

（十）争议的解决方式；

（十一）特许人与被特许人约定的其他事项。

第十二条 特许人和被特许人应当在特许经营合同中约定，被特许人在特许经营合同订立后一定期限内，可以单方解除合同。

第十三条 特许经营合同约定的特许经营期限应当不少于 3 年。但是，被特许人同意的除外。

特许人和被特许人续签特许经营合同的，不适用前款规定。

第十四条 特许人应当向被特许人提供特许经营操作手册，并按照约定的内容和方式为被特许人持续提供经营指导、技术支持、业务培训等服务。

第十五条 特许经营的产品或者服务的质量、标准应当符合法律、行政法规和国家有关规定的要求。

第十六条 特许人要求被特许人在订立特许经营合同前支付费用的，应当以书面形式向被特许人说明该部分费用的用途以及退还的条件、方式。

第十七条 特许人向被特许人收取的推广、宣传费用，应当按照合同约定的用途使用。推广、宣传费用的使用情况应当及时向被特许人披露。

特许人在推广、宣传活动中，不得有欺骗、误导的行为，其发布的广告中不得含有宣传被特许人从事特许经营活动收益的内容。

第十八条 未经特许人同意，被特许人不得向他人转让特许经营权。

被特许人不得向他人泄露或者允许他人使用其所掌握的特许人的商业秘密。

第十九条 特许人应当在每年第一季度将其上一年度订立特许经营合同的情况向商务主管部门报告。

第三章 信息披露

第二十条 特许人应当依照国务院商务主管部门的规定，建立并实行完备的信息披露制度。

第二十一条 特许人应当在订立特许经营合同之日前至少30日，以书面形式向被特许人提供本条例第二十二条规定的信息，并提供特许经营合同文本。

第二十二条 特许人应当向被特许人提供以下信息：

（一）特许人的名称、住所、法定代表人、注册资本额、经营范围以及从事特许经营活动的基本情况；

（二）特许人的注册商标、企业标志、专利、专有技术和经营模式的基本情况；

（三）特许经营费用的种类、金额和支付方式（包括是否收取保证金以及保证金的返还条件和返还方式）；

（四）向被特许人提供产品、服务、设备的价格和条件；

（五）为被特许人持续提供经营指导、技术支持、业务培训等服务的具体内容、提供方式和实施计划；

（六）对被特许人的经营活动进行指导、监督的具体办法；

（七）特许经营网点投资预算；

（八）在中国境内现有的被特许人的数量、分布地域以及经营状况评估；

（九）最近两年的经会计师事务所审计的财务会计报告摘要和审计报告摘要；

（十）最近五年内与特许经营相关的诉讼和仲裁情况；

（十一）特许人及其法定代表人是否有重大违法经营记录；

（十二）国务院商务主管部门规定的其他信息。

第二十三条 特许人向被特许人提供的信息应当真实、准确、完整，不得隐瞒有关信息，或者提供虚假信息。

特许人向被特许人提供的信息发生重大变更的，应当及时通知被特许人。

特许人隐瞒有关信息或者提供虚假信息的，被特许人可以解除特许经营合同。

第四章 法律责任

第二十四条 特许人不具备本条例第七条第二款规定的条件，从事特许经营活动的，由商务主管部门责令改正，没收违法所得，处10万元以上50万元以下的罚款，并予以公告。

企业以外的其他单位和个人作为特许人从事特许经营活动的，由商务主管部门责令停止非法经营活动，没收违法所得，并处10万元以上50万元以下的罚款。

第二十五条 特许人未依照本条例第八条的规定向商务主管部门备案的，由商务主管部门责令限期备案，处1万元以上5万元以下的罚款；逾期仍不备案的，处5万元以上10万元以下的罚款，并予以公告。

第二十六条 特许人违反本条例第十六条、第十九条规定的，由商务主管部门责令改正，可以处1万元以下的罚款；情节严重的，处1万元以上5万元以下的罚款，并予以公告。

第二十七条 特许人违反本条例第十七条第二款规定的，由工商行政管理部门责令改正，处3万元以上10万元以下的罚款；情节严重的，处10万元以上30万元以下的罚款，并予以公告；构成犯罪的，依法追究刑事责任。

特许人利用广告实施欺骗、误导行为的，依照广告法的有关规定予以处罚。

第二十八条 特许人违反本条例第二十一条、第二十三条规定，被特许人向商务主管部门举报并经查实的，由商务主管部门责令改正，处1万元以上5万元以下的罚款；情节严重的，处5万元以上10万元以下的罚款，并予以公告。

第二十九条 以特许经营名义骗取他人财物，构成犯罪的，依法追究刑事责任；尚不构成犯罪的，由公安机关依照《中华人民共和国治安管理处罚法》的规定予以处罚。

以特许经营名义从事传销行为的，依照《禁止传销条例》的有关规定予以处罚。

第三十条 商务主管部门的工作人员滥用职权、玩忽职守、徇私舞弊，构成犯罪的，依法追究刑事责任；尚不构成犯罪的，依法给予处分。

第五章 附 则

第三十一条 特许经营活动中涉及商标许可、专利许可的，依照有关商标、专利的法律、行政法规的规定办理。

第三十二条 有关协会组织在国务院商务主管部门指导下，依照本条例的规定制定特许经营活动规范，加强行业自律，为特许经营活动当事人提供相关服务。

第三十三条 本条例施行前已经从事特许经营活动的特许人，应当自本条例施行之日起1年内，依照本条例的规定向商务主管部门备案；逾期不备案的，依照本条例第二十五条的规定处罚。

前款规定的特许人，不适用本条例第七条第二款的规定。

第三十四条 本条例自2007年5月1日起施行。

附录 2

连锁超级市场、连锁便利店的有关规范术语及定义

1. 零售业态（retailing format）：零售企业为满足不同的消费需求而形成的不同经营形式。

2. 连锁经营（chain operation）：企业经营若干同行业或同业态的店铺，以同一商号、统一管理或授予特许经营权方式组织起来，共享规模效益的一种经营组织形式。

3. 直营连锁（正规连锁）（company - owned chain）：连锁的门店由连锁企业全资或控股开设，在总部的直接控制下，开展统一经营。

4. 自由连锁（自愿连锁）（voluntary chain）：若干个门店或企业自愿组合起来，在不改变各自资产所有权关系的情况下，以共同进货为纽带开展的经营。

5. 特许连锁（合同连锁、加盟连锁）（franchising）：加盟连锁店的门店同总部签订合同，取得使用总部商标、商号、经营技术及销售总部开发商品的特许权，经营权集中于总部。加盟连锁店的门店均为独立法人。

6. 直营店（chain store）：以同一资本直接采取连锁经营的门店，也称连锁店。

7. 加盟店（franchised outlet）：以特许连锁方式经营的门店。

8. 超级市场（supermarket）：采取自选销售方式，以销售生鲜商品、食品和向顾客提供日常必需品为主要目的的零售业态。

9. 便利店（方便店）（convenience store，Cv. S）：以满足顾客便利性需求为主要目的的零售业态。

10. 连锁企业（chain corporation）：连锁超市（便利店）企业应由 10 个以上门店组成，实行规范化管理，必须做到统一订货，集中合理化配送，统一结算，实行采购与销售职能分离。连锁超市（便利店）企业由总部、门店和配送中心（或委托配送机构）构成。

11. 总部（headquarters）：总部是连锁企业经营管理的核心，它除了自身具有决策职能、监督职能外，还应具备以下基本职能：网点开发、采购配送、财务管理、质量管理、经营指导、市场调研、商品开发、促销策划、人员招聘、人才培

训、教育及物业管理等职能。

12. 门店（outlet）：门店是连锁经营的基础，主要职责是按照总部的指示和服务规范要求，承担日常销售业务。

13. 配送中心（distribution center）：配送中心是连锁企业的物流机构，承担着商品的集货、库存保管、包装加工、分拣配货、配送、信息提供等职能。配送中心由分货配货（TC）、流通库存（DC）、生鲜加工（PC）三部分构成。

14. 单品（stock keeping unit，SKU）：商品的最小分类。

15. 单品管理（SKU control）：单品管理是通过电脑系统对某一单品的毛利额、进货量、退货量、库存量等，进行销售信息和趋势的分析，把握某一单品的订货、进货情况的一种管理方法。

16. 客单价（per customer transaction）：每一位顾客平均购买商品金额。

（1）客单价 = 商品平均单价 × 每一顾客平均购买商品个数

（2）客单价 = 销售额 ÷ 顾客数

17. ABC 分析（ABC analysis）：对重点商品或项目的管理手段。ABC 分析的具体做法是：首先将商品依畅销度排行，计算出每一项商品销售额比及累计构成比，以累计构成比为衡量标准，即 80% 的销售额约由 20% 的商品创造，此类商品为 A 类商品；15% 的销售额约由 40% 的商品创造，此类商品为 B 类商品；5% 的销售额约由 40% 的商品创造，此类商品为 C 类商品。

18. 商圈（trading area）：来商店购物的顾客居住区域。商圈的大小，主要依据有效吸引来商店购物所需时间而定。根据时间、距离、占有率等，将商圈分第一商圈、第二商圈、第三商圈。

19. 商品供应计划（merchandising）：商品由原料开始到最终消费的全过程。即：由原料筹集、产品设计、成本控制到向顾客提供商品的所有活动的总称。

20. 自有品牌（private brand）：零售业为建立商品差异化形象而选定某些合适商品，委托制造商加工，并冠以零售企业自身的品牌之称。

21. 畅销商品（fast selling merchandise）：补货频度和订货频度高、销售量和订货量都大的商品。一般多指 ABC 分析中的 A 类商品。即用 20% 的商品，创 80% 销售额的商品。

22. 交叉比率（cross ratio）：交叉比率 = 周转率 × 毛利率

通常以每季为计算期间。交叉比率低的为优先淘汰商品。

23. 信息系统（information system）：信息系统由营业信息系统、管理信息系统和外部关联信息系统构成。

24. MIS 系统（management information system）：是商店管理信息系统。企业把经营所必要的信息（会计管理信息、人事管理信息、经营管理信息等）储存于电脑，按需要进行加工、分析，所得信息再灵活运用于企业决策中的一种技术方法。

25. POS 系统（point - of - sale system）：Point 是商店的时点销售数据管理系统。

26. EOS 系统（electronic ordering system）：是电子订货系统。指销售商与供

应商的电脑相连接，达到正确、迅速开展补货、订货业务的系统。

27. EDI（electronic ordering system）：是电子数据信息交换系统。指以电子方式开展资料交换的交易，用不同机种联接不同行业的企业电脑，开展无电话、无传票（无纸）的数据交换的系统。

28. ECR（efficient consumer response）：食品行业防止缺货迅速有效的补货系统。

29. QR（quick response）：服装衣料业为减少缺货、缩短加工时间，减少经营费用，能准确预测补货信息的、适应顾客需求变化的快速反应。

30. 增值网（value added network）：将搜集的商业信息通过电脑网络，附加各种服务，再提供给第三者的有偿资讯信息，即称增值网。

31. 店外条码（out - store bar code）：产品在制造商生产阶段已印在包装上的商品条码，通常由产品的供应商事先提出申请，在产品出厂前已印好条码。店外条码适合于大量生产的产品。

32. 店内条码（in - store bar code）：仅供商店自行印贴、店内使用，不能对外流通的条码，适用于非大量规格化的产品。

33. POP 广告（point of purchase）：零售店的店内海报。

34. 3S 原理（3S principles）：标准化（standardization）：为持续性地生产、销售预期品质的商品而设定的既合理又较理想的状态、条件，以能反复动作的经营系统。

专业化（specialization）：企业或个人等在某方面努力追求卓越，将工作特定化，并进一步寻求强有力的能力和开发创造出独具特色的技巧及系统。

简单化（simplification）：为维持现定的作业，创造任何人都能轻松且快速熟悉作业的条件。

附录3

专用术语中英文对照

1. 方便店（Convenience Store，Cv. S）
2. 超级市场（Super Market，SM）
3. 大卖场又叫大型超市（Hyper Market）
4. 联合店（Combination Store）
5. 超级商店（Super Store）
6. 专卖店（Exclusive Shop）
7. 专业店（Speciality Store，Hs 或 SS）
8. 变量店或量贩店（Variety Store，VS）
9. 百货店（Department Store）
10. 折扣店（Discount Store，DS）
11. 仓储式会员店（Warehouse Club）
12. 厂家店（Factory Outlet）
13. 综合店又叫大型综合超市（General Merchandise Store，GMS）
14. 单品店（Single - Line Store）
15. 购物中心（Shopping Center）
16. 快餐店（Fast - food Outlet）
17. 超级专卖店（Super Special）
18. 仓储式销售（Warehouse Retailing）
19. 计算机商店（Computer Store）
20. 电子超级店（Electronics Super Store）
21. 每家买又叫超大型购物中心（Mega Mall）
22. 电子购物（Electronic Shopping）
23. 美国巨型市场（American Hyper Market）
24. 连锁店（Chain Store），连锁经营（Chain Operation）
25. 配送中心（Distribution Center）又分为分货配货（TC）、流通库存（DC）、生鲜加工（PC）三部分，分货配货即传送中心（Transfer Center）
26. 中央商务区（Central Business District，CBD）

27. 次级商务区（Secondary Business District，SBD）

28. 居民商务区（Neighborhood Business District，NBD）

29. 新产品引进（Efficient Product Introduction），ECR 四大要素之一

30. 电子订货系统（Electronic Ordering System，EOS）

31. 销售时点信息管理系统即 POS 系统（Point Of Sales）

32. 管理信息系统（MIS 系统）

33. 款到发货（Cash On Delivery，COD）

34. 单到付款（Cash With Order，CWO）

35. 电子标签监视系统（EAS）

36. 企业对个人的电子商务（Business to Customer，BtoC），企业对企业的电子商务（Business to Business ，BtoB），个人对个人的电子商务（Customer to Customer，CtoC）

37. 供应链（Supply chain）

38. 门店（Outlet）

39. 快速商品再包装（Efficient Store Assortment），ECR 四大要素之一

40. 正规连锁（Regular Chain，RC）

41. 特许连锁（Franchise Chain，FC），又叫合同连锁

42. 自愿连锁（Voluntary Chain，VC），又叫自由连锁

43. 补货系统（Efficient Replenishment）

44. 特许经营（Franchise），特许者（Franchiser），加盟者（Franchisee）

45. 经营模式的特许经营（Business Format Franchising，BF）

46. 商品商标的特许连锁经营（Product and Trade name Franchising，P&T）

47. 零库存（Just In Time，JIT）

48. 企业资源系统（Enterprise Resources Planning，ERP）

49. 加盟金（Franchise Fee，FF）

50. 数据库技术（Database）

51. CI—有两层含义：

（1）企业识别（Corporate Identify）

企业识别系统（Corporate Identify System，CIS）

理念识别（Mind Identify，MI）

行为识别（Behavior Identify，BI）

视觉识别（Visual Identify，VI）

（2）企业形象（Corporate Image）

企业形象管理（Corporate Image Management，CIM）

52. 超级标签（Super Tag）

53. 门店识别（Store Identify，SI）

54. 标准字（Logo Type）

55. 图形标志（Symbol Mark）

56. 企业精神标语（Slogan）

57. 店头广告（Point Of Purchase，POP）
58. 沟通（Communication）
59. 整合行销系统数据网络（Integrated System Date Network，ISDN）
60. 图表订货终端机（Graphic Order Terminal，GOT）
61. 扫描仪（Scanner Terminal，ST）
62. 门市电脑（Store Computer，SC）
63. 网络增值系统，又叫增值网（Value Added Network，VAN）
64. 高效率消费者反应策略（Efficient Consumer Response，ECR）
65. 计算机辅助订货（Computer Assisted Ordering，CAO）
66. 持续补充系统（Continuous Replenishment Programmer，CRP）
67. 穿过式配送，又叫交接运输（Cross Docking，CD）
68. 美国统一编码委员会（UPC）
69. 电子标签辅助拣货系统（Electronic Label System，ELS）
70. 店铺巡视经营指导员（OFC）
71. 助理经营指导员（AFC）
72. 全球卫星定位系统（Global Positioning System，GPS）
73. 单品数（Stock Keeping Unit，SKU）
74. 贵重商品区（MPU）
75. 销售区（Picking Stock）
76. 存货区（Over Stock）
77. 端架（End Cap）
78. 边架陈列（Side Kit）
79. 天天低价简称（Everyday Low Price，ELP）
80. 一站式购物（One Stop Shopping）

主要参考文献

1. 郑光财：《连锁经营管理》，浙江大学出版社2007年第1版。

2. 杨谊青：《连锁经营原理与管理技术》，高等教育出版社2001年第1版。

3. 肖怡：《企业连锁经营与管理》，东北财经大学出版社2006年第1版。

4. 张晔清：《连锁经营管理原理》（第二版），立信会计出版社2002年版。

5. 李克桥、郭华：《税务会计实用教程》，北京大学出版社、中国林业出版社2006年第1版。

6. 王吉方：《连锁经营管理教程》，中国经济出版社2005年版。

7. 连锁经营管理师培训教程编委会：《连锁经营管理师培训教程》，中国经济出版社2007年版。

8. 王槐林：《采购管理与库存控制》，中国物质出版社2004年版。

9. 姜大立、姜玉宏：《物流仓储与配送管理实训》，中国劳动社会保障出版社2006年版。

10. 赵凡禹：《超市连锁经营》，企业管理出版社2003年版。

11. 张金城：《店铺投资成功案例分析》，中国大地出版社2004年版。

12. 陆强华：《连锁经营》，中国工人出版社2000年版。

13. 周勇：《连锁店经营管理基础》，立信会计出版社2004年版。

14. 程华汉：《连锁销售》，中国商业出版社2006年版。

15. 黄金火：《连锁经营》，武汉大学出版社2006年版。

16. 李曙明：《构建你的连锁王国——连锁经营运作与管理》，中国商业出版社2005年第1版。

17. 王吉方：《连锁经营管理：理论·实务·案例》，首都经济贸易大学出版社2007年版。

18. 徐印州：《零售连锁经营》，广东经济出版社2004年版。

19. 中国连锁经营实战网。

20. 自信息技术网。

21. 中国营销传播网。

22. 慧聪网。

23. 联商网。

24. 中华零售网。

25. 信息技术网。

26. http://www.cntouzi.com。
27. www.cnsb.cn。
28. 热播网。